SOCIAL PSYCHOLOGY OF ORGANIZATIONS AND WORKPLACES

山口裕幸

［協力］
株式会社 オージス総研

組織と職場の社会心理学

ちとせプレス

SOCIAL PSYCHOLOGY OF ORGANIZATIONS AND WORKPLACES

はじめに

本書は、組織や職場の現場で向き合うことの多いトピックについて、科学的な行動観察の視点に加えて、社会心理学の実証研究で明らかにされてきた事柄を組み合わせながら論考をまとめたものである。組織の中で働く人々にとって、日常的に経験する身近な問題について捉え直してみて、新たな解決策、対処法を考えるのに役立ててもらうことを願って筆を走らせてきた文章で成り立っている。自分の組織や職場を思い浮かべながら読んでもらうと、前向きに仕事に取り組むための何かしらのヒントに出会ってもらえるのではないかと期待している。組織で活躍する若い人たちから管理職の人たちまで、広く読んでもらえる内容構成を心がけた。

本書ができあがった経緯を説明しておくと、大阪ガス株式会社・行動観察研究所の松波晴人所長から「行動観察研究所のホームページにコラムを書いてみませんか」というお話をいただいて、二〇〇九年七月から毎月こつこつと小論を書いてきたことが出発点である。その後、掲載をオージス総研のホームページに移していただき、二〇二〇年三月現在、コラムは一一二回を数えている（「行動観察コラム」オージス総研、https://www.ogis-ri.co.jp/column/cat/）。掲載が一〇〇回を迎える頃に、旧知の間柄であった、ちとせプレスの櫻井堂雄社長から「再構成して一冊の本にまとめませんか」とありがたいお言葉をかけていただき、さらに大阪ガスおよびオージス総研のみなさまの寛大なお許しをいただいて、こうして世に送り出すことが叶った。

連載の際、最初のうちは、リクエストに忠実に、行動観察と社会心理学の関係や、研究を進めるうえで行動観察のもつ利点について拙文をしたためていった。しかし、しだいにネタ切れとなり、いつの間にか組織や職場における対人関係やコミュニケーション、チームワークやリーダーシップをネタに取り上げることが多くなっていった。時に、大好きな野球やラグビー、サッカーの話題に飛びついたり、組織を超えて国家のリーダーの行動や意思決定を話題にしたりと、脇道にそれたりもした。自由にテーマ設定をお許しいただいた行動観察研究所およびオージス総研のみなさまのおおらかさのお陰である。

さて、一冊の本にまとめてみようとすると、この自由気ままさがおおいに仇となった。まとめようにもまとまりがつきにくいのである。著者は混沌の極みにいたのだが、優れた編集者である櫻井社長のご尽力のおかげで、なんとかまとまりをつけることができた。

できあがった内容構成を見てみると、やはり著者の関心の中核は、組織や職場で生まれるさまざまな問題について、社会心理学の研究知見を生かしながら考えてみることにあるのだな、と再確認することになった。本書のタイトルを「組織と職場の社会心理学」としたのは、このような経緯を踏まえてのことである。

著者が二二歳でアサヒビール株式会社に入社して、もう四〇年が過ぎようとしている。当時は業績が振るわず、ライバル他社との競争で後塵を拝する悔しい日々を送った。短気な著者は、五年で退職し、学究の道へと転じたが、私の浅慮をあざ笑うかのように、その直後からアサヒビールはまさに日の出の勢いで業績を伸ばし、トップシェアを勝ち取るすばらしい企業になった。いまでも時々、あのとき会社を辞めなければ、どんな人生を歩んでいたのだろうかと思うこともある。ただ、あの会社勤めの経験が、学生時代には見つけることのできなかった自分の中に眠っている研究の命題に気づかせてくれたことは間違いない。

私が研究を進めるときにいつも気にしてきた「成果が思うように挙がらず、下を向いてしまいがちな人たちや組織、職場は、どのようにすれば、元気づけることができるのか」という問いは、会社勤めをするなかで心の中に明確に形作られたように思う。ただ、まだその問いへの答えを明瞭には捉えきれずにいる。したがって、これからもこの問いとの戦いは続いていくことだろう。

本書でしたためた内容には、必ずしも正鵠を射ていないものもあるかもしれない。それはひとえに著者の力量不足ゆえである。ぜひともご指摘とご批判をいただけると幸いである。

あらためて、大阪ガス・行動観察研究所の松波所長はじめ関係者のみなさま、オージス総研の関係者のみなさま、そして、ちとせプレスの櫻井社長のご支援に、深甚なる謝意と敬意を表します。

令和二年　桜舞い散る春に

山口　裕幸

目次

Part 1

行動観察という手法

第1章　行動をシステマティックに観察することのメリット

1　行動を観察することで人間心理をどこまで明らかにすることができるのだろうか

●ミルグラムの「空を見上げる人々」実験を題材にして

組織や職場における人間の心理や行動の特徴を理解しようとするとき、その最も重要かつ基礎的なアプローチは、「よく観察すること」である。まずは行動観察の大切さを確認するところから始めることにしよう。

人間のとる行動は、その人の心理状態を外部から知る絶好の手がかりである。笑顔は親愛の情や喜びの表れであるし、ガッツポーズは達成感や歓喜の表れである。しかしながら、思春期の頃を思い出せば、好意を抱く異性に対して、好きなのに（好きだからこそ）わざと邪険に扱ったり、いたずらをしたりした甘ずっぱい経験をもつ人も少なくないだろう。これは、精神分析学では「反動形成」と呼ぶ

$$B = f(P \cdot E)$$

B：行動（behavior）
P：個人要因（personality）
E：環境要因（environment）
f：関数（function）

図 1-1　行動の規定因図式

人間の自我防衛機制の一つとされている。本音とは反対の行動をとってしまうことは、誰にでも起こりうることなのである。まこと人間は複雑である。

したがって、行動を観察しただけでは、人間心理のすべてを理解することは難しいと考えておく必要がある。ただ、人間の行動と心理との関係性については、集団力学（グループ・ダイナミックス）を提唱した著名な社会心理学者レヴィン（K. Lewin）の提示した図式に基づいて理解しておくことが有効だ（図1－1）。

つまり、行動は、個人の内的な特性要因（性格や能力など）と、その個人を取り巻く環境要因（状況や生活環境など）とが組み合わさって生まれてくるもの、という考え方である。個人の性格や能力や心理状態だけでなく、どんな状況におかれていたのか、いかなるいきさつがそれまでにあったのかなども考慮して、慎重に行動の理由を判断する必要がある。とすれば、行動観察はどれほどの意味をもつのであろうかといぶかしく思いたくなる。

でも、行動観察は、時として人間の社会性の本質をもののみごとに明らかにすることを可能にする優れた方法なのである。「アイヒマン実験」と呼ばれる人間の権威への服従傾向を明らかにした研究で有名なアメリカの社会心理学者ミルグラム（S. Milgram）は、さまざまなユニークな研究を行った人である。その中で、人間がいかに他者の存在に敏感に反応する動物であるのかを明らかにした実験がある（Milgram et al., 1969）。彼は、ニューヨークの街中に出かけていき、歩道に立って空（実際には向かいの通りにあるビルの六階の窓）を見上げている人々の人数を一人、二人、三人、五人、一〇人、一五人と変えて、それを見た通行中の人々がどんな反応を示すのかを観察した。空を見上げる人々は、前もって行動のパターンを言い渡されており、指定された場所で立ち止まり、通りの向かい側に立つビルの六階の窓を六〇秒間見上げ、それが終わると立ち去った。一定時間経つと今度は別の「見上げる人々」が同じ指定の場所に立ち止まり同様の行為を行った。この研究は一九六八年の冬の午後に行われ、通りがかった通行人は全部で一四二四人であった。

二人の観察者が、その指定の場所を通りかかった通行人のうち、何人が「見上げる人々」につられて一緒に窓を見上げたかを慎重にカウントした。その結果、見上げるのが一人のときは、それにつられて立ち止まったのは、通行人のわずか四パーセントだけだったのが、一五人で見上げる条件では四〇パーセントが立ち止まった。また、つられて窓を見上げた通行人の割合は、見上げるのが一人のときに四三パーセントで、一五人のときはなんと八六パーセントにもなった。筆者は岡山大学に在職していたときに、心理学実験の授業で学生たちと一緒に岡山駅前の通りで、この実験の追試を行ったところ、空を見上げる人垣ができて通行妨害の状態を起こしてしまい、警察から注意を受けた経験がある。そこで見たのは、我々人間は、たえず他者の振る舞いが気になっており、違和感や興味を覚えると、それにきわめて敏感に反応する存在であるという現実であった。

ミルグラムが行動観察の結果、示したのは、「どうしても他者存在に常に影響を受けてしまう」人間の社会性の本質である。ラーメン屋の前の行列は、さらなる行列を生むのである。他者の行動を見て、我々は「なぜあんなことをするのか」と理由を推測してしまう。そんな素朴な「原因帰属」の心理とそれが引き起こす人間くさい行動の面白さについて、次に紹介しよう。

2 他者への敏感さが社会的流行や普及の現象につながるメカニズム

●シェリングの「限界質量」の理論を題材にして

ここでは、行動観察は、ある現象やルールが社会に流行・普及するかどうかを予測するときにも頼りになることについて論じてみたい。先に紹介したように、我々人間は、周囲の他者の言動に敏感であり、知らず知らずのうちにその影響を受けてしまう存在である。ただ、人間は何も考えないままに影響を受けるのみの存在ではない。他者の言動を観察しながら、その言動の背後にある意図や理由について推測することも行うのが人間である。

ラーメン屋の前に行列ができていれば、「たくさんの人がおいしいお店だと評価しているんだな」と推察する人は多いだろう。このとき、その推測は、自分の経験や知識に基づいて「勝手に」行われることがほとんどである。直面する状況の意味を無自覚のうちに瞬時に推測する自動的な認知システムを人間は身につけている。こうした自動的な認知システムは、細々と慎重に注意深く判断する面倒さから解放してくれるうえに、正しい判断をもたらすことも多い。我々が日々の生活を快適にすごすためになくてはならない「優れもの」といえるだろう。しかしながら、こうした自動的な認知システムに基づく推測は、客観的な根拠のない主観的な思い込みであることもあるので注意が必要だろう。

さて、周囲の他者の言動に反応する敏感さは「社会的感受性」と呼ばれる。社会的感受性は、他者の行動を見聞して、その原因を推測し、自分なりの反応をとる一連の情報処理のスピードの素早さを意味している。個人によって社会的感受性の鋭さは異なるし、反応する対象の性質によっても異なってくる。社会全体で見れば、素早く反応する人から、ほとんど反応しない人までさまざまな反応が見られるのが普通である。たとえば、「脳死は人の死として認めていいか」という問題提起がなされたとき、賛成であれ反対であれ、それに敏感に反応して自分の態度を示す人たちが、社会の中には一定程度存在する。そして、「私はよくわからない」という人たちもいるし、「そんなこと関心がないし、考えたこともない」という人たちもいる。もしこの段階で各人が自分の態度を固定させてしまうのであれば、世の中に流行や普及の現象は発生しないまま事態は収束していくことになってしまう。

しかし、繰り返し述べてきたように、我々は他者の言動に敏感に影響を受ける。上記の例を踏まえて説明しよう。最初の段階では、即座に「賛成」と答えた人を見て、たとえそれが少人数であってもそれに刺激されて「よくわからない」から「賛成」へと態度を変える人たちが一定程度出てくる。そして、「よくわからない」という態度を維持していた人の中にも賛成者が増えてきた様子を見て、それに影響を受けて「自分も賛成しよう」と態度を変える人が現れてくる。すなわち、雪だるま式に賛成者が社会に増えていくのである。こうした社会的普及のメカニズムを指摘したのはノーベル賞を受賞した経済学者のシェリング（Schelling, 1978）である。

彼は、ある現象が社会に流行・普及するか否かを説明する「限界質量モデル」を提唱した（図1－2）。それは、ある現象に関して、周囲の何割の人が反応すれば自分も反応するか（＝社会的感受性）を人々に尋ねて、その分布を把握することから始められる。この分布は、問題となっている現象によ

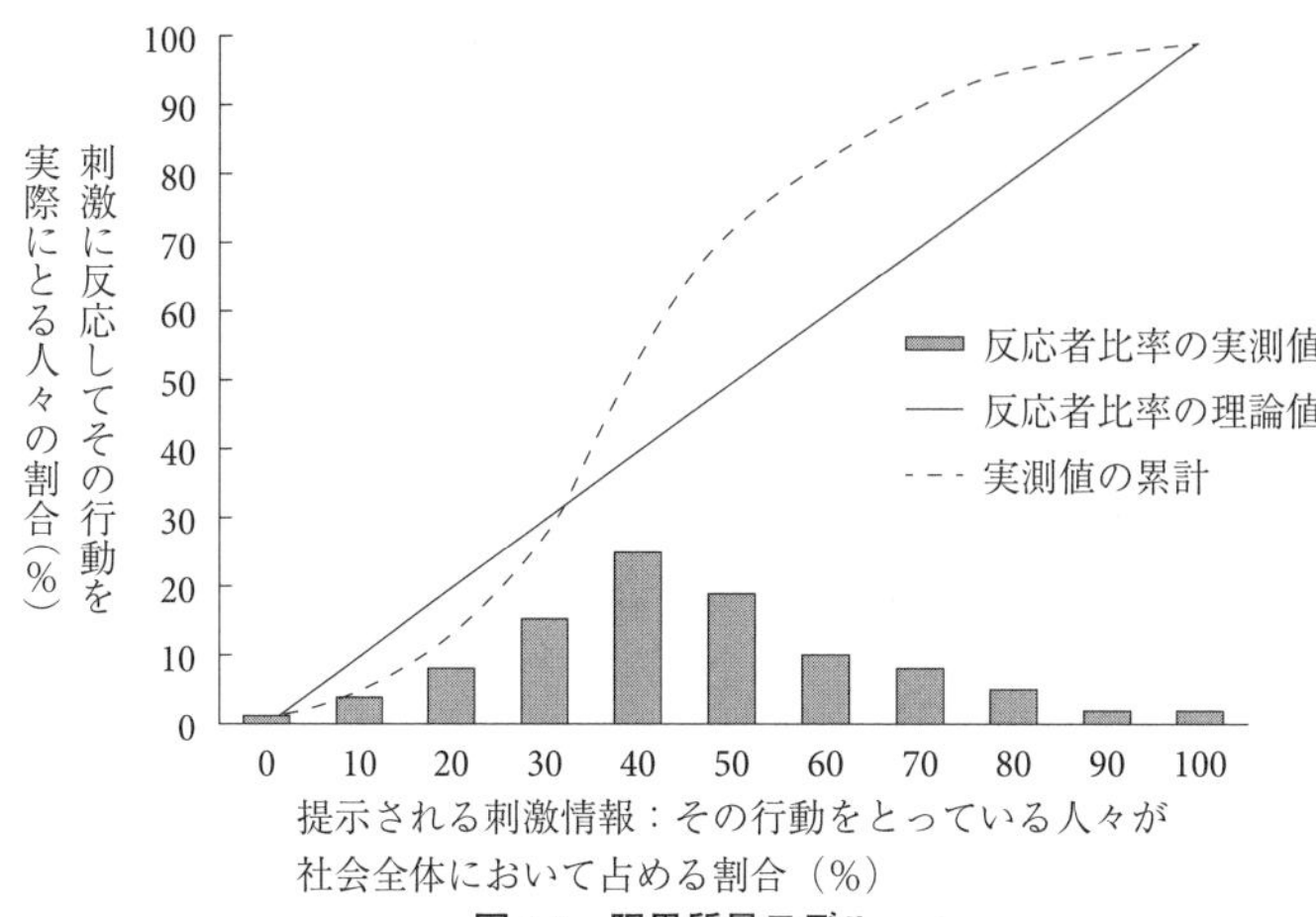

図 1-2　限界質量モデル

（出典）　Schelling（1978）。

って異なる。単純に考えれば、反応する人々の割合は、〇パーセントから一〇〇パーセントまで少しずつ直線的に増えていくと想定される（理論値）。しかし、実際には、均等には分布しておらず（実測値）、実測値の累計は破線のような曲線を描く。たとえば、この図で二〇パーセントの人が反応する状況のとき、二〇パーセントまでの実測値の累計（曲線）は、二〇パーセント（理論値）よりも低いため、新たに反応する人は増えない。しかし、四〇パーセントの人が反応する状況では、実測値の累計は理論値を超えているため、雪だるま式の反応の連鎖が起こってくる。この連鎖による反応者の割合が、理論値を超える（グラフ上の直線を曲線が上まわる）ポイント、すなわち臨界値が、左側にあるほど、流行は発生しやすいし、右側にあるほど、流行は発生しにくいことになる。

ある事柄に関する人々の社会的感受性の分布を把握しようとするとき、行動観察は効果的な方法になる。もちろん、率直に質問して答えてもらうことも可能かもしれない。しかし、人間の多くは、自分自身、その場に直面してみなければ、自分がどう判断し行動するのか、よくわからないことも多い。したがって、流行するかどうかを知りたい事柄について、人々がどのくらい他者の動向に応じて反応を起こすのかを観察する方が、流行・普及するか否かをより的確に予測することを可能にする。

新作映画が封切られる直前になると、出演する役者たちがこぞって次から次にテレビの情報番組に出て宣伝をしているのをよく見かける。これらの宣伝のねらいは、社会的感受性の分布でいえば、限界質量の臨界値をより低いものにする（グラフでいえば左側に寄せる）ことにある。より多くの刺激（=宣伝）によって、少しでも多くの反応者（=その映画を見に行こうとする人々）を増やすことで、その次なる連鎖的反応者を拡大しようという戦略である。何気ない他者の言動にさえ影響を受けやすい我々人間は、その戦略に乗ってしまうことが多いのである。

3　チームワークの良さは観察すればわかるか？

●「百聞は一見にしかず」。行動観察の意義の核心をめぐって

本書では集団や組織における人間行動に関する社会心理学研究について、紹介していく。その中にはたとえば、リーダーシップやチームマネジメントの研究がある。それらの研究において、行動を観察することにはどのような意義があるだろうか。社会心理学は、メンバーやリーダーの一人ひとりの心理や行動の特性に注目し、できる限り科学的な測定を行い、条件の違いによって、どんな変化・相

違があるのかを明らかにすることに取り組んできた。そして、リーダーがいかに振る舞い、組織的にどのようなマネジメントの体制をとると、生き生きとした職場が生まれ、優れたチームパフォーマンスが達成されるかを検討してきた。

個人による性格や能力の特性はあまりにも多様である。しかもその多様な特性をもった人々がたくさん集まって作り上げる職場やチームは、もともと、気が遠くなるほどそれぞれに個性的でバラエティに富んでいる。そのうえ、組織環境や取り組む課題もさまざまなのだから、一律に「こうすれば絶対にうまくいく」と断言できる方法を見つけることは、かなり難しいと考えざるをえない。だからといって、適当にやりすごしていたのでは、やりがいのある仕事に取り組む健全な職場生活を送れるか、優れたチームパフォーマンスをあげて組織目標を達成できるかは、運次第ということになってしまう。もっと自分たちの手でよりよい生活を作り出していきたいものである。

ここで大事になってくるのが、自分たちの職場やチームの活動の様子を、第三者の目で、丁寧によく観察してみることである。じつは、よく観察していれば、職場のチームワークの良さは、観察者には明瞭に「感じ取れる」ものなのである。このことは多くのみなさんが実感した経験をおもちであろう。野球やサッカー、ラグビーをはじめとするチーム・スポーツを観戦しているとき、さまざまな場面でとられる選手たちの表情やしぐさ、行動にチームワークの善し悪しが表れていると感じたことのある人は多いのではないだろうか。

職場や組織やチームの活動を見るとき、我々は、知らず知らずのうちに、メンバー間の連携やコミュニケーションの様子に注目し、評価しているのである。ここで、「知らず知らずのうちに」ではなく、目のつけどころをきちんと定めて、客観性を高めて科学的に丁寧に観察すれば、分析から導かれる結果は、職場の問題解決や優れたチームワーク育成に必要となる取り組みへの具体的な道筋を明瞭に示してくれるものになる。行動観察の意義はここにあるといえる。

もっとも、社会心理学の研究に取り組んできた筆者には、行動観察の意義はそれにとどまらないと感じられてならない。我々が、職場やチーム、あるいは集団の活動の様子を観察して、そこから感じ取っているものは、じつは目には見えないものであることが多いのだと思う。職場の雰囲気や組織の風土・文化、あるいはチームワークと表現されるものは、目には見えにくいものが多い。したがって、職場やチームのメンバーに質問をしてみて、彼ら自身が自己の所属する職場・チームに備わっていると認知しているさまざまな特性を評価してもらい、それを集計して職場の雰囲気や組織風土を示すものとして取り扱ってきたのが、社会心理学や組織科学である。

もちろん、このアプローチにも深い意義がある。ただし、職場やチームの全体としての特性には、各人が主観的に認知した結果を足し合わせただけでは説明できない、一つのまとまりとしてのものがある。個人個人の認知という部品に分解して、あとで組み合わせれば全体になるという性質のものではないものもけっこうあるものだ。まるで個人一人ひとりが個別には分解できないひとまとまりとしての人格という個性をもっているのと同じである。

目には見えないが、職場やチームを特徴づけている特性を科学的に捉えて、目に見える形で示すことに取り組む行動観察は、職場の問題解決やチームの健全な育成を考えるときに、実に有益な情報をもたらしてくれる。それと同時に、個人の心理や行動の研究に集中するあまり、その個人が集まって作り上げている社会全体や組織全体、集団全体が保有する心理学的な特性に関する研究はおろそかにされがちなまま発展してきた、ある意味、いびつな発展をしてきている社会心理学にとっても、取り組むべき課題とその方法論を示してくれる意味で、大切な意義をもつ取り組みである。

昔から、質の高い仕事をする職人たちは、道具にしても素材にしても、しっかりとした観察眼、批評眼、審美眼をもった「目利き」の人たちであった。優れた組織マネジメントやチームマネジメントを実践している管理者やリーダーたちは、経験を積み、成功を体験し、時に失敗を糧として、しっかりとした組織やチームの「目利き」となり、マネジメントを工夫しているのだろう。そんな「目利き」の人たちは、どこに目をつけて、どんな判断をしているのだろうか。

この問いに答えるには、観察から何を見出すかが重要な課題になる。行動観察は、ただ観察するだけではなく、そこから意味のある結果を導き出す取り組みである。そのとき、人間の心理や行動の特性について明らかにしてきた心理学の知見は有益だろう。とりわけ、社会的な環境のもとでの人間心理と行動の特性を探究してきた社会心理学の知見は役に立つと考えられる。「目利き」のすばらしい優れた技を、多くの人々が学べるように橋渡しをしようとするところに、行動観察と社会心理学のコラボレーションの意味があるのだと思う。

社会心理学には、筆者がメインに研究を行っている集団力学や組織科学以外にも、消費者行動やマスコミの影響、デマや流言、流行の普及過程、あるいは、対人関係やコミュニケーション、対人魅力の評価など、行動観察と関連の深いテーマがまだまだたくさんある。次に、もう少し視野を広げて、さまざまな人間の社会行動とその背景で働いている心理を話題に取り上げ、行動観察との関連の中で論じていくことにしたい。

4 何気ない行動から人間の社会性と心理を解明する取り組み

●ミルグラムのロストレター・テクニック

我々が、日常、何気なくとっている行動の中に、その人の「本音」が表れることがある。ここでは、行動の観察から人々の本音を探り当てる研究方法について紹介しよう。

我々は、面と向かって質問されれば、社会的に望ましい意見は何かを考えたり、よりよい印象を周囲に与えるにはどのように答えるといいのかを考えたりして、本音ではない意見を答えたりすることも多い。「家事や育児に関する男女の役割分担について、どのようにお考えですか?」とか「同性愛者の結婚について、どのようにお考えですか?」とか「外国からの移民を国内の労働者として採用することについて、どのようにお考えですか?」など、慎重に考えて答えるべき事柄は世の中に多い。

ところが、我々は常に注意を集中して生活を送っているわけではない。一日中、注意を集中し続けなければならないとしたら、疲れ果ててしまうだろう。我々は、自分の周囲で起こる出来事の認知にしても、見たり聞いたりしただけで即座に判断を下せるような自動的な情報処理システムを身につけている。細かく注意を払わなくても無難に生活を送れるような情報処理のいわば「エコ運転」を行っているわけである。この「エコ運転」の最中は、ついつい自分の本音に従って行動をとってしまうことが多くなる。潜在的な意識が行動となって顕在化してしまいやすいときなのである。

人間の本音が行動に表れる場面を捉えて測定する方法として、社会心理学の研究で注目されてきたのが、ミルグラムが行ったロストレター・テクニックである。一九六五年に *Public Opinion Quarterly* に発表された論文はわずか二ページの短いものであるが、アイヒマン実験やスモールワールド研究で学界に刺激を与え続けた彼にふさわしいインパクトの強い内容であった（Milgram et al., 1965）。

彼は、コネチカット州ニューヘブンの街で、宛名が書かれ切手も貼られた手紙を街角にわざと落としておき、それを拾った人が、落とした人に代わって郵便ポストに投函するか否かを測定したのである。そのとき、手紙の宛先を次の四種類準備した。

① 医療研究協会
② ワルター・カーナップ様（個人名）
③ 共産主義支援組織
④ ナチズム支援組織

それぞれ一〇〇通ずつを準備して、

(a) 商店内
(b) 自動車のフロントグラスのワイパーに挟む（鉛筆で「自動車の近くで拾った」と書いておく）
(c) 舗道の上
(d) 公衆電話ボックス内

の四つのタイプの場所に二五通ずつ配置した（落とした）。なお、宛先の名称は上記のように四種類準備したが、住所はどれも同じもの（私書箱）であった。宛名は違っても同じ私書箱に届くようにした

表 1-1　宛先別および場所別の投函数

宛先	落とした場所				投函率
	商店内	自働車	舗道	電話ボックス	
医療研究協会	23 通	19 通	18 通	12 通	72%
個人名	21 通	21 通	16 通	13 通	71%
共産主義支援組織	6 通	9 通	6 通	4 通	25%
ナチズム支援組織	7 通	6 通	6 通	6 通	25%
合計	57 通	55 通	46 通	35 通	48%

（出典） Milgram et al.（1965）。

のである。したがって、この私書箱に届く手紙を数えれば、拾った人が投函してくれた手紙の数を知ることができたわけである。

届いた手紙を数えてみると、表１－１の通りであった。この結果は、宛名が共産主義支援組織やナチズム支援組織になっていた手紙は、拾われても投函されなかった可能性が高いことを示している。いずれの場所においても、同じ数だけ配置されたのに、医療研究協会あるいは個人名が宛先の手紙に比べて、共産主義支援組織およびナチズム支援組織が宛先の手紙の投函数、投函率は明らかに低い。

ミルグラムは、この結果を受けて、目新しい事実を明らかにしたわけではないが、コミュニティーが、ある社会集団に対して抱いている集合的な態度（community orientation）を測定する有効な手法として、ロストレター・テクニックは使えると述べている。実際、この手法は多くの注目を集め、多様な実証研究の実践を刺激した。インターネット環境が整ってからは、電子メールを用いたロスト電子メール法（Stern & Faber, 1997）へと応用されたりもしている。

この手法では、行動観察は行っていない。したがって、四種類の場所で、実際に何通の手紙が拾われたのかが明確ではない。場所によっては落ちていても見つけてもらいにくかったりしたかもしれないし、ある特定の性格特性をもった人々が多く通りかかった可能性も残されている。手紙を置いた場所はわかっているのであるから、現場を遠くから観察して、その手紙が拾われたか、どんな人が拾ったか、拾った人は宛名を見たか、どのような表情やしぐさを示したか、拾ってから投函するまでに何秒時間がかかったか等を測定することで、さらに結果の的確な解釈が可能になるだろう。

行動観察の利点はそこにもある。ただし、取り組みによっては、人間性のネガティブな側面を明らかにすることになる場合もあるので、いたずらに人を傷つけることがないように、倫理的なガイドラインを遵守するように十分に配慮することが大事である。

第2章　信頼性の高い行動観察に向けて

1　観察した行動からその発生原因を正しく推測できるか

●援助行動を題材に

人間行動を丁寧に観察することを積み重ねると、特定の状況のもとで、人間がどのように行動しがちであるのかがわかってくる。ただ、この情報を得ようと思えば、行動観察ほど時間や手間をかけて測定することよりも、ビッグデータの解析を活用することの方がリーズナブルかもしれない。ただし、行動観察の強みの本質は、「どのように」というよりも、人間が「なぜ」そのように行動するのかを推察できるところにある。

多くの場合、丁寧に観察していれば、人間がなぜそんな行動をとるのか、その発生原因を正確に推察することは難しくないように思える。しかし、はたしてそうだろうか。社会心理学の研究知見を参考にすると、正しく推察することは難しい場合も少なくないことがわかる。人助け行動を例に挙げて説明しよう。

困っている人を助ける行動は、社会心理学の領域で援助行動（helping behaviors）の研究として開始されたのち、発達心理学や進化心理学の領域へと広がりを見せ、じつにたくさんの研究が行われてきている。そこでの問いは、「なぜ人間は他者を助けるのか（あるいは助けないのか）？」という点に集約される。その答えは多様に考えられるため、援助行動の発生原因の推察は複雑な様相を呈することになる。具体的に、車いすに乗った裕福そうな身なりをした老人男性が、道の端で苦しそうにうずくまっていたところに、通りかかった人が「どうされましたか？」と問いかけ、近くの病院まで車いすを押して送り届けた場面を取り上げて考えてみることにしよう。

「そんなもの、困っている人がいたら助けるのは人として当然のことじゃないか」と感じる人も多いだろう。人として当然のことだから、という理由で他者を助けるとするのであれば、義務観や道徳観など社会的規範に適応しようとする心理が、援助行動の発生原因にあると見なせるだろう。これは人間社会の規範に従った行動なので、向（順）社会的行動と分類される。

これに対して、「いやいや、人間は義務感や道徳心というよりも、純粋に他者のことを気遣う心をもっているのだ」と思う人もいるだろう。人間にはもともと他者に幸福になってもらいたいと願う動機が備わっており、本能的愛他心が発生原因であると考える視点である。他者への援助がこうした純粋な他者への思いやりに根ざすと見なせる場合、愛他的行動と分類される。

この視点と関連して、最近では、人間が集団を形成して、互いに助け合うことで厳しい自然環境を克服し進化してきたことに着目し、人を助けることは、いつかは自分が助けてもらうことにつながるという直感的な判断（ヒューリスティック）が知らず知らずのうちに働くと考える見方も多くなってきている。これは、利己的利他主義的行動と呼ばれることが多い。「情けは人の為ならず」という言葉が受け継がれてきていることを考えれば、この視点にも頷けるところがある。

さらには、少々下世話になるが、「裕福そうな身なりをしている老人だったから、お礼を期待して助けたんじゃないか」という推察も成り立ちうる。援助行動に伴う報酬と損失を見積もり、そこから利益を計算して、利益があるなら援助し、損の方が上まわるなら援助しないという心理が発生原因にあると見なす視点である。なんだか計算高く聞こえるが、こうした視点は、社会的交換理論として確立されており、人間行動の原因を推察する際の中心的な視点となっている。困っているのが仲の良い友人ならば助けて、知らない人ならば助けない、ということはあってもおかしくない。友人との人間関係が自分にとって価値があるものだからこそ、援助することを選択したのであれば、この視点から説明できるのである。先述した「情けは人の為ならず」の視点も、根本は社会的交換理論を基盤とするものである。

つまり、援助行動の原因には、おおまかに分類しただけでも、①社会の規範・価値観に従おうとする心理、②純粋に他者の幸福を願う心理、③援助に伴う損得勘定を優先する心理、の三つが考えられ、多くの場合、複数の原因が複雑に絡まっている。親切な人助けのように見えながら、実のところ、本音のところではご褒美を期待していたり、相手を騙して信頼させようとしたりする下心が働いていることもある。もちろん、援助行動だけでなく、他にも同様に、行動の背後で多様な心理が複雑に働いて生まれてくる社会的行動はたくさんあって、行動観察も一筋縄ではいかない課題と対峙することになる。

なぜ多くの人が傍観しないで援助行動を選択するのか、その原因を明らかにすることができれば、助け合いがもっともっと多くなる施策の工夫に役立つことになる。行動の原因を正確に見極めることは容易なことではないが、社会心理学をはじめとする行動科学の研究知見を参考にすることで、主観に基づく安易な推察を防ぐことが可能だ。「なぜ」を繰り返し自問しながら丁寧に観察していくことは、特定の人間行動の重要な発生原因に気づく王道であり、手間暇はかかっても急がば回れの早道にすることができるだろう。

2 「攻撃行動」の背後で働いている心理プロセス①

●本能か情動発散か

信頼性の高い行動観察を実践していくためには、行動を正確に観察することに加えて、その背後で働いている心理についてもできるだけ正しく推測できることが必要になる。前項では、人助けをしている人の心理過程には、多様で、時に相反する思いが入り交じっている場合さえあることについて述べた。この他にも、表面的に観察できる行動の背後では、複雑な心理が働いていることが多い。

ここでは、人助けとは反対の他者への攻撃行動を取り上げて、その行動の背後で働いている心理過程について理解を深めていきたい。観察された行動の発生原因となっている心理を正しく推測できることは、適切な問題解決の方策を考える基盤となる。たとえば、学級内でいじめが発生している場合、その原因はどこにあるのだろうか？　あるいは、人種や民族間、宗教間、国家間等の紛争は、なぜ、終わることなく繰り返されてしまうのだろうか？

人が他者を攻撃する理由を論じるとき、古くから主役を務めてきたのが「本能論」である。すなわち、人間にはもともと他者を攻撃しようとする欲求（＝本能）が基本的に備わっているという考え方である。精神分析学者のフロイト（S. Freud）に言わせれば、いくら理性ではいけないことだとわかっていても、衝動的に他者を攻撃したくなってしまうのだからどうしようもない、ということらしい。また比較行動学者のローレンツ（K. Lorenz）は、肉食動物にとって攻撃本能が備わっていなければ捕食は不可能で生命を維持できないし、また捕食される側にしても、やすやすと捕食されないように反撃する必要があって、そこでも攻撃本能が備わっている必要があると指摘している。いわば、動物には必要悪として攻撃本能が備わっており、人間も例外ではないというわけである。

そこで問題になるのは、攻撃欲求の制御の仕方ということになるのだろう。残虐な殺人や戦争が頻々として発生する人間社会を見て、ローレンツは、攻撃性に関しては、人間は最も進化の遅れた動物であると指摘している。たしかに、ライオンやチンパンジーのオス同士が、縄張りを争ったり、異性の取り合いで争ったりするが、決着がつくと負けた方は潔く（すごすごと）引き下がるし、勝った方も必要以上に相手を傷つけようとはしない。衝動にまかせて、相手が死んでしまうまで殴りつけたり、自分の気が済むまで攻撃の手を緩めないのは人間だけなのかもしれない。

とはいえ、攻撃欲求は始終絶えず強い状態であるわけではなく、平常は低く落ち着いていなければ、我々の安定した平穏な生活は成り立たないだろう。なぜ攻撃行動が発生するのかを考えるときは、なんらかの体験が攻撃欲求を刺激して、攻撃の動機づけを強化してしまうプロセスが存在することに注目してみる必要がある。

そこで提唱されるようになったのが「情動発散説」である。我々は生活を送るなかで、自分の思うようにいかない事態に直面するたびに欲求不満を経験する。この欲求不満が高まると、怒りやイライラの情動につながるが、これらを放置していると気分が悪いので、なんとか発散して解消し、落ち着いた平穏な状態を取り戻そうとする。そのとき、最も手っ取り早く使えるのが攻撃行動なのだと指摘するのが「情動発散説」である。

たしかに、怒り心頭に達した人が、近くにあるものを投げつけたり、蹴っ飛ばしたりしている光景をテレビなどで時々見かけることがある。ゲームセンターでモグラたたきをやったり、パンチングボールを思いっきり殴ったりするのも、一種の情動発散であろう。情動発散説に基づけば、攻撃行動の背後では、その人にとって欲求不満に感じる出来事を経験していて、そのイライラを発散する方略として攻撃行動を選択しているということになる。

学校や職場で見られるいじめ行動は、この観点からよく説明できるように思う。小学生の高学年や中学生になると、受験や部活動での競争からくる不安、さらには異性からの評価や外見を気にする心理が芽生えるなどして、幼かった頃には感じなくてすんだイライラをしだいに強く感じることが多くなる。しかも、この成長段階では、欲求不満が攻撃行動につながらないようにコントロールする心の制御力は、まだ十分に養われていない。慣れていないうえに強烈なイライラと制御力の未熟な心が重なる時期であるために、情動発散の手段として安易に他者を攻撃する行動が起こりやすくなってしまうと考えられる。同級生に対するいじめだけでなく、親や教師に対しても攻撃的になることが多いのも、そうした心理メカニズムが働いていることによると考えられる。

職場でのいじめは、大人同士の間で発生するが、制御力は成熟して強いものになっていても、仕事の場合にはそれを超越する強いストレスが生まれがちで、怒りやイライラの情動につながっていることが考えられる。学校や職場でのいじめ問題は、日本だけのものではなく、広く世界中で見られており、人間の根源的問題の一つであるといえるだろう。

さて、攻撃行動の背後で働いている心理は、以上の通りだと言おうものなら、「えーっ、それだけ?」と疑問に感じる人が多いだろう。その疑問の通りで、人間の攻撃行動の中には、もっと異なるプロセスを経て発生するものも多い。次に、攻撃行動発生のもう一つのプロセスについて説明していくことにしよう。

3 「攻撃行動」の背後で働いている心理プロセス②

●社会的学習説

人間が他者に攻撃行動を起こす理由として、攻撃の本能が備わっているという「本能論」の視点と、イライラする欲求不満の発散が攻撃となって表れると考える「情動発散説」の視点を紹介した。しかし、もう一つ重要な視点を押さえておく必要がある。それは、目的を達成するために攻撃が有効な方法だからこそ行うという功利的で戦略的な選択の視点である。

　戦国時代の武将たちの戦いは、領地を守ったり、拡張したりすることを目的として行われたところに本質がある。もちろん、復讐や敵討ちのように感情が強く前面に出る戦いもあるが、それとて、もとはといえば領地をめぐる争いに端を発したものであることが多い。戦いに勝利するという目的のために、どこの誰を、いつ、どのように攻撃することが最も有効なのかを考え、戦略的に意思決定することが大事になってくる。このとき冷静に高度に戦略的な認知活動の方が必要性は高い。戦国時代のいくさを例に挙げたが、現代の戦争にしても、スポーツにしても、ゲームにしても、そしてビジネスにしても、勝利を競う状況では、この戦略的な攻撃行動は重要な機能を果たすものとして、人間社会ではその価値は高く認められてきているといえるだろう。

　考えてみれば、我々は、攻撃行動が目的達成の手段として用いられることを、子どもの頃から繰り返し体験しながら成長してきている。叱責されたり、脅されたりすると、恐怖を感じるので、それを避けるために相手の指示や命令に従うことを経験しながら育つ。逆に、自分が攻撃的に振る舞うと、相手が怖がって、こちらの要求に従うことも、同じように経験する。テレビのヒーローやヒロインも、悪との戦いに勝利するために、殴ったり蹴ったり、銃を撃ったりする。そしてそれが成功や勝利という目的の達成につながることを知る。

　すなわち、我々は攻撃行動が目的達成の有効な方法であることを、成長の過程で繰り返し経験して学習するのである。この視点は「社会的学習説」と呼ばれている。この視点で捉えることは、人間の攻撃行動を二つのルートで理解することにつながる。

一つは、無自覚のうちにとってしまう攻撃行動の発生理由をさらに深く理解することにつながるルートである。イライラしたり、カッとなったりすると、知らず知らずのうちに思わず攻撃的に振る舞ってしまう行動は、前項で紹介した本能論や情動発散説の視点からの理解だけでなく、幼少期からの社会的学習によって身についてしまったために発生するという、もう一つの理解も可能にしてくれる。情動発散説がカタルシスを得るために攻撃を行うと考えるのに対して、子どもの頃から自分の目的を達成するには攻撃行動が有効であることを繰り返し体験して学習しているために、とりあえず攻撃に出る癖が身に沁み込んでいるから攻撃を行うという見方もできるのである。

もう一つは、社会的学習を通して、いかなる攻撃行動が効果的であるかについて多様な知識を蓄積することによって、冷静で戦略的な攻撃行動を行うことができるようになるという理解につながるルートである。スポーツの試合では、戦いが白熱してくると、選手たちがつい感情的になって攻撃的に振る舞ってしまうことがあるが、それは反則のペナルティーを誘発したり、間違った戦術の選択につながったりして、敵を利してしまうことも多い。「ハートは熱く、頭脳は冷静に」と繰り返し注意されていたとしても、実際の戦いの場面では、感情を抑制することは難しい。ただ、経験が浅いうちは失敗することが多くても、経験を積むうちにしだいに、状況に応じて最も効果的な戦術を冷静に選択することができるようになる。まさに学習するのである。トップレベル同士が対局する囲碁や将棋、チェスの一手一手は、社会的学習を通して磨かれた攻撃行動の見本といえるだろう。

他方で、戦略的な攻撃行動は、戦争における高度な戦略の開発と密接に結びついていることも忘れてはいけないだろう。保険金目当ての殺人事件の発生も同様である。ローレンツが指摘したように、自分を守るために防衛し反撃する攻撃力を身につけることは不可欠の備えといえる。ただし、本能論の視点から見ても、情動発散説の視点から見ても、社会的学習論の視点から見ても、人間は攻撃を行う誘惑にはきわめて弱い。

損をさせられたり、侮辱されたりしたときに、即座に暴力に訴えたくなるのが人情なのだと理解して、互いがそんな感情的な状態に陥らないような工夫が大事になってくる。沸騰する感情を抑えて冷静に判断しようとするとき、我々はどのような行動や表情、姿勢、しぐさを見せるのだろうか。行動観察によって明らかにされる事柄の中に、思いのほか有効な手立てが潜んでいるかもしれない。機会をつかまえて、よくよく人間行動を観察してみることにしよう。

4　群衆行動の背後で働いている心理プロセス

●被災直後の人々の行動に表れる「社会への信頼」

二〇一六年四月、強い地震が熊本を襲った。戦国時代から偉容を誇ってきた熊本城の石垣が次々に崩れ、雄大な阿蘇の麓をドライブしたときに渡ったことのある阿蘇大橋が崩落してしまった映像に、筆者は呆然とし、自然の脅威をあらためて思い知らされた。

メディアの報道からわかるように、被災した人々は不安や恐怖、寒さに耐えながら、互いに寄り添い支え合っていた。水や炊き出しの食料を求めて長蛇の列を作り、我慢強く順番が来るのを待つ人々の映像が報道された。

困難に直面した状況でも、パニックに陥って暴動に走ることなく、規律を守り、助け合う行動は、日本ではごく自然に見られるものである。しかし、そうではない国や地域も世界には多い。むしろ、日本人の落ち着いた行動に驚きの声があがることさえ多いのである。なぜ、日本では、暴動に走ることよりも規律正しく行動することを人々は選択するのだろうか。

この問いに対しては、さまざまな答えがありうるだろう。信頼性の高い行動観察を行おうとすることは、そのさまざまな答えの中から的確なものを選び出せるようになることを意味する。今回は、被災された方々の規律を守る行動に着目して、多くの人々がまとまりとなって見せる群集行動の背景でどんな心理が働いているかについて考えてみたい。

まず素朴に思い当たることとして、日本の文化に原因があるのではないかと考える人は多いのではないだろうか。その推測が正しいのかを検討するとき参考になるのが、欧米諸国と東アジア諸国（日本や韓国、中国等）とでは、自己概念（かみ砕いて表現すれば、自分はどのような人間であるかという問いに対する自分なりの答え）に違いがあると指摘している社会心理学の研究である。

北山とマーカス（Kitayama & Markus, 1994）は、欧米文化のもとでは自分を独立した存在として説明しようとする人々が多いのに対して、東アジア文化のもとでは、自分自身を周囲の他者との関係性で説明しようとする人々の割合が多いことを報告している。そして、欧米文化では相互独立的自己観が主流であるのに対して、東アジア文化では相互協調（依存）的自己観が主流であるという特徴があると主張している。

この研究知見は、日本文化のもとで生まれ育った人々は、自分と他者を、互いに支え合う存在であるという前提に立って捉える傾向があり、体は別々でも心は通じ合っているという感覚をもちやすいという推測へとつながっていく。この観点に立てば、被災した者同士はもちろん、被災しなかった者も含めて、みなで心を寄せ合って一緒に頑張ろうという気持ちをもつことができる素地が、日本文化のもとで生まれ育った人々の心の奥底に根づいていると考えることもできるだろう。

文化と並んで、社会規範の影響にも行動の原因を求めることができるかもしれない。社会規範は、社会生活を営むうえで、一人ひとりが守るべきルールのようなものである。ルールといっても、法律のように文章になって明瞭に表現されているものというよりも、人々が共有している価値観も含んだ、いうなれば「その社会の暗黙の掟」に近いものを意味する。

たとえば、「たくさんの人と一緒にいる場では、携帯電話を使って大声で通話をすることは控えるべきだ」という規範は、「周囲の人々に迷惑をかけてはいけない」という価値観が大多数の人々に共有されていることによって成立している。そして、規範はその社会で生活する人々の行動に影響を及ぼしている。社会規範は人々の行動を一つのまとまりある方向へと束ねる役割を果たすものといえるだろう。

もう一つ異なる観点からも考えてみよう。それは、「社会への信頼」という観点である。対象を特定したうえで、それを信頼できるかどうか判断することは比較的容易である。親友や家族、老舗の商店や会社は信頼しやすいが、未知の人や商店・会社をそう簡単に信頼することはできない。

では、自分の周囲の不特定多数の人々、すなわち社会や「世の中」を信頼できるかと問われたらどうだろうか？　たとえば、「この商店街では子どもやお年寄りが安全に安心して歩けるように自転車は降りて押すようにしよう」という取り組みが始まったとしよう。あなたの周囲の人々のうち、どのくらいの割合の人が素直に自転車を降りて押すようになるとあなたは予想するだろうか？

その答えは、自分の周囲の不特定多数の人々に対するあなたの信頼の程度を表しているといえる。もし「ちゃんと自転車を降りて押す人はごくわずかだろう」と思うならば、その人は自転車を降りて押すことは骨折り損な無意味なことだと感じてしまうだろう。逆に、「多くの人が自転車を降りて押すだろう」と思う人は、自分もそうすることは正しいことで、社会に役立つことだと感じるだろう。

突然の地震による苦境にあっても、救援の水や物資を待って、整然と列を作る人々は、みながその規律を守ると信じることができるからこそ、もっと具体的にいえば、自分だけ得をしようと、割り込みをしたり、余分に水や物資をせしめようとしたりする人はいないだろうと思えるから、長時間の行列にも規律を乱すことなく堪えることができるのだと考えられる。このような多くの人々が規律を守る行動の背後には、一人ひとりの心の奥深いところで、周囲の人々への、そして社会への信頼が働いているといえそうだ。

もちろん、その信頼を裏切る行為が見られると、怒りとともに、自分も利己的に振る舞おうとする人たちが増えてきてしまうことも予想される。もしそんなことが起こってしまったらどうなるのかについては、後ほど論じることにしたい（第４章「個人が社会変動に与える影響」参照）。

Part 2

個人と集団・組織・社会

第3章　人間行動に及ぼす他者存在の影響に注目することの大切さ

1　多数者意見は個人の行動をどのくらい束縛するか

我々は他者からの影響を敏感に受けやすい存在である。そのことは、街角を歩いていても、新聞やテレビを見ていても、周囲の人々の動向に敏感に反応する様子を観察することで確認できる。顔見知りでもない人々たちからでさえ、敏感に影響を受けてしまう我々は、集団で生活する場面では、メンバーたちから、どれほどの強い影響を受けるのだろうか。

集団の中で、自分一人を除いて他のメンバーがみな同じ意見を支持するとき、孤立した自分の意見を最後まで主張し続けるのはなかなか難しい。自分にとってさほど重要な問題でなかったり、自分の意見がそれほど定まっていない問題であったりすれば、ほとんどの人が、わざわざ孤立の悲哀を味わ

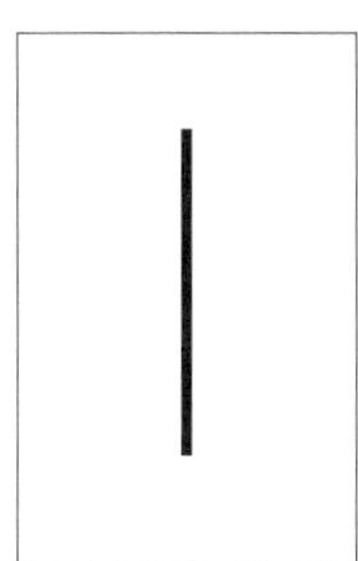

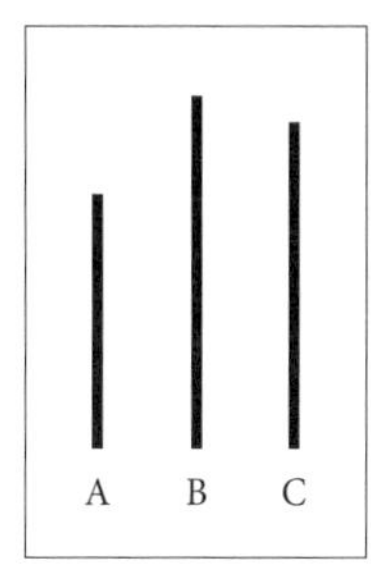

図 3-1　アッシュの実験で使用された図

（出典）Asch（1951）。

うまでもなく、多数者意見に賛同するだろう。

しかし、明らかに多数者意見の方が間違っていて、どう考えても自分の意見が正しいときならば、どうだろうか。たとえば、第二次世界大戦中のナチスの「ユダヤ人は皆殺しにすべきだ」という意見や、日本軍による「お国のために潔く玉砕しよう」という意見が、社会を支配する多数意見になったとき、それとは異なる考えをもっていた少数派の人たちは、どのように考え、どのように行動したのだろうか。勤め先の会社が不法行為を働いていて、みながその事実を隠蔽すべきだと考えているとき、あなたならどうするだろうか。

こうした問題について実験を行って人間行動の特性を明らかにしたのが、アッシュ（S. Asch）である。彼が一九五一年に報告した研究は、次のようなものである（Asch, 1951）。彼は心理学実験室に八人の実験参加者を呼んで、丸いテーブルの周りに一緒に着席させた。これから行うのは視覚に関する心理学の実験だと説明して、図３－1のような線分が引かれた二枚の図版を提示した。そして、「左側の図版に引かれている線分と同じ長さの線分は、右側の図版のA、B、Cの三本の線分のどれか？」と尋ね、時計まわりに一番から八番まで各人に意見を答えさせていった。正解はCであることは、誰が見ても明々白々な質問である。ただし、このとき七番目に回答する人以外は、すべてアッシュの指導する大学院生たちで、わざと間違った答えであるAと回答した。

純粋に実験に参加してきた七番目の人は、他のメンバーが一致して間違った答えをするのに驚き、うろたえる表情やしぐさを見せながらも、最初はすまなさそうに正解のCを回答した。しかし、一八種類の同様の課題について試行を繰り返し行っていくうちに、最後まで正解を答え続ける人は、五〇人中一三人にすぎず、残りの三七人は、最低でも一回は多数者の間違った答えに同調する行動を示した。比較検討するために設定した多数者がバラバラの答えをした条件では、三七人中三五人が常に最後まで正解を答え続けており、多数者が一致して一つの意見を支持するときの圧力の強力さを物語っていた。

ただ、アッシュは他にもたくさんの実験を行っており、多数者の圧力は、全員の意見・態度が一致しているときには強力であるが、一人でも異なる意見を選択して一枚岩が崩れると、極端にその圧力は弱くなることもわかっている（第4章「個人が社会変動に与える影響」参照）。

これが、個人が自己の意見や権利を主張することが重んじられているアメリカで行われた実験の結果であることを考慮すれば、自己主張をよしとせず、周囲との調和こそを重んじる日本では、少数者の立場に立ったとき、苦渋の選択をする人の割合はもっと多いかもしれない。

このように、多数者意見の前では、我々が自分の本当の考えや気持ちとは異なる行動をとってしまうことがあるのは事実である。だとすれば、行動観察を行う際にも、対象となる人々が「なぜ、そんな行動をとるのか」について推察するときには、周囲の人々の影響や以前からのいきさつ、そして状況の流れなどをよく考慮して、広い視野に立った分析や解釈を心がける必要がある。同じように見える行動であっても、その背景には異なる心理過程が存在していることもある。そこが行動観察の難しさでもあり、面白さでもある。

2　他者存在の影響の大きさを考える

●エレベーターで片側を空けて乗る行為を題材に

二〇年以上も前のことであるが、筆者の住む福岡市内の書店のエスカレーターに、妻と二人で横に並んでおしゃべりしながら乗っていたところ、後方からエスカレーターを歩いて登ってきた男性から「左側に寄って乗ることも知らない人は田舎者ですよ」とたしなめられた経験がある。自分が田舎者であることは十分に自覚しているので即座に詫びて左側に寄り、右側を空けて、その人を通したが、「そんなに急いでどこに行く?」と軽く反発を覚えたものだった。

私をたしなめた男性は、急ぐ人のために片側を空けておいてあげるのは、一つの社会的マナーあるいはエチケットであって、正しいことだという認識をもっていたのであろう。片側に寄って乗るという行動が普及した背景には、他者の都合を配慮してあげるべきであるという社会規範が働いていることは想像に難くない。

しかし、現在では、急ぐためにエスカレーターを歩いて登り降りすることは非常に危険であることが、各種交通機関や商業施設で注意喚起されている。時に大きな事故やケガにつながることがあるからである。片側を空けていても危険な行為を助長しているだけのことなので、やめてしまえばよさそうなものである。一人ずつで乗る場合にも、どちらか片側に寄るのではなく、ジグザグになって乗れば、安易で危険な登り降りを防ぐことになってよいのではないかと思われる。

しかしながら、各種交通機関や商業施設における注意喚起にもかかわらず、片側を空けてエスカレーターに乗る行動様式は、なかなか変わらないようである。福岡のような地方都市でも、朝夕の混雑時の地下鉄の駅や空港では、エスカレーターの乗り口に向かって左側に乗ろうとする人たちが延々と行列を作る光景をよく目にする。また、旅行や出張でキャリーバッグを引く人が多い東京・浜松町駅や新大阪駅では、エスカレーターに乗るまでにずいぶん待たなければならない人々の光景に出会う。

危険なエスカレーターの歩行行為を誘発し、しかも乗るのに行列を作って待たねばならないような非効率的な状況を作り出しているのに、我々はエスカレーターに乗るときなぜ片側に寄ってしまうのだろうか。この疑問について考えるとき、一般社団法人日本エレベーター協会が二〇一七年三月二一日付けで公表した二〇一二年から二〇一六年まで毎年行ったアンケート調査の結果が興味深い（一般社団法人日本エレベーター協会、二〇一七）。その結果によれば、「エスカレーターを歩行していて（登ったり降りたりしていての意味：筆者補注）人とぶつかったことがある」という回答者は全体の三割弱であり、「人やかばんなどがぶつかり危険だと感じたことがある」人は六割弱もいて、「エスカレーターの歩行はやめた方がよいと思う」人は全体の七割前後にものぼっている。この回答結果は五年間ほぼ変化が見られない。つまり、多くの人が、エスカレーターを歩いて登り降りすることは危険だと認識し、やめた方が良いと思っているのである。

ところが見逃せないもう一つの結果がある。「エスカレーターを歩行してしまうことがある」と回答した人が全体の八割以上を占めているのである。この回答結果も五年間ほぼ変化がない。実際のところ、ほとんどの人がエスカレーターを歩いて登り降りしているのである。

こうした結果をまとめてみると、我々がエスカレーターを利用するときの態度は、「危険だとはわかっているが、誰でも急ぎたいときはあるし、自分もそうだから、やはり片側は歩いて登り降りしやすいように空いている方が都合は良い」という考え方に基づいている可能性が高い。さらには、我々は、急いでいるときは、人は気が立って攻撃的になりやすいこともわかっているから、下手に通路をふさいで叱責されては気分が悪いという思いも働く可能性がある。しかも、他の人たちも、みんな一緒に片側に寄っているのに、自分一人がその調和を乱して、白い目で見られるようなことがあってはいけないという同調行動の心理メカニズムが働く場合もあるだろう。

「危険だとはわかっていても、便利だからついついエスカレーターを歩いて登って（降りて）しまう」という心理は、「地球温暖化につながることだとはわかっているが、ついつい快適さを求めて、エアコンの温度を高く（あるいは低く）設定して強く効かせてしまう」とか、「駐輪禁止区域だとはわかっていても、そこが便利だから、ついつい駐輪してしまう」といった行為と共通する心理である。

社会心理学的に捉えると、これらの心理は、個人的な利益（便利さ、快適さ）と社会全体の利益（安全、治安）とが対立する関係におかれる社会的ディレンマ状況において、我々が直面するものである。自分たちが住む社会や地球環境を将来にわたって健全なものにしていくには、社会全体の利益を考慮して、個人的な利益の追求を少しずつ我慢することが理にかなっているのだが、ことはそれほど簡単ではない。

どうしても、我々は「自分一人くらいは大丈夫だろう」とか「少しくらいのわがままは許されるだろう」と思って、行動してしまうからである。そのうえ、人から非難されたり攻撃されたりしたくないという心理や、とりあえず多数者と同調しておこうとする心理まで働く可能性があるため、エスカレーターに乗るときに片側に寄る行為は、思いのほか、社会に根強く継承されているのだと考えられる。

もとを辿れば個人の都合の良さから選択されている行動を、多数の人がそうしているからといって、社会的なマナーだとかエチケットだと位置づけることで、行動選択に潜む利己的な側面が覆い隠されてしまうこともある。周囲の多数が行っていることというのは、知らず知らずのうちに個人の行動に非常に強く影響を及ぼしているのである。

3 「他人の目」を意識することはどれほど行動に影響するか

ラッシュアワーの駅やバーゲンセールで賑うデパートのように、たくさんの人が集まっている群集の中にいると、知らず知らずのうちに、ある心理的な罠に陥ってしまうことがある。それは、「没個性化」と呼ばれる心理である。段階を追って説明していこう。

群集の中にいると、そこにいるほとんどの人は、自分のことを「どこの誰なのか」知らないのだと感じて、匿名性が保証されているという感覚をもってしまいがちである。ハンドルネームを使用して自分がどこの誰であるかわからないようにしてコミュニケーションをとることができるインターネットの世界も、群集状況と同様に、匿名性が保証されているという感覚を強くもつ環境だといえるだろう。

また、周囲にたくさんの人がいる状況では、その場で果たすべき責任は、みんなで分け合っているのだから、一人ひとりの責任は小さいように感じてしまう責任性分散の心理現象も起こりがちである。この心理現象は「傍観者効果」と呼ばれており、ラタネとダーリー（Darley & Latané, 1968; Latané & Darley, 1970）の一連の実証研究によって、その起こりやすさと影響の強さが確かめられている。

ジンバルドー（Zimbardo, 1969）は、匿名性が保証されている、あるいは責任が分散されていると感じ取るとき、人間は自己規制意識（自分の言動をコントロールしようとする意識）が低下してしまい、「没個性化」（deindividuation）が生じると指摘している。そして、没個性化が生じると、衝動的で、情緒的な、非合理的行動が現れやすくなると指摘している。

また、そうした状況では一人の行動が周囲の人々の行動に強く影響を与えることも指摘している。没個性化が生じるような群集状況では、そこにいる誰もが同じような心理状態になっていて、一人の衝動的な言動が引き金となって、周囲に一気に同様の言動を引き起こすことになる可能性が高いというのである。平穏にデモ活動を行っていた人たちが、何らかの出来事を契機に、暴徒化する現象も、この没個性化の心理が背景で働いていると考えることができる。

我々は、「他者の存在」を気にすることを、ここまで紹介してきた。そして、没個性化の背後で働いている、匿名性の感覚や責任性が分散されているという感覚が生まれるときには、「他者の存在」

を気にするところからもう一歩進んで、「他人の目を意識する」心理が重要な役割を果たしていると考えられる。つまり、日頃、我々が自分の衝動や感情をコントロールして、理性的に振る舞うのは、他人の目を意識しているからであり、それを意識しなくてもいい状況であると認知することで、衝動や感情にまかせた非合理的な、いわば反社会的な行動をとってしまうことが起こると考えられるのである。

筆者などは、他人の目を気にすることなく、堂々と自分らしく行動したいと、常日頃、安易に思っているが、他人の目を気にするからこそ、筆者のような人間でも、それなりに理性的に振る舞うことができて、社会的に受け入れてもらえるのだとありがたく思うべきなのかもしれない。

「他人の目」を意識する心理は、「自分の評判」を気にする心理と関連が深い。最近では、人間は、集団生活の中では自分の評判を気にする心理が素朴に働いていて、周囲の人々から協力的な人だという評判を得るために、逆にいうと、非協力的で利己的な人だという評判を得ることがないように、周囲と協調的に振る舞うのだという社会心理学の研究も生まれてきている。

周囲の人々に悪く評価されてしまうと、集団から孤立してしまうことにつながりかねない。人間は、誰でも一人では生きていけない。人類がアフリカの大地に降り立ったときから数十万年、我々の祖先は、周囲の人々と協力し合って集団で命をつないできたのである。原始の時代、孤立は人間にとって即座に死を意味した。孤立への恐怖は、死の恐怖と密接につながっている。孤立しないためには、周囲と協調的に振る舞うことが大事だ。だから我々は他人の目を気にせざるをえないのである。こうして、「他人の目」を意識する心理は、人間の行動に強力な影響を及ぼしているのである。

本項では他人の目を意識する心理がもたらす影響について考えてきた。では、他人の目を意識しなくなることで、具体的にどんな行動が起こりやすくなるのだろうか。次項では、こんな視点から、群集行動の理解を進めていくことにしたい。

4 「他人の目」からの解放は人間行動にいかなる影響を及ぼすか

前項では、群集の中では、お互いにどこの誰であるかがわからない匿名性の高い状況が生まれ、それによって、衝動的で感情にまかせた、非合理的な行動をとる傾向が高まる可能性について紹介した。具体的にはどのような行動が起こるのだろうか。こうした傾向を「没個性化」と名づけた社会心理学者のジンバルドー（Zimbardo, 1969）が行った実験に基づいて、他人の目から解放されることが人間の心理と行動に及ぼす影響について考えてみよう。

ジンバルドーの実験は、女子大学生が、被害者役として実験に協力した若い女性に対して、どのくらい電気ショックを与えることができるかを試すものだった。

女子大学生は四人一組で実験に参加したが、頭巾とゆったりした白衣を身にまとうように指示された。頭巾には目と口の位置に小さな穴が空いているだけなので、お互いに誰なのか識別することができなかった。参加者の半数がこの没個性化条件で実験を行い、残り半数は、比較対照のために、没個性化が生じにくいように互いに誰なのか識別できるように名札をつけてもらって実験を行った。

実験が始まると、被験者の女子大学生は、ブースの窓からマジックミラーを通して、見知らぬ若い女性と研究者が話している様子を観察して、その若い女性の気持ちを判断するように求められた。その際、観察対象の若い女性はストレス環境下における創造性に関する研究の協力者として、電気ショックを受ける実験に参加するために来ていると伝えられ、この若い女性の気持ちをより正しく判断するために電気ショックを与えるように指示された。

被験者の女子大学生たちは、あらかじめ若い女性が面接で話している内容を録音したテープを二種類聞かされていた。一つは、けなげで心優しい女性であるという良い印象を与える内容で、もう一つは自己中心的で気にくわない印象を与える内容であった。

電気ショックを与えるボタンが各自に渡され、若い女性の観察が開始されたが、観察対象の女性は事前に録音で聞いた会話の話し手であると告げられた。二人の若い女性が観察対象とされたが、一人は良い印象を与えた女性で、もう一人は悪い印象を与えた女性であった。

なお、電気ショックは実際には与えられなかった。女子大学生がボタンを押すとランプがつく仕組みになっていて、電気ショックを受ける役割の若い女性はランプがつくのを見て、顔を歪めたり、身をくねらせたりして苦痛の様子を演技した。

さて、実験の結果であるが、自分が誰であるか相手にわからない没個性化条件の女子大学生たちは、名札をつけた条件の被験者たちよりも、二倍の電気ショックを与えていた。没個性化条件の女子大学生たちの特徴として、印象の善し悪しに関係なく対象の女性に多くの電気ショックを与えただけでなく、セッションの回数が進むにつれて、電気ショックを与える時間を長くしていったこともわかった。他方、名札をつけた条件の被験者たちは、良い印象の女性に対しては、悪い印象の女性によりも与える電気ショックは弱くして、攻撃行動の程度を調整していた。名札をつけ自分が何者か知られている女子大学生たちの行動に比べると、没個性化条件の女子大学生たちの電気ショックの与え方は、過度に攻撃的であるように感じられる。

ジンバルドーは、『ルシファー・エフェクト――ふつうの人が悪魔に変わるとき』（Zimbardo, 2007）の中で、上記の没個性化条件の女子大学生たちの心理には、セッションを重ねるごとに感情が高ぶって、興奮状態になり、一つ前の行動がさらに大きな行動を引き起こすスパイラル効果が発生したのだと論じている。そして、他者を傷つけたいというサディスティックな願望が引き起こす行動というよりも、他者を支配し、制圧しているという充足感が引き起こすものだと考察している。

群集の中で、自分がどこの誰であるか周囲の人々にわからない状況というのは、心理的には、仮面をかぶり、マントを身に着け、自分の衝動や欲望に身をまかせてしまう選択をとりやすくしてしまう状況だといえるだろう。それは、人間が普段は抑制している反社会的な言動が表出しやすくなるときである。「他人の目」を意識しすぎるのは精神的に過重なストレスを抱えることになるのでよくないが、「他人の目」を気にするからこそ平穏な社会生活が守られていることを考えると、「他人の目」から解放されるのは、我が家のトイレくらいで我慢しておいた方がよいのかもしれない。

第4章　個人が社会変動に与える影響

1　ＥＵ離脱をめぐるイギリスの国民投票

二〇一六年六月二三日に行われたＥＵ（ヨーロッパ連合）からの離脱か残留かをめぐるイギリスの国民投票の結果に驚いた人も多かっただろう。その三年半前の二〇一三年一月にキャメロン首相が国民投票の実施を宣言して以来、離脱か残留かの二者択一の状況で、双方の支持意見が拮抗し、激しい論戦が繰り広げられていた。最後までどちらに投票しようか迷った有権者も多かったようである。迷いに迷った結果、離脱に投票したが、それは間違いだったと後悔している人が少なからずいることを報道するメディアもあった。

判断に迷うことは誰もが経験することだ。むしろ自分なりに確固たる意見をもっているといえることの方が少ないかもしれない。ただ、選挙のときには、誰に、あるいはどの党に投票しようかと迷っている人たちの投票行動が、結局のところ、結果を大きく左右することがあるので、ことは重大だ。

確固たる態度、意見をもっている人たちはいわゆる固定票であり、どんな状況でも安定した票数として予測可能である。この安定した固定票にどれだけ積み上げができるかが選挙の行方を左右する。したがって、態度が定まっていない人たちが、誰に、どの党に投票するのか、あるいは投票を棄権してしまうのかが、選挙の結果に大きく影響することになる。

きちんと自分の態度が定まっている有権者の投票よりも、自分の投票をどうするかが明確に決められない迷える有権者の投票が、重要な選挙の結果を左右するのは皮肉なことだが、イギリスの国民投票の場合、国内だけでなく国際的にも、そして将来にわたっても影響の大きな決定だっただけに「皮肉だ」の一言ですますわけにもいくまい。このことは日本でも同様だ。

そもそも、投票する意志をもちながら、具体的な投票対象の決定に迷っている人ほど、周囲の人々の影響を受けやすい。自分だけではなかなか決めきれないから、どうしても周囲の人々の行動や態度を観察して参考にしがちなのである。そして、自分の周囲の多数意見に追従したり、多数派に同調したりして、投票行動をとってしまう。

自分の投票と一致する選挙結果が出て社会的に受け入れられてしまえば、自分の投票に責任を覚えることはない。むしろ自分の投票が価値をもったと感じるだろう。また、自分の投票とは反対の結果が出た場合には、自分の投票の意味がなかったと思う反面、結果に責任は感じにくい。ところが、今回のイギリス国民投票の場合、自分の見解は確固たるものとはいえないまま、周囲の動向を踏まえて、離脱に賛成票を投じた人の心中はどのようなものだっただろうか。

世界的には離脱の決定を愚かで思慮を欠くものという意見が大勢を占めていることを知らしめるメ

ディアの情報が相次いだ。また、ＥＵ離脱を主導してきたイギリス独立党のファラージ党首が、それまで頻繁に主張してきた「毎週、三・五億ポンドがＥＵに支払われている。ＥＵを離脱してこのお金を医療サービスにあてよう」というキャッチフレーズについて「三・五億ポンドの数字は正しくなかった」ことを選挙後になって認めた。同党首は、他にも「イスラム教徒でいっぱいのトルコがＥＵに加盟する」と主張していたが、それは不確実な情報でしかないこともわかった。

将来のことと思っていたものが、現在の事実になったとき、それまではさほど現実感のなかったＥＵを離脱することに伴う損失の大きさやさまざまな困難の存在の認識が、リアルな現実として心に押し寄せてきた人の中には、「後悔している。できれば投票をやり直してもらえないか」といった言動をとる人もいた。喜びでも苦しみでも、遠い先のことは過小評価し、直面する事態では過大評価してしまう双曲割引の認知バイアスが働く（第７章「意思決定をめぐるバイアス」参照）。

直近の移民問題、失業者問題は過剰に重大に捉えられがちで、離脱したことに伴う将来の損失や苦難については過小評価しがちになる認知バイアスは、個人の心理の中では少なからず影響をもたらしていただろう。しかも、直近の問題は不満や怒りの感情を伴い、強い感情は瞬発的な威力に富み、理性的な判断よりも優勢に立ってしまうことが多い。感情の瞬発力は強く、刺激を受けるとほぼ反射的に自動的に発動する。感情のコントロールは人間が最も苦手とするものである。

イギリス国民投票では、投票の意志をもちつつ、どちらに投票するか「迷っていた」人々は、論戦が加熱するほどに、自分の周囲の多数意見に影響を受けつつ、理性的な判断よりも、双曲割引の認知バイアスのかかった感情的判断に流れていったことが推察される。僅差とはいえ、選挙の結果は厳然たる事実である。そしてその決定は、一人ひとりの投票行動が生み出したものである。

経済活動を中心にグローバル化している国際社会で、イギリス国民投票の意外な結果は、変化を導く契機として十分なインパクトをもっている。はたしてどんな社会変動につながるのだろうか。そして、次の選挙における投票行動にどのように影響するのだろうか。個人の行動が社会全体の変化といかに結びつくのかを理解するために、投票行動は興味深い行動観察の対象といえるだろう。

2 逸脱行為や違法行為とサッカー効果

二〇一六年のリオデジャネイロで開催されたオリンピックにおいて、都市の治安への不安も大きな話題となった。実際に、アメリカの水泳選手四人がピストルを突きつけられて強盗の被害にあったことが報道されている。他にも日本からの一般旅行者に犯罪被害が多発していて、日本総領事館があらためての注意喚起を行った。

誰もが安全に平穏に暮らしたいと願っているはずなのに、なぜ、その願いに反するような社会状況が生まれるのであろうか。貧困が犯罪を生み出す元凶であると指摘する声は多い。たしかにその主張には一理あるだろう。ただ、貧困がいかなる経路を経て、治安の悪化につながるのだろうか。貧しさゆえに、法に反してでもお金や食料を得ようとする個人がいるのはやむをえないことかもしれない。問題の本質は、そうした違法行為に走る個人の数が、社会全体の一定の割合を超えて存在してしまうところにある。

日本にも違法行為に走る個人が一定程度いることは否定できない。日々のメディア報道には、心を痛めたり、眉をひそめたりする犯罪のニュースがあるのも事実である。しかしながら、そうした違法行為に走る個人が多数いて、地域の治安が崩壊しているところまで達しているという話は聞かない。むしろ、日本の治安はよく守られていると評価されることの方が多い。いかなる要素が治安の悪化を防いでいるのであろうか。社会心理学的な観点に基づいて考えてみよう。

苦労の多い仕事を集団で行っているときに、心をよぎるのが「周りのみんながやっているのだから、自分一人くらいサボっても、仕事に支障は出ないだろう」という思いである。この責任性分散の心理については第3章「人間行動に及ぼす他者存在の影響に注目することの大切さ」で紹介した。集団や社会で生活していると、この「自分一人くらい……」の心の声に誘惑されてサボってしまう（＝ルールを守らない）人が出てきてしまうのは避けられないことだといえるだろう。このサボったりルールを守らなかったりする人は、周囲の人々の努力をアテにして意図的にただ乗りしようとしていることから、フリーライダー（ただ乗り野郎）と呼ばれる。

どんな社会にも、一定程度のフリーライダーが出現することは防げない。ただ、その出現によって、集団や社会が、治安の維持か悪化のどちらの方向に動くのか、その鍵を握っているのが、フリーライダーの周囲にいて、その逸脱行為を目の当たりにする人々の心理であり行動である。もし、周囲の人々が、「サボったりルールを破ったりしているのに、お咎めなしなんだ」と認知すると、「真面目にやるのはばかばかしい。じゃあ、自分もサボろう（ルールを守るのはやめよう）」という気になってしまう。そして実際に、その人がサボったりルールを破ったりすると、そのまた周囲の人たちが同じように影響を受けて逸脱行為に走り始める。そうして、最初は一人だったフリーライダーが、しだいに追従する人々を増やしていき、社会全体にとって見過ごすことのできないほどの多くの人々が逸脱行為に走り始めてしまうのである。そして、行きつくところ、社会は崩壊状態に陥ることになる。誰もが利己的に行動することで、結局、全員が困った状態に陥る現象は「共貧」と呼ばれ、社会を統治するうえでの重大な課題である。

最初の逸脱者が、集団や社会の規律を崩壊させていくことは、サッカー効果（sucker effect：suck には「騙す・欺く」という意味がある。スポーツのサッカーとは綴りが異なる）と呼ばれる。アメリカでは俗に「悪いリンゴ効果」ともいわれる。〝Bad apples spoils the barrel〟（「悪いリンゴは樽の中全部のリンゴをダメにする」）というのである。日本ではドラマ『3年B組金八先生』の中のセリフである「腐ったみかんの方程式」が有名だろう。ドラマの中では人間教育の一環として、人間はみかんではなく、クラスの生徒や仲間を腐ったみかんにたとえることの間違いがクローズアップされた。しかし、現実の社会の中には、一定程度のフリーライダーの存在を、あらかじめ想定しておく必要があるだろう。

第1章「行動をシステマティックに観察することのメリット」で紹介したシェリング（T. C. Schelling）の限界質量モデルで考えると、フリーライダーの影響を受けて逸脱行為、違法行為に走る人々の割合が、全体の中で限界質量を超えると、後は一気に雪だるま式に逸脱行為、違法行為が社会に蔓延していってしまう。大事なのは、フリーライダーの違法行為を目の当たりにした周囲の人々が、「自分もそうしよう」という気にならないことである。

とはいえ、それは容易なことではない。我々は、自分が損をすることについては敏感なので、サボったり、ルールを守らなかったりする人が咎められないでのうのうと生活していると、どうしても不公正感の高まりとともに、「みんなサボったり、ルールを破ったりしているじゃないか」という気持ちも強くなってしまう。楽をする方向への追従行動は起こりやすいと考えておく方が妥当だろう。

貧困にあえぐ人々は、常日頃から、なぜ自分たちは貧しさに堪えなければならないのか、という疑問を抱え、欲求不満と不公正感で、攻撃的動機づけが高くなっていることが推測される。一言でいうと、イライラしているのである。そんな中で、フリーライダーが出現し、とくに咎められていない状況を目の当たりにすると、どうしても、「自分だって少しくらいは許されるだろう」と思ってしまっても不思議はない。ただ、「自分だって少しくらい」と考えて違法行為に走る人々が社会の多数になると、社会全体が違法行為だらけの無秩序社会へと転落していってしまう。

最初はわずかな数でしかない少数者たちの行動が、社会の多数者たちが抱く不平・不満・不公正感を刺激して、追従行動を引き起こし、大きな渦を巻き起こすとき、社会の革命につながることがある。そして、最初の少数者がフリーライダーであるとき、社会の秩序や治安は一気に危機に瀕することになる。道徳心の衰退を嘆くことよりも、肝心なのは、フリーライダーが少数である時点で的確に摘発してもうそれ以上のフリーライダーが生じないように社会を是正することと、真面目にルールを守り規律正しく生活を送っている大多数の人々が、フリーライダーの違法行為に追従しようと思わないですむように不平や不満、不公正感を必要以上に強く抱くことのない社会を実現することである。

社会全体に不平や不満が蔓延していると、それがガスのような存在となり、一人のもつ影響力は微弱であっても、発火点となりうることがある。経済格差や人権など、多くの人が敏感に反応する問題については、そんな現象が起こりやすいので、フリーライダーの割合が膨れ上がる前に、常日頃から人々の言動について、慎重な観察と分析を行って社会的に対応することが大事になってくる。

3 人々の行動や意見が影響を及ぼし合って行きつくところ

●ラタネたちのシミュレーション実験

前項では、少数のフリーライダーの行動を安易に見過ごしていると、周囲の人々がそれに影響されて、フリーライダーに追随するようになって、社会全体にただ乗りが広がってしまう現象について紹介した。これはきちんと社会のルールを守り、社会の一員として責任を果たすことよりも、ただ乗りすることが、個人にとっては当面の利益は大きい場合の話であった。

では、先に取り上げたイギリスのEU離脱をめぐって、賛成する人たちと反対する人たちが混在している状況では、どのようにして互いに影響を及ぼし合いながら、最終的にどのような社会状況を作り上げるのだろうか。このような問題に関しては、社会的インパクト理論（第17章「説得的コミュニケーション」参照）の提唱者であるラタネたちのコンピュータ・シミュレーション実験（Nowak et al., 1990）の結果が有用な視点をもたらしてくれる。

彼らは、縦四〇×横四〇からなる一六〇〇個のマス目の方眼図をコンピュータ画面に作った。そして、このマス目の一つひとつを個人として見立て、二種類の態度のうち、どちらかの態度をもつ者として考えた。二種類の態度とは、イギリスのEU離脱への賛成・反対の態度や、脳死を人の死として

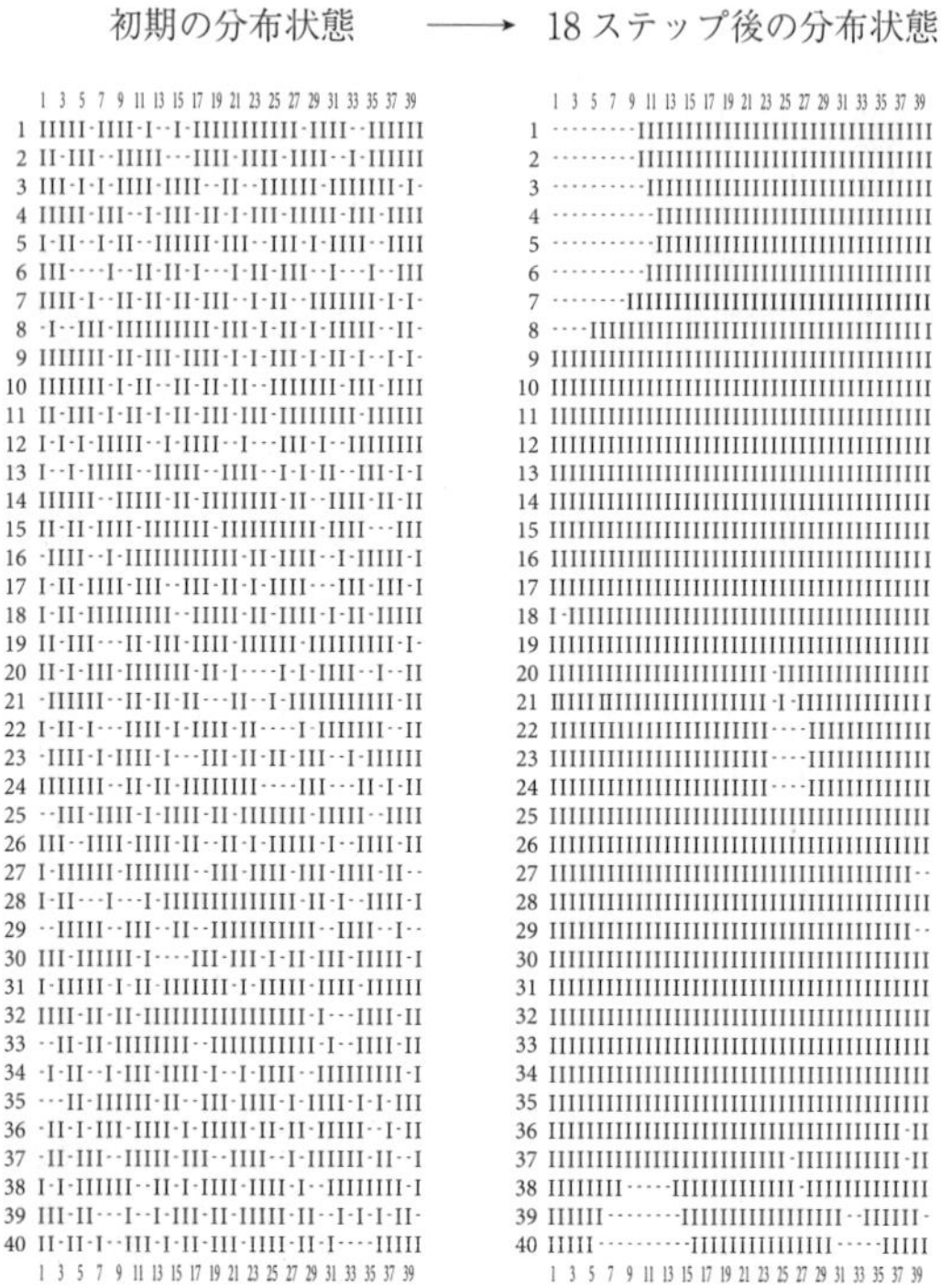

初期の分布状態　──→　18ステップ後の分布状態

```
   1 3 5 7 9 11 13 15 17 19 21 23 25 27 29 31 33 35 37 39      1 3 5 7 9 11 13 15 17 19 21 23 25 27 29 31 33 35 37 39
 1 IIIII-IIII-I--I-IIIIIIIIII-IIII--IIIIII                   1 ---------IIIIIIIIIIIIIIIIIIIIIIIIIIIIIII
 2 II-III--IIIII---IIII-IIII-IIII--I-IIIIII                   2 ---------IIIIIIIIIIIIIIIIIIIIIIIIIIIIIII
 3 III-I-I-IIII-IIII--II--IIIIII-IIIIII-I-                    3 ----------IIIIIIIIIIIIIIIIIIIIIIIIIIIIII
 4 IIIII-III--I-III-II-I-III-IIIII-III-IIII                   4 -----------IIIIIIIIIIIIIIIIIIIIIIIIIIIII
 5 I-II--I-II--IIIIII-III--III-I-IIII--IIII                   5 -----------IIIIIIIIIIIIIIIIIIIIIIIIIIIII
 6 III----I--II-II-I---I-II-III--I---I--III                   6 ----------IIIIIIIIIIIIIIIIIIIIIIIIIIIIII
 7 IIII-I--II-II-II-III--I-II--IIIIIII-I-I-                   7 --------IIIIIIIIIIIIIIIIIIIIIIIIIIIIIIII
 8 -I--III-IIIIIIIIII-III-I-II-I-IIIII--II-                   8 ----IIIIIIIIIIIIIIIIIIIIIIIIIIIIIIIIIIII
 9 IIIIIII-II-III-IIII-I-I-III-I-II-I--I-I-                   9 IIIIIIIIIIIIIIIIIIIIIIIIIIIIIIIIIIIIIIII
10 IIIIIII-I-II--II-II-II--IIIIIII-III-IIII                  10 IIIIIIIIIIIIIIIIIIIIIIIIIIIIIIIIIIIIIIII
11 II-III-I-II-I-II-III-III-IIIIIIII-IIIIII                  11 IIIIIIIIIIIIIIIIIIIIIIIIIIIIIIIIIIIIIIII
12 I-I-I-IIIII--I-IIII--I---III-I--IIIIIIII                  12 IIIIIIIIIIIIIIIIIIIIIIIIIIIIIIIIIIIIIIII
13 I--I-IIIII--IIIII--IIII--I-I-II--III-I-I                  13 IIIIIIIIIIIIIIIIIIIIIIIIIIIIIIIIIIIIIIII
14 IIIIII--IIIII-II-IIIIIIII-II--IIII-II-II                  14 IIIIIIIIIIIIIIIIIIIIIIIIIIIIIIIIIIIIIIII
15 II-II-IIII-IIIIIII-IIIIIIIIII-IIII---III                  15 IIIIIIIIIIIIIIIIIIIIIIIIIIIIIIIIIIIIIIII
16 -IIII--I-IIIIIIIIIIII-II-IIII--I-IIIII-I                  16 IIIIIIIIIIIIIIIIIIIIIIIIIIIIIIIIIIIIIIII
17 I-II-IIII-III--III-II-I-IIII---III-III-I                  17 IIIIIIIIIIIIIIIIIIIIIIIIIIIIIIIIIIIIIIII
18 I-II-IIIIIIIII--IIIII-II-IIII-I-II-IIIII                  18 I-IIIIIIIIIIIIIIIIIIIIIIIIIIIIIIIIIIIIII
19 II-III---II-III-IIII-IIIIII-IIIIIIIII-I-                  19 IIIIIIIIIIIIIIIIIIIIIIIIIIIIIIIIIIIIIIII
20 II-I-III-IIIIIII-II-I----I-I-IIII--I--II                  20 IIIIIIIIIIIIIIIIIIIIIIII-IIIIIIIIIIIIIII
21 -IIIIII--II-II-II---II--I-IIIIIIIIIII-II                  21 IIIIIIIIIIIIIIIIIIIIIIII-I-IIIIIIIIIIIII
22 I-II-I---IIII-I-IIII-II----I-IIIIIII--II                  22 IIIIIIIIIIIIIIIIIIIIIIII----IIIIIIIIIIII
23 -IIII-I-IIII-I---III-II-II-III--I-IIIIII                  23 IIIIIIIIIIIIIIIIIIIIIIII----IIIIIIIIIIII
24 IIIIIII--II-II-IIIIIIII----III---II-I-II                  24 IIIIIIIIIIIIIIIIIIIIIIII----IIIIIIIIIIII
25 --III-IIII-I-IIII-II-IIIIIII-IIIII--IIII                  25 IIIIIIIIIIIIIIIIIIIIIIIIIIIIIIIIIIIIIIII
26 III--IIII-IIII-II--II-I-IIIII-I--IIII-II                  26 IIIIIIIIIIIIIIIIIIIIIIIIIIIIIIIIIIIIIIII
27 I-IIIIII-IIIIIII--III-IIII-III-IIII-II--                  27 IIIIIIIIIIIIIIIIIIIIIIIIIIIIIIIIIIIIII--
28 I-II---I---I-IIIIIIIIIIIII-II-I--IIII-I                   28 IIIIIIIIIIIIIIIIIIIIIIIIIIIIIIIIIIIIIIII
29 --IIIII--III--II--IIIIIIIIII--IIII--I--                   29 IIIIIIIIIIIIIIIIIIIIIIIIIIIIIIIIIIIIII--
30 III-IIIIII-I----III-III-I-II-III-IIIII-I                  30 IIIIIIIIIIIIIIIIIIIIIIIIIIIIIIIIIIIIIIII
31 I-IIIII-I-II-IIIIIII-I-IIIII-IIII-IIIIII                  31 IIIIIIIIIIIIIIIIIIIIIIIIIIIIIIIIIIIIIIII
32 IIII-II-II-IIIIIIIIIIIIIIIII-I---IIII-II                  32 IIIIIIIIIIIIIIIIIIIIIIIIIIIIIIIIIIIIIIII
33 --II-II-IIIIIIII--IIIIIIIIIII-I--IIII-II                  33 IIIIIIIIIIIIIIIIIIIIIIIIIIIIIIIIIIIIIIII
34 -I-II--I-III-IIII-I--I-IIII--IIIIIIIII-I                  34 IIIIIIIIIIIIIIIIIIIIIIIIIIIIIIIIIIIIIIII
35 ---II-IIIIII-II--III-IIII-I-IIII-I-I-III                  35 IIIIIIIIIIIIIIIIIIIIIIIIIIIIIIIIIIIIIIII
36 -II-I-III-IIII-I-IIIII-II-II-IIIII--I-II                  36 IIIIIIIIIIIIIIIIIIIIIIIIIIIIIIIIIIIII-II
37 -II-III--IIIII-III--IIII--I-IIIIII-II--I                  37 IIIIIIIIIIIIIIIIIIIIIIIII-IIIIIIIIIII-II
38 I-I-IIIIII--II-I-IIII-IIII-I--IIIIIIII-I                  38 IIIIIIII-----IIIIIIIIIIIII-IIIIIIIIIIIII
39 III-II---I--I-III-II-IIIII-II--I-I-I-II-                  39 IIIIII--------IIIIIIIIIIIIIIIII--IIIIII-
40 II-II-I--III-I-II-III-IIII-II-I----IIIII                  40 IIIII----------IIIIIIIIIIIIIII-----IIIII
   1 3 5 7 9 11 13 15 17 19 21 23 25 27 29 31 33 35 37 39      1 3 5 7 9 11 13 15 17 19 21 23 25 27 29 31 33 35 37 39
```

図 4-1　ラタネたちが行った社会的インパクト理論に基づくシミュレーション実験の結果

（出典）　Nowak et al.（1990）。

認めることへの賛成・反対の態度等、いろいろなものを想像してもらっていいだろう。ラタネたちの実験では、図4－1に示されるように、一つの態度をI（縦棒）で、もう一つの態度を－（横棒）で表している。

　一六〇〇人からなる社会において、七〇パーセントの人々がI（縦棒）を支持する態度をもち、残りの三〇パーセントの人々が－（横棒）を支持する態度をもっている場合、お互いが影響を及ぼし合った結果、どのよう

$$Imp = f(S \times I \times N)$$

Imp：社会的影響力（impact）
S：影響源の強度（strength）
I：直接性（immediacy）
N：影響源の数（number）
f：関数（function）

図 4-2　社会的インパクト理論の定式

な社会状況になるのかをシミュレーションしたのが、図4－1に示されている結果である。Ｉ（縦棒）派が多数派で、－（横棒）派は少数派の状況であるが、初期段階では、それぞれの態度のもち主がどのマス目に位置しているかはまったくランダムに決められていた。つまり、同じ態度の人間が寄り集まっていることはない状態からスタートしたわけである。

そして、あるマス目に位置する人間が、Ｉ（縦棒）派と－（横棒）派の両方から受ける影響の強さを、図4－2に示した社会的インパクト理論の定式に従って、つまりそのマス目の周囲にいるそれぞれの態度の人々の数（N）と距離（近さ、直接性：I）を掛け合わせて計算していったのである。なお、社会的インパクト理論のもう一つの成分である影響源の強度（S）はみな同じであると仮定することで計算では考慮していない。

このとき、あるマス目の個人の態度がＩ（縦棒）の場合、Ｉ（縦棒）派から受ける影響の強さ（Imp）が－（横棒）派から受ける影響の強さを上まわるか否かをチェックしていく。上まわっていれば、そのままＩ（縦棒）の態度を維持するし、下まわった場合、すなわち－（横棒）派から受ける影響の方が強かった場合には、－（横棒）の態度へと転換する。マス目の位置によっては、周囲の影響を受けて、態度が転換する者が出てくる。こうした変化が起こったことを受けて、次の段階では、どのようにお互いに影響を及ぼし合うのか、繰り返し計算していったのである。もちろん、一人ひとりは周囲から影響を受けるが、同時に影響を及ぼしてもいるのである。

最初のうちは、変化が起こるが、計算を繰り返していくうちに、もう変化が生じなくなる収束状態になる。ラタネたちの実験では一八ステップで収束したと報告されている。その収束した様子が図4−1の右側の図である。このシミュレーション実験では三つのことが指摘されている。

まず、もともと七〇パーセントを占める多数派だったI（縦棒）派は、さらに勢力を拡張して九二パーセントを占めるまでになったことである。初期段階ではそれぞれの態度の人間がランダムに位置していたにもかかわらず、お互いが影響を及ぼし合うなかで、こうした変化が生じたのである。

二つ目は、それぞれの態度をもつ者たちが集まって位置するようになったことである。初期段階よりも少数となった−（横棒）の態度をもつ者たちは左上方と中央部、および左下側に集まっていることがわかる。このことは、異なる態度の者が入り交じって生活を送ることよりは、同じ態度の者で寄り集まって生活するようになることを示唆する結果といえるだろう。亀田・村田（二〇一〇）は、これはいわゆる住み分け現象であり、ランダムから斉一性（似たような好みをもつ者が集まって固まりを作る現象）が、あるいは無秩序から秩序が生まれた様子を示唆するものと述べている。

三つ目は、少数派は、その勢力を減少させてはいるが、周辺部に固まることで、存続している点である。社会の中心部にいると四方八方から影響を受けざるをえないのに対して、周辺部にいることで受ける影響の強さは限定される。したがって、少数者は周辺部において存続しやすいと考えられる。

ラタネたちのシミュレーション実験は、「態度を決めかねている」者の存在とその影響や、各人のもつ影響力の強さの違いによる影響はシミュレーションに組み入れられてはいないが、個人のもつ行動や態度が、互いに影響し合って、社会全体としてどのような状態が生み出されるのかについて考えるとき、豊かな示唆を含んでおり、多様な現実場面とのつながりをイメージさせるものとなっている。

4 少数意見が社会的影響力をもつとき

● 少数者影響過程の実証研究

ここまでは、なにげない個人の行動が社会全体の変動に結びつく現象に注目してきた。ここでは、個人が意図的に社会全体あるいは多数者の意見や態度を変えようとするとき、どのように行動することが効果的なのかについて考えてみたい。これは、社会のような大規模なものでなくても、所属する集団や職場を変えていこうとするリーダーとして行動するときにも参考になると考えられる。

個人が多数者の態度を変えるプロセスについて社会心理学的観点から実験を行って検討した研究者の代表は、モスコヴィッチ（S. Moscovici）である。一九五〇年代〜六〇年代に行われていた集団に関する心理学（グループ・ダイナミックス）研究は、多数者が少数者に非常に強い影響を及ぼすプロセスに注目し、少数者はその行動や態度を多数者に合わせてしまう「同調行動」に関する研究が、アメリカを中心に活発に行われていた。

スイス人でありフランスで研究を行っていたモスコヴィッチは、このような研究の潮流に疑問を投げかけた。彼が言いたかったのは、もし、多数者が影響を及ぼし少数者は影響を受けるという一方的な関係だけならば、すなわち、社会や集団の中の多数者の意見や態度に少数者の側が同調することばかりが起こるのだとしたら、社会に変化は起こりえないし、集団もずっと昔の状態のままが続くだろう。しかし、現実には社会は変化し、集団も形成と崩壊を繰り返している。社会や集団の中では、多数者が少数者に影響を及ぼす一方的な方向だけでなく、少数者が多数者に影響を及ぼして多数者の行動や態度を変化させるプロセスも存在するはずだ、ということである。

科学者は自己の意見を主張するだけでなく、客観的に誰もが認識できる証拠を示して、その正しさを実証していくことが求められる。そのために彼が行った実験は「ブルー・グリーン・パラダイム」と呼ばれるものであった（Moscovici & Zavalloni, 1969）。

彼らは、明るさの異なる六種類の青色のスライドを準備した。一枚のスライドについて一五秒提示し、実験参加者にその色が何色か判断して回答させることをもって一試行とした。あまりに単純な課題のように感じられると思うが、彼らは実験参加者に、これは視覚実験を行う前の色覚の確認であると説明して課題に取り組むように求めた。実験参加者は六種類のスライドを繰り返し六回提示され、全部で三六試行を行った。

実験では六人の実験参加者が実験室に集められたが、そのうち二名は、実験者に言われた通りに行動する実験協力者、すなわちサクラであり、本来の純粋な実験参加者は四名であった（以下、純粋な実験参加者を参加者と呼ぶ）。二名のサクラは、特定のスライドに対しては、実際には青なのに、二名揃って必ず緑と判断するように指示されていた。つまり、特定のスライド以外では正しく青と答えるのに、その特定のスライドに対してだけは一貫して緑と答えたのである。

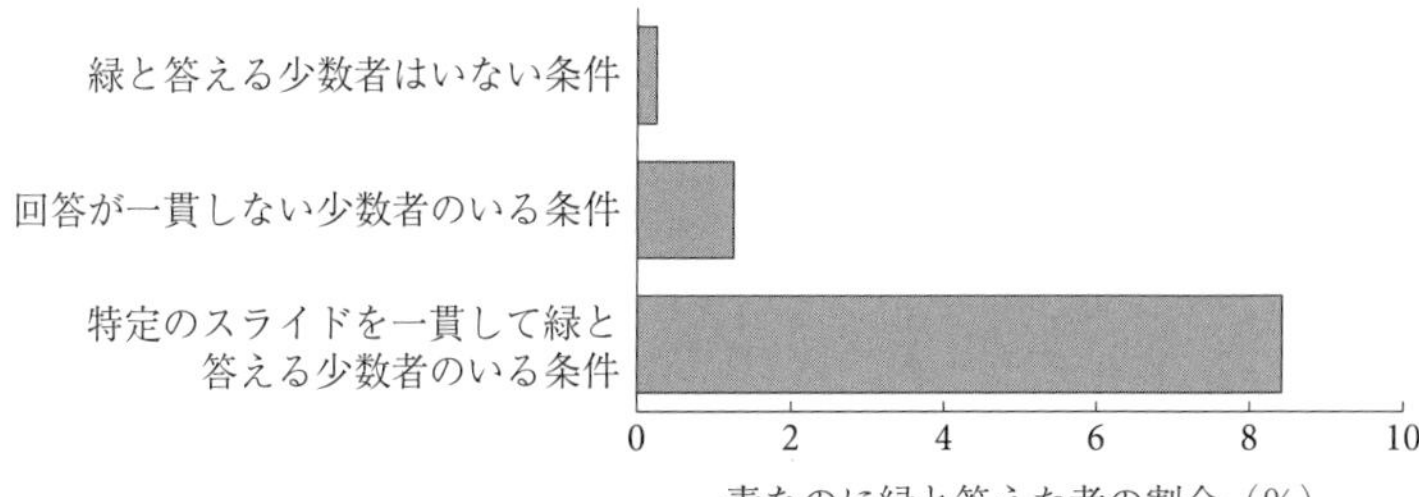

図 4-3　少数者影響実験の結果

（出典）　Moscovici & Zavalloni（1969）。

この実験では、サクラ（少数者）の判断に影響を受けて緑と回答した参加者の比率は、八・四二パーセントに上った。サクラ（少数者）がいない条件では緑と回答した参加者は〇・二五パーセントにすぎず、明らかにサクラの影響が見受けられた。さらに、緑と答えるスライドがそのつど異なる一貫性のない条件のもとでも実験を行ったところ、その条件では一・二五パーセントの参加者しか緑と答えなかったことも併せて明らかになった（図4－3）。

この実験結果に基づいて、モスコヴィッチは、少数者の一貫した態度が、多数者に影響を及ぼして、態度を変えることにつながると指摘した。また、特定のスライドを一貫して緑と回答した条件における参加者たちの色覚検査を行った結果、彼らが緑反応知覚を増大させていたことがわかった。つまり、少数者の影響を受けて、色の感じ方までもが変化したというのである。このことから、モスコヴィッチは、多数からの影響の場合、少数者は自分の本当の気持ちに反して表面だけ多数者に同調することも多いのに対して、少数が及ぼす影響は多数者の本来の態度までも変化させる「転換」（convergence）を伴う特徴があると主張した。

モスコヴィッチの研究成果と主張は、大きな関心を集め、同じ実験方法と手順で結果を再確認する研究が多数行われた。それらの中にはモスコヴィッチと同様の結果が見られたものもあったが、異なる結果しか見られない研究も多数報告された。その後も少数者による多数者への影響過程に関する研究は行われてきているが、現在では、少数者の態度が一貫しているだけでは不十分であると考えられるようになっている。

たんに態度が一貫しているだけでは、その態度が多数者と異なるものであるがゆえに、頑固者とか変わり者として多数者たちは相手にしなくなる可能性がある。多数者たちから「我々とは違う人なんだ」と認知されてしまうことは、外集団（第5章「集団・組織に宿る知性」参照）として識別されることを意味し、排斥や差別の対象にこそなりやすいものの、「ちょっと言うことに耳を傾けてみよう」という気にはなりにくい。

大切なことは、まずは同じ集団や社会に所属する仲間の一人（＝内集団の一員）であることを多数者たちに認知してもらうことである。したがって、多数者たちの行動や態度にすべからく反対するのではなく、賛同できるものには積極的に賛同して仲間であることを強く意識づけつつ、特定の事柄に対しては多数者とは異なる意見であっても一貫した態度をとり続けることであろう。一九五七年にアメリカで封切られ好評を博した映画『十二人の怒れる男』（S・ルメット監督作品）の中でヘンリー・フォンダが演じた陪審員第八号（主人公）は、まさにそのお手本といえる言動をとっていく。審議が開始された時点では、一二人の陪審員のうち一一人が有罪という判断を示していたが、唯一無罪を主張した主人公は、裁判の中で提示された有罪の証拠に対する合理的な疑問に基づく筋の通った反論を主張するだけでなく、議論が膠着状態になったときに、「自分以外の一一人のみなさんで投票をして、もし全員が有罪というのなら、私もそれに従います。しかし、一人でも有罪に疑問を感じて無罪という人がいたら、議論を続けることでいかがでしょうか」という提案を行う。この提案は、自分は陪審団の一員であり、みなの仲間の一人なのだということを再認識してもらうことにつながる。そして自己の主張に拘泥するだけの頑固な偏屈者なのではなく、根本のところで筋の通った民主的な態度の持ち主なのだと周囲に思わせ、「聞く耳」をもたせることにつながるのである。関心のある方にはぜひ一度見ていただきたい映画である。

5　他者に影響を及ぼすのに有効な戦略的方法

●説得行動に関する社会心理学研究

二〇一六年にドナルド・トランプがアメリカ合衆国次期大統領に選出された。同年六月のＥＵからの離脱を支持するイギリスの国民投票の結果に続いて、可能性が低いだろうと予想されていたことが現実になった。

およそ次期大統領を目指す人にはあるまじき低次元の失言やゴシップに彩られながら、なぜトランプは最終的に選挙に勝利したのであろうか。さまざまな角度からその原因が指摘されているが、どれか一つの要素に原因を求めるのは難しい。多種多様な要素が複合的にダイナミックに組み合わさりながら、一種の化学変化的な効果をもたらしたといえるだろう。

「一人の言動が社会変動に結びつくのはどんなときなのか」という観点からトランプの勝利を導い

た要素に注目してみると、社会心理学的に興味深いものがいくつか見出せるように思う。ここではその一つとして、彼の説得・交渉の戦術に注目してみたい。トランプの主張には「ドア・イン・ザ・フェイス」と呼ばれる交渉戦術の特性が色濃く滲んでいるのである（第16章「説得的コミュニケーション」参照）。

ドア・イン・ザ・フェイスとは、最初に相手がびっくりするほど過大な要求を突きつける戦術である。本来、かなりリスキーな説得・交渉戦術であり、案の定、対抗候補をはじめ、支持基盤である共和党員からさえも「何を非常識なことを言っているんだ」というあざけりにも近い批判を受けることになった。

そもそもこの戦術は、最初の過激な主張の後に、少し控えめな主張をすると、相手に受け入れられやすくなる効果を狙ったものではある。たしかに、勝利宣言後のトランプの礼儀正しい常識的な言動を見ると「思っていたよりも酷くはなさそうだ」と安心してしまうところがある。これはトランプの主張を参照点に物事を考えているからこその安心感であって、その時点でトランプに反対する側は大きく譲歩してしまっていることになる。まさにドア・イン・ザ・フェイス戦術をとる側の「思う壺」にはまっているのである。

ただ、トランプ自身、選挙期間中の過激な発言は、その要求を受け入れさせることを狙っていたわけではないだろう。むしろ、この戦術は、トランプの主張を明快に、かつ刺激的に示すことで、既存の政治のあり方に失望し、どちらに投票するか迷っていた人々の中から支持者たちを掘り起こすことにつながった可能性が高いことが大事な点である。しかも、掘り起こしにとどまらず、支持者たちの彼への支持をより強固にする効果をもたらした可能性がある点も重要だ。

繰り返しになるが、彼の過激な言動は、支持基盤である共和党の幹部さえも敵にまわす事態を招いた。討論会でも、相手候補の問題点をあげつらい、罵倒する言動に終始し、一気に支持率を引き離される事態に陥った。しかし、日本でも話題になることがあったように「あのように過激で非常識な言動を繰り返す人物が、選挙戦終盤になって、いまだに四五パーセント近くもの支持を得ているのは、いったいなぜなのか?」という疑問への答えを探すとき、トランプのドア・イン・ザ・フェイス的言動がもたらした影響は見過ごせないと思われる。

まずは、トランプの支持基盤である白人中間層・貧困層の多くは、これまでの政治によって「自分たちは虐げられている」という怒りの感情を強く抱いており、彼らの本音を明快に雄弁に主張してくれる候補者としてトランプを歓迎したのである。鬱憤のたまっている人々にとっては、過激な主張の方がむしろ心地よく響くとともに、「彼なら自分たちをないがしろにしている既成政治を変えてくれる」という期待をもたせることに成功したのである。しかも、トランプが、その過激な態度を終始一貫して貫いたことによって、「彼なら変えてくれる」という期待は確信へと変化して、「誰がなんと言おうとトランプを支持する」という一種の信仰心にも似た態度の形成へとつながった可能性が高い。

もちろん、上述の見解は、あくまでも憶測の域を出ないものであり、その妥当性を確証するには科学的なエビデンスに基づく裏づけが必要になる。また、この強固な支持層の構築は、彼のドア・イン・ザ・フェイス的な態度によってのみ実現されたものでもないだろう。ただ、「なぜあれほどに失言や愚かな言動を繰り返す人物が、全国民の半数近くの支持を得ることができたのか」という疑問に対して、社会心理学的な視点からそれを解く一つの鍵にはなりえるだろう。

このように考えてきてみると、EUからのイギリスの離脱にしても、アメリカ大統領選挙の意外な結果にしても、自国第一主義の蔓延から大衆迎合主義（ポピュリズム）政治を経て、ヒトラーが現れ、そしてファシズムが台頭し、ついには世界大戦へと続いたほぼ一世紀前の道筋を彷彿とさせる社会ダイナミズムが、その背景に脈打っていることにも気づかせてくれる。

トランプが勝利した理由は、いうまでもなく多岐にわたっている。その中で、社会心理学的に注目されるものがまだいくつかある。次に、支持政党や支持する候補が明確に存在しない、いわゆる無党派層の投票行動に見られる特徴について考えてみることにしたい。

6　態度を決めかねている人々の意思決定

● 集合現象に関する社会心理学研究

前項では、トランプのドア・イン・ザ・フェイス的特徴の強い常識破りの主張が、既存の政治体制に不満を感じている人々の関心を引きつけた可能性について考えた。ただ、最終的に勝利するほど多くの人々がトランプに投票することになった理由は、よくわからないところが多い。というのも、その主張自体にかなりの矛盾や綻びが目立ち、批判され酷評されることが選挙戦最終盤まで続いたからである。

彼の主張を酷評し、否定し、嫌悪する人々が増えていったのは確かなことのように思われる。ただ、その一方で、それに負けないほど、あるいはそれを上まわる勢いで、多くの人々が支持し、同調していったからこそ、選挙の勝利へとつながったのだといえる。なぜこんなことが起こったのであろうか。

選挙結果に大きな影響を与えることが指摘されていた白人貧困者層と表現される社会階層の人々には、厳しい現実の日常生活に苦痛を感じ、一日も早く状況が変わってほしいと願う人々が少なくなかった。イギリスのEU離脱に関連して述べたように、差し迫った願望は「双曲割引の認知バイアス」を働きやすくさせる。

遠くから見ると、さほど高くない木でも、すぐそばまで近寄れば、空を突き上げているかのごとく高く見えてしまう。物理的距離と同様に、時間的に遠い先々に実現される事柄は、さほど大きなことではないように感じられるのに対して、直近の差し迫った事柄は非常に大きな問題であるように感じられてしまうのである。

三カ月先のダイエットの成功がもたらす喜びよりも、目の前の一杯のビールを飲み干す喜びは大きく魅力的に感じてしまう（第7章「意思決定をめぐるバイアス」も参照）。同じ理屈で、数年先の確実な雇用と収入よりも、とりあえず明日からの仕事と収入を得て、生活が少しでも楽になることの方が、より魅力的なことに感じてしまうのは、差し迫った状況におかれた人なら誰しも同じである。

この差し迫った思いに、トランプの主張は希望の光をもたらすものだったと考えられる。差し迫った人々にとっては、いかに批判されようとも、「リーダーとは『希望を配る人』のことだ」というナポレオンの言葉を具現するかのような言動に感じられたのかもしれない。

さらにいえば、トランプの型破りな主張は、既存の政治体制や社会に不平と不満をもつ多くの人々が、心の中ではいつも漠然と思いながらも、「人前で口に出して言うことははばかられる」と考えていたことを代弁するものであったと推測される点も重要である。

不法移民に職を奪われたせいで収入を失ったと考える人々や、イスラム教がテロリズムを生み出していると考える人々、白人が他の人種よりも偉いと考えている人々、その他、差別的で偏見に満ちた考え方をしている人々は、それは間違っていると教えられ、その価値観に服従してきた。「自分はそうは思わないが、みんなが間違っているっていうのだから、黙っておこう」と本音は隠して対応してきたわけである。これは、一種の「多元的無知（＝裸の王様的）」現象の一つである（多元的無知については、第22章「会議の落とし穴」を参照）。

ところが、大統領候補が、移民排斥や宗教弾圧等、人権意識の欠如だと解釈されかねないことでも、公然と主張し、批判されても、その態度を変えなかった。いってみれば、トランプはアメリカ社会が抱えるさまざまな「多元的無知」の存在をあからさまにして、それを破壊するような言動をとっていったといえるだろう。もちろん、その差別的な主張は受け入れがたいものであり、国際社会からも厳しい批判にさらされ、嫌悪感さえもたれるようになった。しかし、その対価として、既存の政治体制に不平と不満を抱くアメリカ国内の白人貧困層の中に、確固たる支持層を作り上げることにもなったのである。

前項でも念押ししたが、いかなる社会現象も、単一の原因だけで発生したり収束したりはしない。多種多様な要素が複雑に絡み合い、化学変化のような効果が生まれることによって、発生したり収束したりする。意外で不思議だと受け取られるトランプの大統領選挙の勝利も、偶然的な要素が重なったのではあろうが、社会心理学的視点から捉え直してみると理解可能な現象に見えてくる。

ＥＵ離脱を決めたイギリスの国民投票、そして、アメリカ大統領選挙の結果は、私たちが住む日本社会のあり方について考え直してみるときに、示唆に富むように思える。アメリカ流に倣うことの多い政治や行政、そしてビジネスのマネジメントのあり方は、日本社会のどのような変動と将来につながるのか気になるところだ。

第5章　集団・組織に宿る知性

1　集団に宿る知性とは

集団で話し合っても、たやすく「三人寄れば文殊の知恵」というわけにはいかず、創造的なアイディアはなかなか生まれにくいものである。また、権威ある専門家たちが話し合って愚かな決定をしてしまう「集団浅慮」（groupthink）と呼ばれる現象が起きてしまうことさえある（第21章「会議は何をもたらすのか」参照）。集団で話し合って考えたからといって、個人で考えるよりも的確で創造的な決定が導けるとは限らないことを、社会心理学の研究は明らかにしてきたといえるだろう。

しかし、集団や組織には、それぞれに知識や知恵をもった個人がたくさん集まっているのであるから、潜在的には多様で豊かな知識や知恵を備えていると期待できるだろう。問題は、それぞれが個別に分散してもっている知識や知恵を、みんなで活用できるようにする「共有化」（sharing）の工程は、思いのほか難しいというところにある。第22章「会議の落とし穴」で紹介する対人交流型記憶システム（transactive memory system）は、そうした「共有化」のための知恵の一例なのだが、これ一つとっても、その構築は容易なものではない。はたしてどうすればいいのだろうか。

「共有化」のために、どんな工夫があるのかを検討するときに参考になるのが、集合知性（collective intelligence）に関する研究である。集合知性に関しては、その概念をめぐって、いくつかの異なる定義や表現（たとえば、wisdom of crowds, mass mind, collective knowledge 等）が存在する。その問題に踏み込んで議論する紙幅の余裕はないので、ここでは、集団や組織、あるいは社会で、その構成員一人ひとりがもっている知識や知恵を交換し合うことで作り上げられている全体的な知性が、集合知性であるとして、話を進めることにしたい。しかし、こういってしまうと、そんなものが実存するのかと疑問を感じてしまう人もいるだろう。そこでまずは、集団や組織、社会に宿る知性とは、どのようなものなのかはっきりさせておこう。

レヴィン（Lewin, 1939）が、人間が集まって交流すると、そこには心理学的「場」（psychological field）ができると指摘して、グループ・ダイナミックス（group dynamics：邦訳では集団力学）の研究が開始された。我々が交流して作り上げるこの心理学的「場」は、時に集団に宿る心のようなものとして捉えられることがある。集合知性もその一種に感じられるかもしれない。たしかに感覚的にはわかるのだが、心そのものを研究対象とする心理学においては、心は個人にのみ内在するもので、集団や組織、群集や社会といった集合体に心が存在するという考え方はとらない。一〇〇年ほど前にこの問題に関する論争が起こり、決着を見ている。

決着をつけたのはオルポート（Allport, 1924）が行った主張で、次のような趣旨である。個人の行動を説明するときに、個人の心に原因を求めるのは致し方ない（他に原因の求めようがない）。しかし、集団の行動や現象を「集団心」で説明しようとするのは安易すぎる。なぜなら、集団の行動や現象が発生した原因は、その集団を構成している個人の心まで辿っていって探ることができるのだから、そうすべきである、というのである。ヴント（W. Wundt）やル・ボン（G. Le Bon）、デュルケーム（É. Durkheim）やマクドゥーガル（W. McDougall）など、当時の高名な学者が、集合的な心を想定した研究を進めていたなかで、オルポートはそうした想定は「集団錯誤」（group fallacy）であると批判したのである。

しかし、これは約一〇〇年前の、すべてのものをよりミクロな要素に（粒子→分子→原子→クォークのように）分解していって、できるだけミクロな要素に原因を追い求める還元主義の全盛期に見た論争の決着である。さまざまな要素が相互作用して、それらもともとの要素にはなかった全体的な特性（創発特性）が生まれることは、古くはデカルト（R. Descartes）も重視し、現在では複雑系科学のアプローチとして確立されている。とはいえ、真摯に「心とは何か」を探究するとき、目に見えないことをはじめとして、その実体を明らかにすることは容易ではないことを考えれば、集団に心が宿ると想定することはいささか安易であるといわれても仕方ない。やはり注意が必要であろう。

しかし、個人が複数集まって活動し、交流するなかで、互いの知識や知恵を適切に共有して、その結果、一人では解決できなかった問題を、集団として解決できるようになるときがある。たくさんの人々がたまたま居合わせた事故や災害の発生時に、一人ひとりが個別に判断して行動していたら、多くの人が犠牲になったと考えられるなかで、みなで知恵を出し合って、まとまって行動した結果、助かった事例は少なくない。たとえば、二〇〇四年一〇月、台風二三号の大雨のために舞鶴市内で観光バスに取り残された三八人は、バスが水没する状況の中で屋根に登り、雨に濡れ、腰まで水に浸かりながらも、励まし合って救助が来るのを待ち、全員無事生還した。二〇一〇年に起こったチリの鉱山落盤事故で、三三名が六九日後に全員生還した事例や、二〇一一年三月の東日本大震災直後に帰宅を試みる人々がツイッターやフェイスブックで情報交換して安全を確保した事例も挙げられるだろう。もちろん、そうした成功例だけではなく、集団浅慮のような失敗も起こるので（第21章「会議は何をもたらすのか」参照）、集団で話し合って判断する局面では注意が必要である。

集団や組織、社会の構成メンバーがみんなで作り上げた価値観や行動基準は「規範」と呼ばれるが、個人的にはどうしてよいか判断に迷ったときも、その規範を参照して判断し行動することで、適切に対処できることもある。これらの現象は、集合知性の働きによるものだといえるだろう。

集合知性が機能するためには、メンバーそれぞれがもっている知識や知恵を他のメンバーにも提供し合い、疑問があれば議論して、より的確な知識と知恵に練り上げる仕組みが整っていることが鍵を握っている。次に、そのシステムを構築する工夫について考えていくことにしたい。

2　組織に潜在する集合知性の創発を阻む障壁

先ほど、メンバーそれぞれがもっている知識や知恵を他のメンバーにも提供し合い、疑問があれば議論して、より的確な知識と知恵に練り上げる仕組みが整っていることが、集合知性が働くための鍵を握っていると指摘した。インターネットの世界を覗けば、むしろ人々が自己のもつ情報や知恵を惜しげもなく提供し合っていることを確認できる。たしかにＩＣＴ（information communication technology：情報コミュニケーション技術）の発展は社会全体の集合知性の創発を促進しているといえるだろう。

ところが、実際の組織の状況に目を向けると、メンバーは細分化された各自の職務の遂行に関心が集中してしまう。その結果、所属する部署内でのコミュニケーションに終始し、他の部署との意思疎通や、他の部署や組織外部からの情報には注意を払わず、部署間の連携は滞りがちで、組織全体としては効率が悪い状況が生まれがちである。こうした現象は「サイロ化現象」と呼ばれ、組織の効率性を阻害する原因として、克服する必要性が指摘されている。

見知らぬ人々と交流するインターネットの世界では、ウィキペディアをはじめとして、集合知性の創発の具体例が見られるのに、目標の達成に向けて協力し合っているはずの組織の中では、それとは逆のサイロ化が進むというのは興味深い問題である。

全体で達成すべき目標をもち、その達成のために必要となる業務を整理して細分化し、メンバー各自に割り振るのが組織の特徴である。個々のメンバーにしてみると、「これがあなたの仕事であり、その職責を果たすように」と要請されているのであるから、その通りにしているだけのことで、自分の頑張りがサイロ化現象につながるとは思っていない。

ただ、自分の職責を果たすことにのみ視野が集中する傾向が強く、組織全体の目標達成への関心は比較的薄いものになりがちである。自分の職責を果たすには、まずは自己の所属する部署のメンバーとのコミュニケーションや協同行動が大事であり、他部署とのそれは、優先順位の低いものになってしまう。分業という組織ならではの知恵は、組織の集合知性を育もうとするとき、潜在的な障壁として機能する側面ももっていて、組織に必須の分業システムの導入と、組織の集合知性の育成とは、素朴なトレードオフの関係にあると見ることができる。

集団や社会が、まとまりとして全体的な知恵を創発するためには、より多くの人々とつながってコミュニケーションをとれることが重要な鍵を握っている。組織の場合、そうしたコミュニケーション・システムはすでに十全に整っている。しかも、対面状況でのコミュニケーションが日常的に確保されていることがほとんどである。場合によっては、グループ・ウェアのような集団コミュニケーションをより促進するようにデザインされたシステムが導入されていることもあるだろう。しかし、分業という組織が逃れるすべのない特性ゆえに、サイロ化は進み、組織の集合知性の創発は難しい。この障壁を越える方法はどこにもないのだろうか。

知性に関わることなので、脳の話題を参考にしよう。亀田（二〇一五）は、「ヒト成人では、脳の重さは体全体の五パーセントほどしかないのに対して、脳の代謝するエネルギーは全体の二〇パーセントに上る。このような高コストにもかかわらず、ヒトを含む類人猿が大きな脳を進化的に獲得・維持してきたという事実の理由は、当然、コストに見合うだけの重要な適応課題があったからに違いない」と指摘している。適応すべき課題との直面は脳の進化さえも引き起こしたと考えられるのである。

組織は環境に開かれたオープン・システムであり、社会環境に適応していくべき存在である。とすれば、組織にとっても、これまでの対応の仕方では適応できない課題との直面が、部署を超え、組織を超えて、外界とつながり、コミュニケーションを交わす現象を引き起こすことは可能であろう。そこに組織の集合知性を育む基盤があるのではないだろうか。現在の社会において、どのような変動が組織の集合知性を育む基盤として機能しうるだろうか。次に、そんな視点を取り入れつつ、組織の集合知性を育むすべについて考えていくことにしたい。

3　視野の狭まりと広がりがもたらす影響

前項では、組織を取り巻く環境の変動が、「サイロ化現象」を打破する一つのきっかけになる可能性について述べた。その環境の変動は外圧と読み替えてもいいだろう。しかし、外圧を待つ受け身の姿勢では、自律的に集合知性を生み出すことは難しいようにも思われる。環境の変化や外圧に類するきっかけを自分たちで生み出すことはできないのだろうか。社会心理学的にこのことを考えてみると、素朴なところにヒントが隠されていることに気づく。

組織に所属すると個人にはほぼ自動的に何らかの役割が与えられる。この役割には軽重の差はあっても、すべからく「職責」という責任が伴う。このことは、先ほど紹介した「サイロ化現象」発生の出発点になっている。自分の職責を果たそうと努力することは奨励されるべきことなのだが、効果的な組織マネジメントを考えるとき、留意すべき副作用があることを、「サイロ化現象」の発生は教えてくれる。そして、その副作用は組織の集合知性の構築を難しくしていることも併せて示唆している。

所属する部署の新入社員が最初の配属先に着任したときをイメージしてみよう。「〇〇支店経理課第二係勤務を命ずる」という辞令を受けると、おのずと自分の職務内容を確認し、それを全うする責任を感じる。このとき、個人の心の中で行われている行為は、「自分はこの支店の経理課の第二係に所属する人間である」という社会的（＝集団の一員としての）アイデンティティーの獲得である。この社会的アイデンティティーの獲得は、「自分とは何者なのか？」という素朴な疑問への回答をもたらしてくれるものであり、ありがたいものである。就職して配属が決まるということは、安定的な収入を得ることが可能になったという意味だけでなく、自分が何者であるかを説明できる基盤ができたという意味でも重要なのである。

ただし、この配属先への所属意識にすぎないように思われる社会的アイデンティティーの獲得は、自分の所属する集団を「内集団」（in-group）と見なして「ひいき目」に評価し、それ以外は「外集団」（out-group）に識別して、攻撃的に差別的に扱う心理と密接に結びついてしまう。日常的な表現をするならば、内集団はミウチ、外集団はヨソモノである。注意すべきは、そうした識別だけで終わらず、ミウチをひいきし、ヨソモノを差別する心理が、知らず知らずのうちに自動的に生じてしまうことである。

このことは、社会的アイデンティティーの獲得と引き替えに、所属する部署の利益を最優先に考えてしまう「視野の狭まり」が生じがちなのだと考えていい。職場では、この視野の狭まりが一時的なものに終わらず、長期に継続されることになりがちである。その結果、所属する部署内でのコミュニケーションに終始し、他の部署との意思疎通や、他の部署や組織外部からの情報には注意を払わなくなるサイロ化現象へとつながっていくことになる。

本書で繰り返し紹介することになるが、個人の心理や行動は、本人もほとんど意識しないうちに無自覚的に生起していることが非常に多い。上記の視野の狭まりも同様である。組織の中の個人は、常日頃から視野が狭まるような影響を受けながら働いていると考えることができる。この視野の狭まりを生み出す影響がサイロ化現象につながることを考えれば、その影響を取り払い、視野の広がりをもたらすマネジメントが重要になってくる。

所属する部署の利害や自分の職責に視野を膠着させずに、より広い視野で各自の職責を捉えることを促そうと思えば、組織全体で果たしていきたい社会的役割（ミッション）や、実現したい将来像（ビジョン）を明確にして、そのミッションやビジョンを全員で一緒に認識できるように働きかけていくことが大事になってくる。目の前の達成すべき目標（ゴール）を設定することは大事であるが、それと同時に、そのゴールを積み重ねていくことで何を実現しようとしているのかまで明快に示すことが大事になってくる。目前の目標（ゴール）を達成することを重視するあまり、視野の狭まりを招いていることもあるかもしれない。

サイロ化現象を克服し、集合知性の基盤を構築するには、まずは個人の視野の広がりを促す取り組みが重要になることについて、個人の心理と行動の特性を踏まえつつ、考察してきた。では、どのような働きかけや組織マネジメントが、個人の視野の広がりを促すのであろうか。次に、その課題について考えていくことにしたい。

4　メンバーの視野を広げる働きかけとは

自律的に組織の集合知性を生み出すには、個々のメンバーが自己の職責や利益ばかりを気にする狭い視野を超えて、他の成員や部署の利益まで考える視野の広がりが重要な鍵を握ることを考察してきた。では、どうすればメンバーの視野を広げることができるだろうか。この問いは、組織マネジメントにとって、古色蒼然としたものかもしれない。とはいえ解決は容易ではない。この課題を克服する鍵は、組織のミッションやビジョンの構築と提示をめぐる問題と深く関わるところにある。

前項で紹介したように、組織で職責を与えられて働くことは、個々のメンバーにとって社会的なアイデンティティーの獲得を意味し、それが内集団と外集団の心理的線引き（識別）を引き起こす作用をもつ。その他にも、組織で生活すると、仕事に取り組む姿勢や価値観の異同によっても、他者と自己の間に心理的線引きが生じることも起こる。仕事上の問題だけでなく、趣味や価値観の違い、時には「なんとなく馬が合う、合わない」といった感覚的・感情的なものまで含めて、他者との間に溝や壁が生まれることも多い。

そうした繰り返し経験する自他の識別行為は、自己の責任を果たし、利益を守ることを個人に重視させる働きをする。また、業務評価を個人の成果に基づいて行う「成果主義」的な評価も、時として、自分の目標達成、業績アップさえ気にかけておけばよいという気持ちにさせてしまう働きをもつことがある。結局のところ、組織で働く個人は、基本的に自己利益中心的な狭い視野に陥りがちな環境におかれていると考えておく方がふさわしいといえるだろう。サイロ化現象は起こるべくして起こっているのである。

この心理的線引きや、自他との間に作り出す「目に見えない」壁や溝を超えて、他者や組織全体、社会全体の利益を気にかけて判断し、行動する視野の広がりを導くことは可能だろうか。この問題を克服する有効な働きかけについては、これまでにもたくさんの研究者・実務家が提唱してきている。それは、組織のミッション（社会に対して組織がこうなりたいという目的）やビジョン（組織としてこうなりたいという状態）の提示と呼ばれるものである。すなわち、組織が将来に向かって目指す姿を、メンバーたちに明瞭に示すことが、視野の広がりをもたらし、他のメンバーや組織に対する協力行動や互恵的行動を促進すると指摘されてきたのである。これは理屈にあった指摘である。

ただし、提示すればうまくいくと考えるのは短絡的にすぎるかもしれない。提示するミッションやビジョンは、個々のメンバーの将来にとっても魅力的で有益なものである必要がある。経営者や管理者にとって都合のよいビジョンばかりを示されても、個々のメンバーは一緒になってそれを目指そうという気になれないし、そうなると視野の広がりももたらされない。

もう一つ大事なのは、納得できるミッションやビジョンであることである。「なるほど」と思える筋の通った論理的で根拠のしっかりした現実的なミッションやビジョンでなければ、メンバーたちの関心も高まらないし、一緒に目指そうという動機づけも駆り立てられることにならない。

メンバーたちの視野を広げようとすれば、彼らにとっても有益で理屈の通った納得のいくミッションやビジョンを作り上げ、また提示することが大切になってくるわけである。そうした優れたミッションやビジョンを構築するには、メンバー一人ひとりとのダイアローグ（対話）を基本とするコミュニケーションが大事になってくる。コミュニケーションをとること自体を目的と考えがちになることがあるが、コミュニケーションはあくまでも手段であって、それによって達成すべきことが目的である。メンバー一人ひとりが考えていること、感じていること、望んでいることを明瞭に把握することが、的確なミッションやビジョンの構築には必要であり、その把握のためには聞くことを主体とする対話を基本に据えたコミュニケーションを実践することが大事になるのである。

かつてはガバメント（government：支配）が主流であった行政マネジメントも、民主主義社会の熟成とともに、近年ガバナンス（governance：統治）、すなわち、住民の意見を良く聞き、話し合い、理解を得ながら進める取り組みへとシフトし始めている。組織マネジメントに関しては、メンバーたちと管理者との対話の重要性は以前から指摘されてきたことではあるが、得てして、指示・命令－服従の関係に陥りやすく、実現することは必ずしも容易ではない。

管理者たちが、的確な組織のミッションやビジョンを構築することこそが目的であることを認識して、メンバーたちの望みや関心はいかなるものであるかを理解しようとする姿勢をもって話に耳を傾けるコミュニケーションが実現されるとき、メンバーたちは、自己の利益への関心を超えて、全員でミッションやビジョンの実現に向けて団結して進もうとする態度をもつことになる。

組織全体をビジョンやミッションの達成に駆り立てるための取り組みは、メンバーたちの視野を広げることによって実現されるものである。すなわち、その取り組みは、組織の集合知性構築を促進する副産物を伴う可能性が高いと考えられる。こうした視点からビジョンやミッションの提示の効果を捉えることも可能であり、今後の研究の展開が期待される。

Part 3

人間の判断と意思決定

第6章　直感とヒューリスティック

1　専門家の直感は信用できるか

ずいぶん前になるが、私が、看護学生の教育プログラムを打ち合わせるために訪れた病院の食堂で、ベテラン看護師さんと昼食をとりながら、一緒にテレビを眺めていたときのことである。ニュースの中で著名な政治家が入院して散歩をしている様子が映った。テレビに映った政治家の様子を一目見て、そのベテラン看護師さんが即座に「ああ、かわいそうに」とぽつりと声を漏らした。私は、「さすがに看護師さんは優しいですね。たしかに病気で少しやつれてはいますが、すぐに元気になりそうじゃないですか」と言ったところ、「優しいというわけではなくて、かなり病状が深刻に見受けられたので、つい言ってしまいました。あの方はそんなに長くはないかもしれませんね」とそのベテラン看護師は話した。私は「わかるものですか。さすがだなぁ」と感想を漏らすと、「長年やってくると、なんとなく直感的にわかってくるようになるものですよ。なぜそんな感じがするのかまではわからないけど」とおっしゃった。入院する前はエネルギッシュな印象を与えていた政治家が、数カ月後に死亡したという報道を目にしたとき、あのベテラン看護師の直感の鋭さをあらためて思い出すことになった。

我々の直感的な判断には、知らず知らずのうちに多様な認知的な歪み（バイアス）が発生してしまうものである。喜怒哀楽の感情は認知バイアスの源泉の代表選手であるが、自分が見たものが存在するすべてであると思い込んでしまうバイアス（WYSIATI：what you see is all there is と名づけられている）や、いかにもありそうなもっともらしいストーリーの展開に合わせて判断してしまうバイアスなど、紹介し始めたらきりがないほどである。これについては別途あらためて紹介することにして、ここで話題にしたいのは、「そうはいっても、医師や看護師、警察官や消防士、あるいは骨董や美術品の鑑定士など、その道の専門家の直感は信用できるような気がする」という問題である。はたして専門家は、さまざまなバイアスをどのように克服しているのであろうか。それとも、専門家といえども、その直感は信用できるほどのものではないのだろうか。

人間の直感的な判断過程にさまざまな認知バイアスが働いていることを、多様に実験を行って明らかにしてきたカーネマンは、専門家の直感が信用に足るものなのかについて、興味深い論述を行っている（Kahneman, 2011）。彼は、科学的な実験結果に基づいて、基本的には、直感に頼るよりも、チェックリストをあらかじめ作っておいて順序よく判断を行う（アルゴリズムに基づく）方が、より的確な判断ができると主張してきた。しかし、これに異を唱える研究者もいる。「人間が実際の状況（緊急事態など）でどのように物事にうまく対処しているかが大事なのに、人工的な状況（実験室実験）のもとで発生した失敗ばかりを取り上げている」というのである。カーネマンとて、専門家の直感がすべて外れると考えているわけでなかった。そこで、「経験豊富な専門家が主張する直感は、どんなときなら信じてもよいか」というリサーチ・クエスチョンを設定して、カーネマンの見解に懐疑的な研究者も巻き込んで一緒に研究を行うことにしたのである。

研究内容についてはここでは詳細に触れないが、カーネマンの著書『ファスト&スロー』（Kahneman, 2011）が刊行されているので、興味のある方はぜひ一度読んでみていただきたい。焦点となった専門家の直感を信じてもよいときの条件は次の二つであると結論づけられている。一つは、（専門家が働く現場が）十分に予見可能な規則性を備えた環境であること。もう一つは、長期にわたる訓練を通じてそうした規則性を学ぶ機会があること、である。つまり、直感は豊かな実体験を通して学習できるものではあるが、それが的確なものとして通用するのは、事態がある程度の規則性をもって変化する環境に限られるというわけである。

複雑とはいえ規則性のある環境を相手にする医師や看護師、消防士や運動選手、チェスや将棋、囲碁のエキスパートなどは、その直感はある程度信用するに足るというわけである。ただし、ほとんど予測不能なほどに変動性の高い環境を相手にする専門家、たとえばファンドマネージャーや政治評論家の場合には、その直感は残念ながらあてにならないとカーネマンは結論づけている。どれほど経験を積んだ専門家だとはいえ、変化が多く予測不能な環境を相手にするときは、その直感は多様な認知バイアスに歪められて、的確さを欠くようになってしまう。

ここで十分に気をつけておかねばならないことがある。複雑で変動性に富んでおり、予見できるほどの規則性をもっていない環境を相手にしている専門家は、自分の直感に頼らず、チェックリストを活用する等、判断が認知バイアスに左右されないように留意する必要があることである。というのも、規則性がほとんど見出せない変動性の高い状況であっても、我々は容易に直感で判断できる能力をもっているからである。その直感は信用できないことがほとんどなのに、専門家は自分の直感に基づいて、ついつい自信たっぷりに予測をしてしまうし、また聞く側も安易にそれを信じてしまう。悪意はなく、知らず知らずのうちに行っていることとはいえ、こうした行為は不幸な事態につながりかねないリスクを秘めている。時間がなくとっさの判断を求められるときは仕方がないが、時間的に十分な余裕があるときは、やはりアルゴリズムに基づいた判断を心がける方が的確な判断につながりやすいことを肝に銘じておきたいものである。

2　利用可能性ヒューリスティックの影響

私の住む福岡では、二〇一三年の春先は、大気汚染物質ＰＭ二・五の話題でもちきりであった。テレビやラジオ、新聞、インターネットでもＰＭ二・五の被害にピリピリとしていた。小さな子どもをもつ親たちは「子どもを外で遊ばせてやれない」と嘆き、のどの調子が悪い大人たちは一日中マスクをつけ、花粉症の人たちは「今年は症状がちょっと違うし、重い」などと話していた。我が家でも、洗濯物を外に干してよいものかどうか、毎朝、ＰＭ二・五予報のホームページにアクセスして確認をしていたものだ。

ところが、二〇一四年はそんな不安や嘆きの声、あるいはPM二・五をチェックする行動は、昨年ほどピリピリはしていなかった。マスメディアも時々は話題にしても、一年前に比べれば、取り上げることはかなり少なくなっていた。ある日「もうPM二・五は飛んできていないのかな?」と思って、観測結果を掲示しているホームページを久々に確認してみたが、PM二・五も黄砂もけっこう飛んできているようであった。なぜ、一年前はみなあんなに神経質に反応していたのだろうか。

こんな対応の違いが生まれる背景には、対象となる状況と関連のある過去の出来事の「思い出しやすさ」が深く関連している。人間は、①自分の記憶に残っていることだけを事実だと思い込みやすく、②思い出しやすい事柄は、これからも起こりやすいと考え、③思い出しやすい情報に強く頼った判断をしがちであることが認知心理学の研究でわかってきている。自分が直面している状況に関係して思い出しやすい事柄があるときは、我々は、その思い出しやすい情報に一方的に頼った判断をしてしまいがちなのである。この心理メカニズムは、「利用可能性ヒューリスティック」(availability heuristic)と呼ばれている。ヒューリスティックとは、直感的な判断を意味する概念である。

利用可能性ヒューリスティックが影響している人間の判断の具体例としては、冒頭のPM二・五の事例の他にも、飛行機事故の直後は、飛行機に乗るのをやめて電車やバスを利用する人が増えたり、狂牛病が発生した直後は、病気とはまったく関係のない部位を含めて、牛肉そのものを食べるのを控えてしまう人が増えたり、といったことが挙げられる。アメリカ運輸省運輸統計局の報告(https://www.ntsb.gov/investigations/data/Pages/Data_Stats.aspx)によれば、二〇一八年の民間航空機の事故による死亡率は一〇〇〇万人に一人であった。死亡者が出るような民間航空機の事故が発生することは、世界中でもめったにあるものではない。他方、同じく二〇一八年に発生した高速道路の自動車事故による死亡者数は三万六五六〇人であったと報告されている。航空機は自動車に比べてはるかにリスクが低いことがわかる。このように事実に即して考えれば、事故にあうリスクは航空機の方がかなり低いのに、そんな事実には注意が向きにくいのである。なぜなら、航空機事故は、発生すると大規模な事故となり、その悲惨さが際立つ。また、めったに起こらないからこそ、事故の印象は強いインパクトをもって我々の記憶に残りやすい。その結果、当分の間は、我々は生活のさまざまな局面で事故のことを思い出しやすい状態になってしまう。ＰＭ二・五にしても狂牛病にしても、あらゆるメディアがこぞって報道することで、我々の記憶に強く残り、思い出しやすい状態ができあがってしまうのである。

思い出しやすさに加えて、情報が具体的で直接的であることも利用可能性ヒューリスティックによる判断の歪み（バイアス）を助長することになる。たとえば、仲の良い友人からの口コミ情報は、客観的に考えれば、単なる一つの情報でしかないのだが、新聞や雑誌に掲載されている情報よりも、判断をするときに重視する度合いが大きくなってしまう。誰が書いたかわからない情報よりも、身近な人がもたらす情報の方に、我々の判断はついつい引っ張られてしまうのである。他にもさまざまな情報があるのかもしれないのに、我々は自分の記憶に残っていることだけが事実だと思い込み、それに頼って判断しやすい傾向をもっていることも、口コミ情報の影響力の強さを生み出す一因となっている。

利用可能性ヒューリスティックは、本人も気づかないうちに判断に影響するところに特徴がある。これを逆手にとって、マーケティングの業界では、商品の拡販に利用することも多い。マーケットの売り場にたくさん並んだカップラーメンの中から、消費者が特定の製品を手に取り、買い物かごに入れるようにするには、消費者の記憶の中から「おいしいラーメンといえば〇〇」という情報を思い出しやすくするための戦略が多様に実践されているのである。CMやPOPを注意深く吟味していけば、情報のインパクトを高め、印象を強め、記憶に残りやすく、また思い出しやすいものとするための工夫がたくさん見つかる。身近な購買生活の中で、「なぜ消費者は〇〇を選ぶのか」という問いに対して、利用可能性ヒューリスティックの可能性も視野に入れて検討してみると面白い発見があるかもしれない。

3 「後知恵バイアス」の影響

私は無類の野球好きで、ビール片手にナイター中継を観戦できれば、この上なく幸せでいられる人間である。ただ、ひいきのチームの試合運びがうまくいかないと、ついつい一人でぶつくさと文句を言い始める。先日もこんなことがあった。ひいきのチームがツーアウトでランナー二塁のチャンスを迎え、バッターがヒットを打った。「やったー！　タイムリーヒットだ！」と歓声を挙げたのもつかの間、相手チームの強肩の外野手から矢のような送球が返ってきて、ランナーは本塁でタッチアウトになってしまった。そうなってしまうと、ついさっき自分が歓声を挙げたことはすっかり忘れて、「三塁コーチはいったいどこを見ていたんだ。あの外野手の強肩はプロなら知っていたはずだ。判断力に問題があるんじゃないか」などと、批判したものである。まったくもって勝手なものである。もしも送球が少しそれてセーフになったりしようものなら、「あの三塁コーチはさすがだな。積極的で勇気ある判断が、強肩の外野手の手元を狂わせたのだ」などど、評価は一八〇度異なるものになったに違いない。

我々は、結果を知った後で、自分がよく知っているストーリーに合うように、その結果が生じた理由や原因を類推する傾向をもっている。そして、事前には知りえなかったことまで、あたかもあらかじめ知っていたかのような錯覚に陥った判断をしてしまうことがある。これは「後知恵バイアス」(hindsight bias) と呼ばれる人間の直感的判断につきまとう特性の一つである。このバイアスの影響を最初に指摘したフィッシュホフ (Fischhoff & Beyth, 1975) はこれを「私はずっと知っていた」効果 ("I knew it" effect) と呼んでいる。

もう少し説明を続けよう。産業事故や医療事故が発生するたびに、被害者だけでなく第三者からも「そんなことも予見できなかったのか」とか「ささいな異変でも常に厳正に的確に対処してこなかったから、事故につながったのだ」という批判がなされることが多い。しかし、実際のところ、我々は一瞬先のことでさえも、何が起こるかはわからないものである。わかれば苦労はしない。ところが、ことが起こってしまえば、自分が知っている事例を思い起こし、あたかも「あらかじめそうなることはわかっていた」という気持ちになってしまうのである。そしてその知っていた事例を参考に、事故が起こった理由を類推することになる。これが「後知恵バイアス」である。

冒頭に紹介したような一人で腹を立てているくらいの問題で済めばいいのだが、ほとんどの人々が知らず知らずのうちに「後知恵バイアス」の影響を受けてしまうので、社会的な問題に深刻な影響をもたらす場合がある。たとえば、農産物の輸入自由化を求める諸外国との交渉に臨む外交官が行った判断への評価は、「後知恵バイアス」によって、ときに理不尽なものとなってしまうことがある。

というのも「後知恵バイアス」は、事前に自分がどんなことを考え、知っていたのかについては忘れてしまう効果を伴う。そして、人々が評価する側にまわったとき、外交官の判断に至るまでの過程が適切だったのかどうかよりも、結果がよかったか悪かったかで、判断の優劣や的確さを評価してしまいがちである。交渉ごとは、相手の事情はもちろん、社会情勢の変動によって、過去には適切であったことが、新たな情勢のもとでは不適切なものになってしまうこともある。プロスポーツの選手が「とにかく結果がすべてですから」とコメントしている場面をよく目にするが、彼／彼女たちは、人々が「後知恵バイアス」の影響から逃れられないことを経験的によく知っているのであろう。

「後知恵バイアス」は無自覚のうちに直感的に働いているため、その影響から逃れることは容易ではない。しかし、我々は日々の生活の中で、他者の行動を観察して評価することを繰り返し行っている。その評価は常に「後知恵バイアス」によって歪められる危険にさらされており、気づかずにすごせば自分自身の判断は歪んだものになっていってしまうだろう。職場でも学校でも家庭でも、歪んだ評価は歓迎できるものではない。できることならば、我々は結果だけで他者の行動を評価してしまいがちな認知スタイルを心ならずももっていることを理解して、しばし冷静になり、その行動に至ったプロセスと事情までを考慮に入れて評価するように努めて、歪んだ評価に陥る心理的罠に安易にかからないようにしたいものである。

4　「確証バイアス」の影響

またまた野球の話から始めて恐縮だが、アメリカ・メジャーリーグに挑戦している日本人プレーヤーの活躍ぶりを評価する人々の話を聞いていると、なかなか面白いことに気がつく。前項で紹介したような、結果を見て評価を決める「後知恵バイアス」が働いたコメントも多いが、もう一つ気がつくのは「やはり自分が思っていたとおり、彼は落ち着いたマウンドさばきを見せている」とか「自分の目に狂いはなかった。やはり彼のコントロールの良さはメジャーリーグでも通用する」とかいったたぐいのコメントが少なからず聞かれることである。こうしたコメントは、もともと応援していたプレーヤーが活躍したときによく聞かれるところに特徴がある。こうしたコメントの背後には、自分が信じていたことを、確証しようとする認知バイアスが無自覚のうちに働いていることが多い。

人間の幸福感を研究するポジティブ心理学の権威として著名なハーバード大学教授のギルバート（D. Gilbert）によれば、「ある言明（意見表明）の理解は、まずそれを信じようとするところから始まる」という。話を聞くときは、我々は、ひとまずそれを信じようとする認知メカニズムをもっているというのである。

「白い魚がキャンディーを食べている」という文章を読んでみてほしい（この文章はギルバートが実際に使用した文章の和訳である）。どうだろうか。私は、漠然とではあるが、白い魚が丸いキャンディーをほおばっているような漫画的なイメージを思い浮かべてしまった。イメージは人それぞれであるにしても、こうした連想は私だけでなく、ほとんどの人がやってしまうことである。無意味な文章に意味をもたせよう（見出そう）として、言葉から連想される記憶を自動的に思い起こして、白い魚とキャンディーを結びつけようとしたからイメージできたことである。

提示された言明をひとまず信じようとしているからこそ、こうした連想記憶が自動的に発動されるのである。もし、最初に信じるか、信じないかを判断する作業を先にやるのであれば、つまりは慎重に注意を払って言明を理解しようとするのであれば、「魚がキャンディーを食べるって変だよな。現実にはありえないだろう」という判断になり、この言明を信じないという結論になるだろう。

1項で紹介したカーネマンは、人間の認知システムは、直感的で自動的な認知を実現するシステム1と、慎重に注意をこらして情報を処理する認知を実現するシステム2の二つに大きく分けることができると指摘している。言明を信じないためには、慎重に注意をこらして情報を処理する認知（カーネマンのいうところのシステム2）が働く必要がある。しかし、我々の情報処理は特別なときを除いて平常的には直感的で自動的な認知（システム1）に依存している。我々はたいていのことをすぐに信じてしまうことを思えば、システム1は「信じたがり屋」なのだといえそうだ。

この信じたがり屋のシステム1は、連想記憶を自動的に発動させ、自分が信じていることを確証する情報を見つける活動を活性化させる影響をもたらす。たとえば、「A投手はメジャーリーグでも活躍するはずだ」と思っている人は、「A投手のピッチングってすばらしいの？」と尋ねられると、過去の記憶からさまざまに具体的な例を引き出すことができる。「優勝を決めたあの日の最後の一球のすごさなんて、いまでも興奮するよ」といった調子である。逆に「A投手のピッチングってそれほどよくないの？」と尋ねられても、A投手が不調だった記憶を思い出すのは簡単ではない。

こうした自動的に働いているシステム1の信じたがりの性質は、これまた自動的に発動する連想記憶と組み合わさって、およそ起こりそうもないことでも、それが起こるという言明に出会ったとき、ひとまず信じてしまう心理状態を作り上げてしまう。そこに確証バイアスが働くとき、起こりそうもないことでも、起こりうる可能性を過剰に高く評価してしまう事態につながりがちである。マヤ文明で用いられていた長期暦が、二〇一二年一二月二一日から二三日の頃に区切りを迎えることに端を発した「二〇一二年地球滅亡説」が世界中で多くの注目を集めた。俗信や迷信と呼ばれる言説が、世界中に見られ、いまでも時々流布されることがあるのも、こうした一連の無自覚的な認知活動が一役買っている可能性が高いと考えられる。

我々はたやすく自己の記憶（経験や学習したこと）に過剰に頼った判断を、しかも自信をもって行ってしまう。偏った情報にばかり接していると、その判断の歪みは深刻な結果に結びつかないとも限らない。できるだけ独りよがりな偏った判断に陥らないようにするには、何事につけ疑問を感じることがないか感じ取る感受性と、慎重に考える癖を身につけることが大事になってくる。

5　なぜ縁起をかついでしまうのか

芸術やスポーツのプロフェッショナルの中には、靴下は必ず右からはくようにしているとか、大事な演奏や試合の前は必ずうどんを食べることにしているとか、縁起をかつぐ人が少なくない。私も高校生の頃は、よい成績をとることができたときに使っていた鉛筆をとっておき、大事な試験のときには、それを使うようにしたものだ。結婚式だって、いざとなれば、やはり大安吉日に挙げたいと思う人は少なくないはずだ。縁起をかついだところで、どれほどの効果があるのかはわからないし、しかも、かなり不合理な期待であることを十分に承知しつつも、いつのまにか、多くの人がそんな心理的な罠にみずから入り込んでいくのである。人間の行動には不可解なものが多い。

人間が自分のもっている知識や経験に適合するように、因果関係を、ある意味で自分に都合よく解釈する傾向をもっていることは、後知恵バイアスや確証バイアスの紹介でも説明してきた。認知心理学の研究が進むほどに、人間は、出会った状況や現象、あるいは人々の行動の発生理由を、順序立てて論理的にアルゴリズムに基づいて解釈したり、確率を計算する統計学的な視点から解釈したりすることは、非常に苦手であることがわかってきている。他方、不安や変動や後悔を避け、安心や安定や納得感を得ようとする自分の感情に従った解釈や判断は得意で、瞬時のうちに行うことができることもわかってきている。

具体的に一緒に考えてみよう。鈴木さんは車好きでドイツ製の高級車に乗っている。ある日、ガソリンスタンドで洗車をしていたところ、洗車機が誤作動して、車に大きな傷がついてしまった。そのとき、

A それは、鈴木さんの行きつけのガソリンスタンドで起こったことだった。

B それは、行きつけのガソリンスタンドが閉まっていたため、鈴木さんが別のガソリンスタンドに行ったときに起こったことだった。

さて、車についてしまった大きな傷の修繕費を、ガソリンスタンドはいくら支払うべきかについて、AのケースとBのケースとを比較検討して、あなたなりに妥当であると思う金額を見積もってみてほしい。車の傷の大きさについては違いがあるとは示されておらず同等であると考えられる。そのとき、それぞれのケースで見積もられる修繕費に違いはあるだろうか。実際のところ、二つのケースに異なる修繕費を見積もる人はほとんどいない。というのも、このように二つのケースを並列に比較して判断する場合、システム1による瞬時の判断ではなく、比較的時間をかけてシステム2を駆動させた判断が行われやすいからである。被った被害の大きさが比較の焦点となり、それに違いがなければ修繕費の額も同じでよいと判断されるのである。

ところが、どちらか一つのケースだけを聞いて、支払われるべき修繕費を見積もってもらうと面白い現象が見られる。Bのケースだけを聞いて判断した人たちは、Aのケースだけを聞いて判断した人たちに比べて、高い修繕費を見積もる傾向を示すのである。Bの場合、たまたま行きつけのスタンドが閉まっていたといういきさつに、我々の感情が反応する。「行きつけのスタンドさえ開いていれば」という実際に起こった事実には反する仮定を思いつき、後悔の気持ちにも似た感情が湧いて、高い修繕費が支払われるべきだという気持ちにつながるのである。こうした現象は、ミラーとマクファーランド（Miller & McFarland, 1986）によって見出されて以降、多様な研究を生み出しており、並列評価と単独評価における判断と評価の逆転現象と呼ばれている。

誰にとっても、自分がとる行動は、自分単独で主観的に評価することがほとんどである。自分の行動と他者のそれとを比較して慎重に評価するようなことは、生活の中でほとんど経験しない。したがって、システム1が働き感情反応に強く影響されつつ、自分の行動の結果がいかなる原因によって引き起こされたのかを判断することになる。そして、自分の判断を正しいものだと思いたい感情も働いて、冒頭で挙げた縁起をかつぐ行動につながるのである。

縁起をかつぐような行動は、たしかに不可解に見えるときもある。そんな不可解な人間の行動や判断は他にもたくさんある。経済学では、かつてはそれらを「不合理」な行動や判断として扱っていた。しかし、当の本人は、縁起をかついだ方が、気分がいいし、納得してすごせるのであるから、幸福に生きるという目的からすれば合理的な行動であり判断といえる。人間行動の特性をより深く理解しようとすれば、人間の主観的判断のメカニズムにもっと光をあててみることが大事になる。なにしろ我々は、生活のほとんどを単独評価によってすごしているのだから。

第7章　意思決定をめぐるバイアス

1　なぜ、やるべきことを先送りしてしまうのか

●「双曲割引」の認知バイアス

夏休みも終わりが近づくと、子どもの頃の宿題との格闘を思い出す。やるべきことはわかっているのだから、計画的に、あるいはさっさと済ませてしまえばよいのに、「まだ夏休みの先は長いさ」と先送りにしているうちに、取り返しのつかない事態に陥ってしまうのである。そして「自分はなんてダメな人間なんだ!!」と自己嫌悪にさいなまれたりしたものだ。しかし、やるべきことを先送りして自滅の道への選択をしてしまうのは、誰もが陥ってしまう心理的な罠のようである。もちろん、いつも先送りしてしまう人から、ほとんど先送りしない人まで、人によって程度に差はあるのだが。

以下のような場面を想定して、自分ならどうするか考えてみてほしい。あなたは、ローンを組んでマンションを購入することを決め、販売業者から二つの支払い方法を提示されたとしよう。支払期間

はどちらも三〇年で、ボーナス払いはなく、支払総額はどちらの方法でも同額であるとする。あなたの月給は現在二五万円だとしよう。

支払い方法A：一〇年間は毎月六万円を支払い、一一年目以降は一二万円を支払う。

支払い方法B：最初から毎月一〇万円を三〇年間支払う。

実際には支払い方法に応じて金利が異なることが多いので、支払総額に違いが出るのが一般的だが、いまはそのことは考えないで、どちらが魅力的な選択肢かを考えてみよう。

こんな状況に遭遇するとき、多かれ少なかれ、我々がとらわれてしまうのが、目先のことを過大評価してしまい、遠い先のことは過小評価してしまう心理である。具体的にいえば、目先の利益（楽しいことや手に入れたいもの）は、遠い先の利益に比べればもちろんのこと、冷静に客観的に評価して認知する利益よりも、主観的にはずっと大きく感じてしまうのである。損失（嫌なことや避けたいこと）についても同様で、目先の損失は、遠い先の損失よりも大きく感じられてしまうのである。このような、同じ利益や損失であっても、時間的な近さと遠さによって、主観的な評価（認知）に違いが生じる現象は、「双曲割引」の認知バイアス（bias：歪み）と呼ばれている。個人差はあるのだが、上述のマンション購入の事例では、当面の支払いが安くてすむAを選択する人の割合が大きい。

図7－1のように考えてみるとわかりやすいかもしれない。そびえ立つ五重塔の前に巨木が生えていたとしよう。遠いところ（時間的に遠い先）から見ると、巨木の高さに比べて五重塔の高さは大き

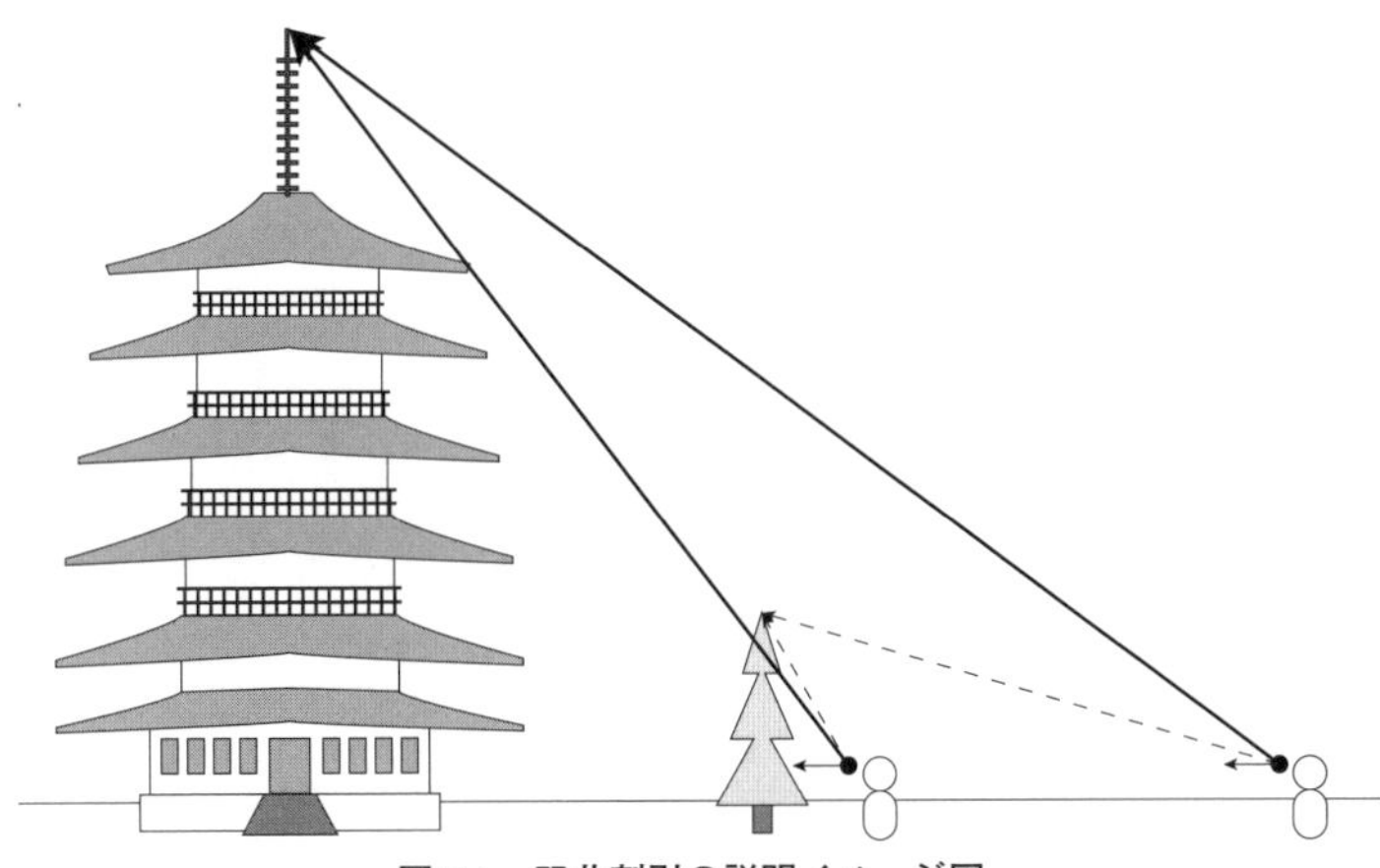

図 7-1　双曲割引の説明イメージ図

（注）遠くから見ているとき（遠い先）は，背後にある五重塔（将来的な利益あるいは損失）は，前景の巨木（目先の利益あるいは損失）と比べて相対的に高く見えている。しかしながら，近づいて見る（時間が切迫してくる）と，相対的に前景の巨木の高さ（目先の利益や損失）が大きく感じられるようになる。

く認知されるのに対して、近づいて見る（時間的にすぐ目先に迫っている）と、巨木の高さは五重塔の高さに負けないくらい大きく認知される。五重塔を遠い先の利益、巨木を目先の利益と考えれば、間近に差し迫っているときほど、目先の利益（あるいは損失）を大きく感じてしまう認知的なバイアスが働いてしまうのである。冒頭の夏休みの事例で考えてみると、自由に遊べる楽しい時間が目の前にあることの利益は過大評価され、他方、予定通り（あるいはいますぐ）宿題をやることの損失も過大評価されるので、よりいっそう「遊んじゃえ。宿題をする時間はまだまだあるさ」という行動を選択してしまうことになりやすいのだ。

　こうした先送りの心理と行動選択は、古代ギリシャの哲学者たちも悩ましい問題として議論している。アリストテレス（Aristotelēs）

は「ある行為を悪いと知りつつ、欲望のゆえにそれを行ってしまう性向」をアクラシア（akrasia：語源はギリシャ語）と呼び、人間の矛盾した行為が発生するわけを洞察している。しかし、図のような説明を見ると、目先の利益を得ることにせっかちになったり、目先の嫌なことを先送りにしてしまったりするのは、仕方のないことなのかもしれない。そういえば、イソップ物語の中には、せっかく商いの神様から金の卵を生むガチョウをもらったのに、卵が生まれてくるのを待ちきれずにガチョウのお腹を切り裂いてしまう男の話が出てくる。目先のことになると我々は冷静さを失いがちであることは、遠い昔からわかっていたことだといえるだろう。

筆者も、健康診断のたびに、お医者さんから「メタボ気味だから運動をしてお酒や食べ過ぎは控えるように」と忠告を受ける。そのたびに決意も新たにダイエットに挑戦するが、灼熱の太陽が照りつけるなかで、一日の仕事を終えた晩は、「ダイエットは明日からー♪」とビールを飲み干すダメ男である。将来の健康よりも目先のビールの魅力が勝ってしまうのである。課題は、この双曲割引の認知バイアスを克服する方略だ。次に、その方略について論じることにしたい。

2　やるべきことを先送りしてしまう心理的罠から抜け出せるものだろうか

●「双曲割引」の認知バイアスの克服法をめぐって

前項で、夏休み終わりの頃にたまってしまった宿題のように「やるべきことを先送り」したり、ダイエット中なのについショートケーキの誘惑に負けて食べてしまうように「我慢すべきことを我慢できずにやってしまったり」するのは、「双曲割引」の認知バイアスが、誰の心にも働いているからであることを説明した。さて、気になるのは、この誰もが経験する心理的罠ともいうべきバイアスを克服するには、どうすればいいのか、という問題だろう。

すでに紹介したように、アリストテレスの時代から、多くの哲学者たちが「ある行為を悪いと知りつつ、欲望のゆえにそれを行ってしまう性向」をアクラシアと呼び、人間の矛盾した行為が発生するわけを洞察してきた。この洞察の営みは、多様な観点から「人間性」を理解するうえで貴重な示唆をもたらした。そして実証科学的検討によって、多かれ少なかれ、誰もがこの心理的罠の誘惑にさまよい込む傾向をもっていることも明らかになってきた。こうした洞察や科学的検討の結果は、「双曲割引」の認知バイアスが、もともと人間がもっている認知システムに基づいて自動的に発生するものであり、この発生自体を抑えるのは難しいことを示している。

となれば、克服するための方法は、自分で自分の意思決定をコントロールする「自制」にかかってくることになる。しかし、これはちょっとした矛盾を含む対策である。そもそも自制できるのであれば、そんな誘惑に負けることはないのだから。したがって、大事なのは、誘惑に負けやすい人間が、いかにすれば自制を身につけることができるかという点だろう。

このとき、鍵を握っているのがベナボーとティロールが指摘している「自己シグナリング」（self-signaling：Benabou & Tirole, 2004）という認知行為である。これは自分自身の行動や選択をいつも振り返ることで、自分が「双曲割引」の認知バイアスにどのくらい誘惑されやすいか、どれくらい自制できるかを、常に振り返って確認する行為を意味している。いきなり克服するというわけでなく、この手の誘惑に対する自分自身の対応力をよく知るところから始めようというわけである。

とはいえ、誘惑に対する自分の弱さをよく知ったところで、簡単に誘惑に打ち勝てるわけではないだろう。やはり工夫が必要だ。この克服法として、冷静になって長期的な利益(あるいは損失)と目前の利益(損失)とを比較するようにすることが挙げられたりする。たしかに、日本人の多くが、「いまぜいたくをすること」を我慢して貯蓄をしっかりするのは、将来の生活をみじめなものにしたくないと長期的な利益が脳裏を横切るからだろう。ただし、これは心身にゆとりがあるときにはできても、疲れているときや急いでいるときには難しくなる。心身の疲れは意志力を枯渇させてしまい、バイアスについ誘惑されてしまうのである。誰でも疲れるときはある。私自身を振り返ると、疲れた夕暮れ時こそ「この一杯のビールを我慢して、生きている意味があるのか?」とさえ思うものである。

では克服への道は絶望的なのかというと、そうでもない。早くそれを言えという声が聞こえそうだが、とくに目新しい方法ではない。自制心が強いと感じられる人は、すでに意図的にやっていることだろう。それはコミットメント(commitment)の心理を生かした方法である。自分の考えや意志を他者に表明する行為がコミット(commit)であり、そこから自分自身を縛るとか必ず約束を果たすと誓約するといった意味が派生している。我々は、自分の目標を周囲の人々に公言すると、それは約束となり、なんとか公言した通りに頑張ろうという気になる。発言だけでなく、他者に行動を見られたり知られたりすることも同様の心理につながる。この心理を応用して、自分が誘惑に負けたくないことを目標にしてコミットすることで、自分なりのいつも気になるルールを心の中に生み出すのである。自分のパーソナル・ルールをしっかりもつことは、誘惑に対応する自制力の強力な応援団になることが多い。

具体的には、自分の夢や目標（三キログラム減量する、ＴＯＥＩＣのスコアを三〇上げる等）を周囲の人に話すとか、クレジットカードやキャッシュカードは財布に入れておかないとか、お菓子は小袋入りのものに限定するとかの工夫が挙げられるだろう。テレビドラマの好きな私の妻は、いくつもはしごして見てしまうのを自制しようと、連続ドラマの初回をわざと見ないようにして効果を挙げているようだ。

気をつけたいのは、自分自身をあまりに強く縛るようなことは逆効果であることをよく知っておくことである。一つのことにあまりにとらわれることは、強いストレスにつながりやすい。強いストレスのために幸福な生活を台なしにしてしまったのでは元も子もない。たまには「自分へのご褒美」として自分のルールを一日だけ破ることを許すことも、長期的に考えると目標達成の促進力になることもあるだろう。また、あまり大きな目標も望ましくない。実現可能な目標をスモールステップで達成していくように、自分で考えてデザインすることが、心身のゆとりを確保し、心理的罠の誘惑に負けない自制力の源を枯渇させないですむことにつながるからである。私自身の生活を振り返ると、心身に加え経済もゆとりのない生活を送っており、心理的な罠にはまり放題の状況を呈している。反省して、まずはゆとりを取り戻すところから始めなければなるまい。

第8章　行動経済学

1　人間の行動は「不合理」なのだろうか

ここでは、人間行動の不可解さについて考えていきたい。行動観察をより効果的に活用するために役立つはずであるし、他者の心を理解しようとするときにも参考になるはずだ。その出発点として、行動経済学の話題を取り上げよう。

人間の経済行動には不可解なものが散見される。衝動買いはその代表であろう。また、自分の趣味には（他者から見ると魅力は乏しくても）惜しみなくお金をつぎ込むのに、勉強に必要な授業テキストの専門書の購入になると、とても節約家になる学生をよく見かけるが、そうした消費者行動もあてはまるだろう。伝統的な経済学における人間観は、「経済人」と表現され、人間はもっぱら経済的合理性にのみ基づいて、利己的に行動する存在として想定するものである。経済的合理性とは、経済的な価値基準に沿って論理的に判断したときに利益がある、具体的には費用（コスト）に対して効果・利益が上まわると考えられることを意味する。したがって、伝統的な経済学にとっては、衝動買いのような人間行動は、「不合理」なものであり、「謎」であり、せっかく立てた経済施策の計算を狂わせる原因と見なされてきたようだ。

他方、社会心理学の世界では、人間の意思決定のメカニズムについて実証的な検討が進み、人間の選択行動の背後で働いている認知過程の特徴を明らかにする取り組みが続けられてきた。その研究成果に基づいていえることは、経済学的には不合理であると見なされる選択行動であっても、心理学的には合理的であると理解されるものが多様に存在するということである。授業のテキストに指定された専門書の購入をためらう学生の気持ちがわかる人は多いだろう。

近年、経済学の中にも、実験を行いながら、人間行動の特性を的確に理解して、その経済行動を理解しようとするアプローチが発展してきている。それが行動経済学である。著名な研究者に、二〇〇二年にノーベル経済学賞を受賞したカーネマン（D. Kahneman）がいる。もっとも、彼はプリンストン大学心理学部の名誉教授であり、意思決定研究の権威であるので、経済学者というよりも心理学者であるといった方が妥当である。共同研究者だったトヴァスキー（A. Tversky）は、すでに故人となっていたので、受賞することはできなかったが、存命であれば間違いなく一緒にノーベル賞を受賞していただろう。カーネマンとトヴァスキーの研究成果としてはプロスペクト理論（prospect theory）が有名である。たとえば、一万円減給の場合に感じるショックやダメージの大きさは、一万円昇給の場合に感じる喜びの大きさに比べて、同じ一万円であるのに、かなり違いがあるように感じる。利得に比べて損失が与える心理的影響は大きく認知されるのである（図８－１）。経済学的には、同じ一万円であ

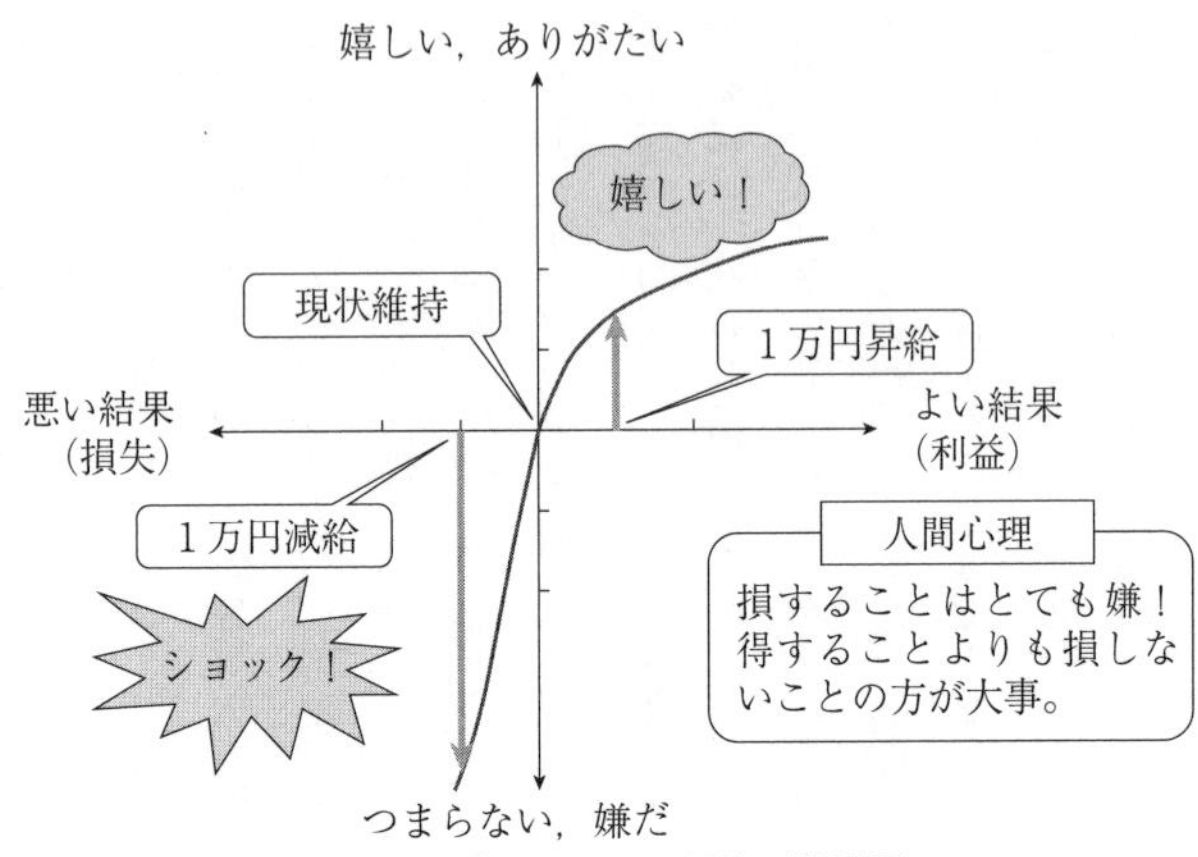

図 8-1　プロスペクト理論の説明図

れば、プラスになるときの喜びの大きさと、マイナスになるときのショックの大きさは同じになるのが合理的である。しかし、そうではないことを、実験データによって実証して、人間の経済行動をより科学的に明らかにすることの重要性をカーネマンたちは知らしめたのである。

彼らは、プロスペクト理論の他にも、ヒューリスティック（直感的で自動的な判断）とそれによって生じる種々の心理的バイアスの研究でも、優れた研究成果を挙げており、経済行動学発展の礎を築いている。脳科学の発展と、心理学的研究の充実を活かしつつ、行動経済学は、人間の不可解な経済行動の理解を進めている。ただ、こだわっておきたいのは、不可解ではあっても、けっして人間にとっては「不合理」な行動選択を行っているわけではない、という点だ。不可解に見える経済行動には、人間ならではの理由がある場合が多いのである。後悔するのが嫌だったり、これまでの努力・苦労にばかり注意が向いたり、といった理由である。次項以降は、人間の不可解な意思決定と経済行動について、具体例を取り上げながら議論を進めていくことにしたい。

2　モンティ・ホール問題

この章では、経済学的あるいは確率論的には不可解な（間違っている）人間の意思決定が、当の人間にとってはきわめて自然で合理的な決定である場合が多いことについて論じている。ここでは、一九九〇年以降、一般の人々のみならず、多数の数学の専門家を巻き込んで論議を呼んだモンティ・ホール問題（Monty Hall problem）を題材にして考えてみたい。モンティ・ホールは、アメリカのクイズテレビ番組の司会者であり、彼の出した問題が事の発端である。その問題とは次のようなものであった。

あるテレビ番組で勝利者となったあなたは、非常に魅力的な賞品をもらえるチャンスを得た。いま、A、B、Cの三つのドアがあって、そのどれか一つの向こう側に賞品が置かれている。残り二つのドアはハズレである。あなたはどれか一つのドアを選び、そのドアを開いて賞品が置かれていれば「あたり！」というわけである。あなたはAを選んだとしよう。すると、番組の司会者が「あなたが選んだAのドアをあける前に、残りのBとCはハズレであるか確かめましょう」といって、BとCのどちらかをあけることにした。そして、Cのドアをあけたところハズレであった。残るはAとBの二つである。ここで司会者が「あなたはAを選んでいますが、いまなら、Bに変えることができます。Aのままで行きますか、それともBに変えますか」と尋ねてきた。あなたなら、どう判断するだろうか。

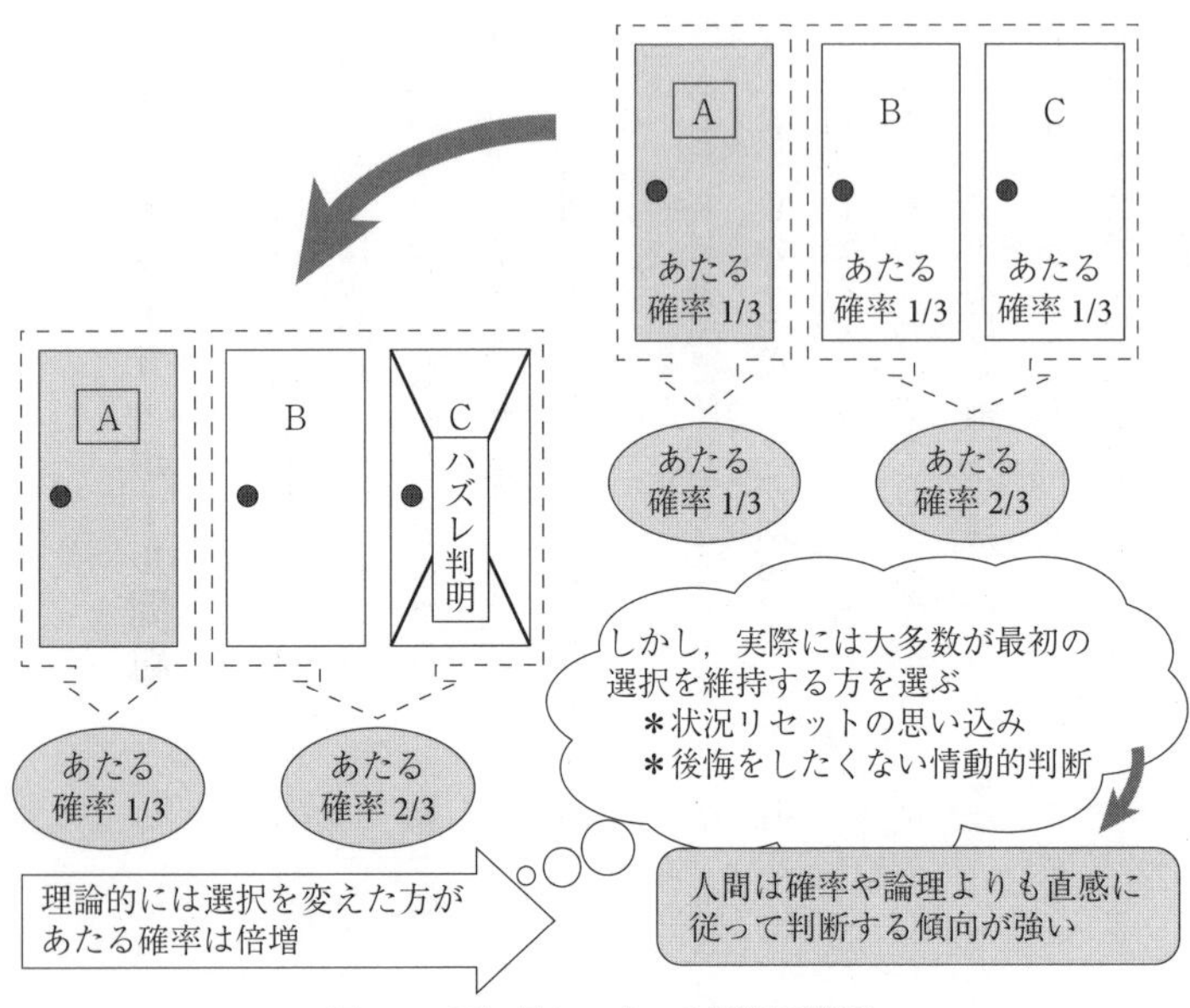

図 8-2　モンティ・ホール問題の説明

選択を変えた方があたるのだろうか、変えない方があたるのだろうか。

まず誰もが思うのは、最初にどのドアを選んでも、あたる確率はどれも三分の一だということである。「どれでも同じだけどなあ」と思いつつ、選ぶことになる。次に、Cはハズレであると判明した後に考えることは、「AかBかどちらかなのだから、あたる確率は二分の一ずつだ」ということだろう。しかし、ここに落とし穴がある。あたる確率は、最初の段階で決まっていて、あなたが選択したAのドアがあたりである確率は三分の一で、このことは誰もが承知のことである。ただ、この事実は、Bあるいはあたりである確率は三分の二であることも意味している。この確率は、Cがハズレであることがわかった後も変わりがない。むしろ、BあるいはCがあたりである確率は三分の二のままであるなかで、Cがハズレであることがわかったのだから、残されたBがあたりである確率が三分の二ということになる。Aがあたりである確率は相変わらず三分の一のままであり、Bがあたりである確率はCの選択肢が排除できたおかげで三分の二である。したがって、選択を変えた方があたる確率は二倍も大きくなることになる。

モンティ・ホール問題に対して、アメリカのコラムニストであるサヴァント（Marilyn vos Savant）が、雑誌 ***Parade*** の彼女のコラム欄「マリリンに聞く」の中で、「正解は『変更する』である。なぜなら、ドアを変更した場合には、あたる確率が変更しない場合の二倍になるからだ」と書いたところ、膨大な数の否定と批判の意見が寄せられる事態となった。その批判者の中には、高名な数学者エルデシュ（Paul Erdős）をはじめとして、数多くの権威ある研究者が名を連ねている。確率論的には上述の説明の通りであるし、コンピュータ・シミュレーションでもサヴァントの回答が正しいことが実証されている。面白いのは、なぜ優れた数学者でさえも「選択を変えても、変えなくても同じこと」と思ってしまったかという点だ。

もし、Cのハズレが判明した後、残った二つのドアの向こう側の賞品とハズレの置き方を再度やり直したとしたら、あたりの確率はリセットされて二分の一ずつになる。しかし、そんなやり直しは行われていない。あたる確率は最初の段階で決まっていて変化がないのに、Cがハズレであることが判明したことで、我々は状況をリセットして判断してしまい、ついつい残った二つの選択肢が対等な当選確率になったと思ってしまう。この直感的なリセットはかなり根強く、どんなに確率的に説明しても納得できない人が多いため、論議は拡大し、モンティ・ホール問題は、パラドックス課題であるとか、ディレンマ課題とか称されることさえある。しかし、本質的には、人間の直感が確率論に基づいた理論的な思考とは乖離してしまうことが、理解を難しくさせている理由の根底にある。

また、状況認識を勝手にリセットしてしまうことに加えて、人間の情動的な要因もこの問題の理解を難しくしていることも指摘しておきたい。大学の講義中に、実際に学生たちにこの課題を与えて判断を求める実験を行ってみると、Aの選択を維持して変えないという人が八割以上に上り、圧倒的に多い。理由を尋ねると、「選択を変えてハズレだったら、そのままにしておけばあたりだったのにとひどく後悔しそうだから」とか「初志貫徹した方がいいような気がするから」といった答えが多く見られた。1項で紹介したプロスペクト理論からもわかるように、我々は、損失（マイナス）が生じることには敏感で、できればそれを避けようとする直感的な判断が働いてしまうものなのである。モンティ・ホール問題でも、変えた場合に見込まれる利得と損失を天秤にかけて、あたる確率は同じだと思ってしまったら、次にはハズレたときのダメージを先に考えてしまうのである。モンティ・ホール問題は、人間のもつ直感の特性が二重に働いて、正解の理解を困難にしているといえそうだ。

ここで紹介した事例は、人間が「認知的節約家」（cognitive miser）であることに由来する直感が働く場合についてのものである。論理的に見たときに不可解に映る人間の意思決定の特性については、まだいくつかの側面がある。次に、また違った側面から、人間の意思決定が、理論的正解とは乖離したものになりがちな理由について考えていくことにしたい。

3　サンクコストの呪縛

引き続き、人間の不可解な行動の背後で働いている心理プロセスについて考えていこう。前項で紹介したモンティ・ホール問題のように、誰もがうっかり行っている不可解な意思決定は、なぜそうなるのかさえ理解するのが難しいほど、無自覚のうちに直感的に行っているものである。確率論的には不合理でも、人間にとっては当たり前すぎるほど合理的なものであるところに特徴があった。それに対して、それは不合理だと自分でもわかっているのに、ついつい陥ってしまう意思決定の落とし穴と呼べるものが、サンクコスト（sunk cost）の呪縛と呼ばれるものである。

具体例を挙げてみよう。あなたがもっていた土地を利用して地元名産のイチゴを栽培して出荷してはどうかと考えた。イチゴを栽培するには、苗の仕入れやビニールハウスの購入等、総額五〇〇万円の資金が必要になる。他方、出荷すれば六〇〇万円の収入が見込まれる。いろいろと検討した結果、あなたはイチゴ栽培に乗り出すことを決断した。順調に栽培は進んでいたが、季節外れの大雨と強風で、栽培施設に被害が出てしまった。その段階まで四〇〇万円の資金をつぎ込んでいたが、このままイチゴ栽培を継続して出荷にこぎ着けるには、追加で三〇〇万円の資金をつぎ込む必要がある。さらに、かなりのイチゴの苗が被害を受けてしまったため、見込まれる収入は二〇〇万円に減少することもわかった。さて、あなたは、これまでつぎ込んだ四〇〇万円はあきらめてイチゴ栽培を断念するのか。それとも……？

合理的に判断しようとするならば、ここで注目すべきは、追加の出費と見込まれる収入との対比である。あと三〇〇万円をつぎ込めばイチゴ栽培を継続し、出荷にこぎ着けることはできる。しかし、そこで得られる収入は二〇〇万円である。すなわち一〇〇万円の赤字になると見込まれるわけである。大雨・強風被害の直後は四〇〇万円のマイナスであるのに加えて、イチゴ栽培を継続すると、さらに赤字が一〇〇万円増えることになってしまう。したがって、さらに赤字が増えるようなことはやめて、四〇〇万円はイチゴ栽培失敗に「沈んでしまったコスト」（sunk cost）としてあきらめることの方が経済学的には合理的である。

しかし、多くの場合、このサンクコストをあきらめることはなかなかできない。「せっかく頑張ってきたのだから」と、それまでさまざまに苦労し犠牲にしてきた事柄が思い浮かばれ、「ここまでの出費や苦労が無駄になるのはもったいない」という感情が先立ってしまうのが人間の心理なのである。その結果、さらなる努力と苦労と犠牲を重ねて、よりいっそうの窮地に陥ってしまうことが、往々にしてあるのが実情である。

パチンコや競馬のようなギャンブルを行う場面では、すでに失った出費をなんとか取り返そうとして深みにはまることが多いといわれる。とはいえ、ハズレ続けていれば、当人も「今日はついていないな。やめてしまった方が無難かな」というくらいの考えはもつはずである。しかし、潜在的にギャンブルを続けたいという欲求は心の中に渦巻いている。そんなとき、サンクコストの心理がギャンブルを続ける言い訳を与えてしまうといえるだろう。第三者から見れば、何とも不合理で不可解な行動であっても、当人にとっては、「だって、それまでの投資がもったいないじゃないか」と、自分なりにちゃんとした説明のつく行動なのである。

同様の心理メカニズムが基底に働いている行動として、一度嘘をつくと、次からはさらに大きな嘘をつかなければならなくなる現象を挙げることもできそうだ。自分でも深みにはまっていく原因がわかっているのに、そこからなかなか抜け出せないことから〝Knee-in-the-big-muddy〟(膝まで深い泥沼にはまってしまった)現象と呼ぶ研究者もいる。

個人だけでなく、集団レベルでも、サンクコストの心理が引き起こしていると考えられる不可解な現象は多い。たとえば、公共事業の中には、開始決定から長期間が経過して、社会的にもう必要ないとか、意味がないという意見が圧倒的多数になっていても、「走り出したら止まらない」と揶揄されながら、延々と事業が継続されるものも多い。太平洋戦争における日本政府やベトナム戦争におけるアメリカ政府のように、それまでの犠牲の大きさを重視するあまり、さらに多くの若者を死地に赴かせてしまった政策決定の背後にも、集合的なサンクコストの心理が働いていたと考えられる。

サンクコストの呪縛は、「わかっているのに止められない」ところに特徴がある。そんな「わかっているのに」陥ってしまう不合理で不可解な人間行動は他にもある。後続の第19章「互いによい結果が得られる交渉のあり方」でも言及するので、参考にしてほしい。

Part 4

チームワークと組織規範

第9章　やる気の高い組織や集団を作る

1　部下のやる気と行動を引き出す管理職の働きかけとは

●リーダーシップに関する社会心理学研究の視点から

本書では、人間の行動を促進したり抑制したりする社会的影響力の特性を理解するのに、行動観察が役に立つことについて論じてきている。第3章「人間行動に及ぼす他者存在の影響に注目することの大切さ」では、多数者が個人の行動に及ぼす束縛的な影響力の強さについて考えた。ここでは、個人が他の個人に及ぼす影響過程について取り上げてみたい。多様な場面を取り上げることが可能であるが、中でも、長年にわたって関心を集め続けている「部下のやる気と行動を引き出す管理職の影響力」について、リーダーシップ研究の成果を参考に論じてみよう。

社会心理学では、リーダーシップとは、集団の目標達成を促進するようにメンバーの行動を方向づける影響力のことを意味している。したがって、本来は、管理職やチームリーダーだけでなく、ヒラ社員でも新入部員でも、誰でもが発揮できるのがリーダーシップである。とはいえ、やはり部下たちから見た上司やチームのまとめ役には、リーダーシップを発揮することが期待される場面が多いのが実情だ。

　リーダー行動の違いによって、部下のやる気や行動、集団の雰囲気が、劇的なまでに違ってくることは、ホワイトとリピット（White & Lippitt, 1960）が行った行動観察に基づく研究によって、ものの見事に実証されている。彼らは、夏休みに大学生が地域の小学生たちをサマーキャンプ（林間学校）に引率していく機会を利用して、引率する大学生三人に頼んで、意図的に異なるタイプのリーダー行動をとってもらった。Aさんには、何事もリーダーである大学生が決めて、指示し、命令に服従するように強制的に振る舞う「専制君主型」のリーダー行動をとってもらい、Bさんにはまったく何も指示しないし、相談にも応じない「放任型」のリーダー行動をとってもらった。そしてCさんには、小学生たちとよく相談して、その意見をよく聞きつつ、やるべきことについては明確に指示を出す「民主型」のリーダー行動をとってもらった。

　この三つの異なるタイプのリーダーのもとで、さまざまな林間学校の集団活動を行う子どもたちの様子を観察したところ、専制君主型リーダーのもとでは、子どもたちは陰日向のある行動、すなわち、リーダーがいるところでは真面目に勤勉に活動を行うが、リーダーがいないところでは、作業を怠け、頻繁にけんかを繰り返すような行動をとった。放任型リーダーのもとでは、子どもたちはやる気を見せず、だらだらと怠惰な行動が目立った。他方、民主型リーダーのもとでは、子どもたちは、生き生きと集団活動に参加し、活発なやる気を見せ、仲間たちとのコミュニケーションも穏和で建設的なものであった。念のために付け加えると、子どもたちは三つの集団に分けられており、どの集団も同じ日数ずつローテーションで三人の異なるリーダーのもとで生活を送った。つまり、子どもたちの特性がもともと違っていたのではなく、どの子ども集団でも、リーダー次第で、その行動に顕著な違いが見られるようになったのである。

この様子は映像にも記録されており、私もその一部を見たことがあるが、「百聞は一見に如かず」、リーダー行動が集団活動に強い影響をもたらすことは、部下たちの行動や表情・しぐさを観察すれば、一目瞭然であった。ホワイトたちの設定した「民主型」リーダーの行動は、理想的なリーダーシップを実現するものとして注目を集めた。

上述したような研究の影響を受けて、二〇世紀半ば以降、上司のどんな行動が、部下のやる気と積極的な職務行動を引き出す影響力を作り出すのか、という問題について、実にたくさんの実証研究が行われ、幾多の理論が提示されてきた。研究者によって、その提唱する理論には微妙な違いがあるものの、ほとんどの理論が共通して指摘していることは、部下のやる気と積極的な職務行動を引き出す優れたリーダーシップは、部下の気持ちや対人関係に配慮する「思いやり・優しさ」の側面と、仕事の目標達成に対して責任感をもたせ、時に叱咤激励する「仕事への厳しさ」の側面の両方を兼ね備えているということである。

こうした視点に立った理論の中で代表的なものに、ブレークとムートンのマネジリアル・グリッド（Blake & Mouton, 1964）と、三隅二不二のPM理論（三隅、一九八四）がある（図9－1）。どちらの理論も、人間的配慮（思いやり・優しさ）と職務目標達成（仕事への厳しさ）の両方の側面を高度に両立させ

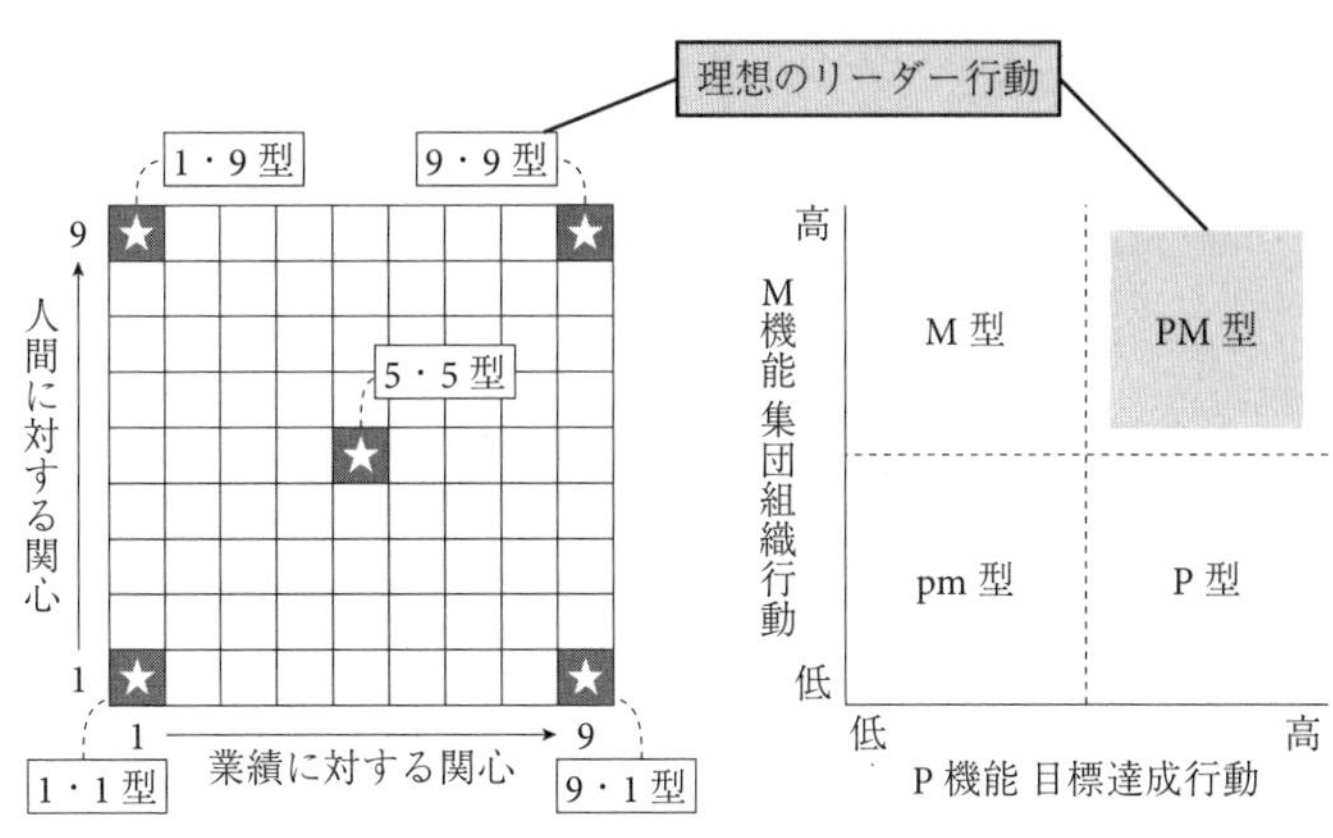

(a) マネジリアル・グリッド　　(b) PM型リーダーシップ類型

図9-1　リーダーシップ二機能説の代表的理論

（出典） (a)：Blake & Mouton（1964），(b)：三隅（1984）。

る行動が、その人のリーダーシップを優れたものにすることを指摘している。また、いずれの理論についても、豊富な実証的検討が行われており、この理論の妥当性も検証されている。

ところで、なぜ、「思いやり・優しさ」と「厳しさ」の両面を高度に兼ね備えた上司の行動のもとでは、部下のやる気が高まり、指示に従った行動をとるようになるのだろうか。この問題を検討し始めると、じつに多様な見解が提示されるようになる。そこでは、人間的魅力に基づく対人的影響過程の視点や、各自が潜在的に保持している「リーダーたる者、こうあるべきだ」というリーダー観（プロトタイプ）との適合性の視点など、より精密でデリケートな検討が求められており、まだまだ検討・議論は続いている。次にこの問題について論じることにしたい。

2　人間のやる気はどのように行動に表れるだろうか

●動機づけに関する社会心理学研究の視点から

前項では、部下のやる気を引き出すリーダーシップについて論じた。目標達成や職務完遂を重視する仕事に対する厳しさの側面と、一人ひとりの気持ちを配慮し思いやる優しさの側面とを、バランスよく高度に両立させることの有効性が、長年の研究成果の中で一貫して支持されてきている。ただ、なぜ、そうした行動が部下のやる気を引き出すのかについては、種々議論があると述べた。そこで、この問題にアプローチするために、人間のやる気はどのようにして高まるのか、その心理メカニズムについて考えてみることにしたい。

人間のやる気を表す用語としては、動機づけ（モチベーション：motivation）がよく使われる。他方、「づけ」がつかない「動機」（モーティブ：motive）も日常生活の中でよく耳にする言葉である。この両者はきちんと区別して理解しておく方がよい。図9－2に示したように、動機とは、我々一人ひとりが心の中にいつももっているもので、欲求とも表現できるものである。さまざまな動機を我々はもっており、それぞれの動機の強さは個人によって差があり、各人の性格にも表れることがある。これに対して、動機づけとは、我々が生活するなかで接する情報によって刺激を受け、そこに目標や魅力的な報酬（誘因）が存在することを認知して、その目標を達成したり、誘因を手に入れたりするための行動へと方向づけられている（その行動を起こす心理的エネルギーが高まっている）状態を意味する。

そもそも動機をもっていなければ、刺激を受けても動機づけは高まらないし、強い動機をもってい

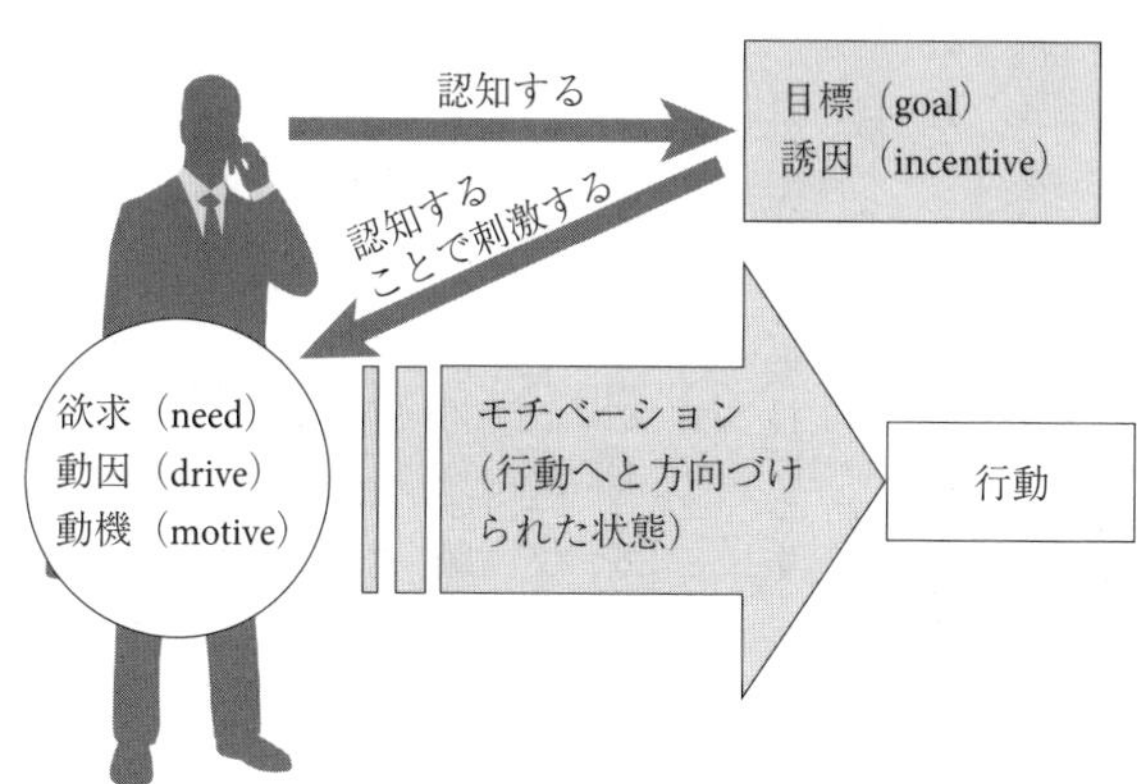

図 9-2　欲求，動因，動機と動機づけ（モチベーション）

ればささいな刺激でも動機づけは高まることがある。もともと強い動機をもっている事柄（興味をもっていることや好きなこと）であれば、その動機に沿った行動を引き出すことは比較的容易である。そうした個人がもともと強くもっている動機に注目して、それを引き出すようにする内発的動機づけを大切にしようとするアプローチもある。しかしながら、仕事や勉強は、興味があることや好きなこと・楽しいことばかりではないのが現実だ。そうした必ずしも本人が強い動機をもっていない行動であっても、やる気を出して熱心に取り組むように働きかけることこそが、実際に期待されているリーダー行動であろう。

どうすれば高い動機づけを引き出すことができるのだろうか？　これまでの社会心理学の研究成果は、鍵を握っているのは目標設定の仕方であることを示してきた。やる気の湧かない仕事や勉強であっても、いざ、それと向き合うとなれば、悪い結果は出したくないし、できればよい成果を挙げたいと思うのが人情である。このとき「頑張らなくては」という動機（異なる角度から見れば、自己を有能だと評価したいという動機）は、我々の心の中に存在しているのである。この動機を刺激して、行動を引き出すのに有効なのが目標を設定する行為である。

では、どんな目標設定が一番動機づけを高めるのであろうか。アトキンソン（J. W. Atkinson）は、次のような理論式を提示している。［動機づけの強さ＝本人の達成動機の強さ×成功の主観的確率の高さ×誘因（成功報酬）の価値の高さ］というものだ。目標設定との関係で興味深いのは、主観的な成功確率と動機づけの強さの関係である。アトキンソンたちは、小学生を対象にした輪投げゲームを使った実験を行って、この二つの要素の関係性を明らかにしている（Atkinson et al., 1960）。実験では、子どもたちにいろいろな距離から投げてもらうが、それぞれの距離について、成功する確率をどのくらい感じるか、各自に答えてもらっておいた。そうしておいて、子どもたちに自由に輪投げゲームを楽しんでもらい、その様子を観察した。ここでも行動観察の手法はきわめて魅力的なデータを得るツールであることがわかる。

どの距離から輪投げをする回数が多いのかを観察しながら計測すると、子どもたちは、非常に難しいと感じる距離からの輪投げを行うことは少なく、また非常に簡単だと感じる距離からの回数も少なかった。子どもたちが一番多く選んだのは、成功の確率が五〇パーセントと感じている距離からの輪投げであった。すなわち、主観的成功確率が低い行動の動機づけは低く、成功確率が高まるにつれてしだいに動機づけも高まるが、そのピークは主観的成功確率五〇パーセントの行動であり、それ以上、成功確率が高まると（言い換えれば課題が簡単になると）動機づけは低下していったのである。

整理してみると、主観的成功確率と動機づけの強さとは逆U字の関係にあり、成功に対して適切な難しさを感じる目標の方が強い動機づけを引き出すことに着目した働きかけが大事であるといえる。ただし、目標の設定は、本人自身が自律的に設定することが肝心である。たとえ上司であろうと親であろうと、他者によって目標を設定されたのでは、かえってやる気を失うことにさえなりかねない。本人が、その目標を選択して設定するように段取りすることの重要性のあたりに、厳しさと思いやりのバランスのとれたリーダー行動が効果をもつことのコツが潜んでいる。とはいえ、いうのは優しいが、具体的にはどうすればよいのだろうか。この難問の答えについて、次に考えてみたい。

3 部下のやる気を引き出す働きかけとは？

● コーチングの視点に基づいて

前項の最後のところで、部下のやる気を引き出すには、目標を部下自身が設定するようにお膳立てすることが大事であると述べた。家庭ならば、部下を子ども、あるいは日曜日にごろごろしている夫と見立ててもよい。我々の社会生活は、自分の好きなことや関心のもてることに専念していて成り立つほど甘いものではない。嫌なことでもやらねばならないことは多い。筆者も、種々の会議出席や書類作成作業は、身の毛もよだつほど苦手である。しかし、やらねばならない。しかも、気合いを入れてきちんと的確にやらないと、後々、自分が困ることになったり、周囲に迷惑をかけたりしてしまうことになりかねない。やはり、やる気を奮い起こして取り組むことが大事だ。仕事も勉強も家事も同じである。

ただし、部下が自分自身で目標を設定するようにお膳立てするといっても、上手にやろうと思えば一筋縄ではいかない。なぜなら、嫌な仕事や苦手なことであれば、おのずと設定する目標を低いレベルのもので「よし」としてしまいがちなのが、人間の性だからである。低いレベルの目標設定で「のほほん」としている人に、成長や発展は期待できない。そもそも、低品質の仕事しかできない可能性が大きい。たとえ苦手なことであっても、主観的成功確率が五〇パーセント前後の目標を設定するような働きかけが、やる気を引き出すお膳立てとしては肝要になってくる（なぜかは前項を参照していただきたい）。

お膳立ての根幹をなすのは、本人の意見・考えをよく聞くことである。聞くことを基軸としながら、部下がやる気をもって取り組むレベルの目標を設定するように働きかけることになる。この働きかけを効果的に行おうとするとき、有益な枠組みとなるのが、コーチングの考え方である。身近に聞くことの多い「トレーニング」の語源がtrain（汽車）で、敷かれたレールの上をきちんと走ることができるようにする取り組みであるのに対して、コーチングの語源はcoach（幌馬車）であり、荒野の中で道なき道を捜しながら目的地に向かって進んでいけるようにする取り組みである。言い換えると、本人がみずからの進むべき道を切り開きながら成長していく力量を身につけてもらうための働きかけといえる。

コーチングの基本的な働きかけは、図9－3のようなサイクルとして描くことができる。大事なことは、まず〈関心〉をもって丁寧に〈観察〉してあげることである。そして、部下が目標設定に戸惑っていたり、安易な目標設定でお茶を濁そうとしたりしている場面では、観察したことに基づきなが

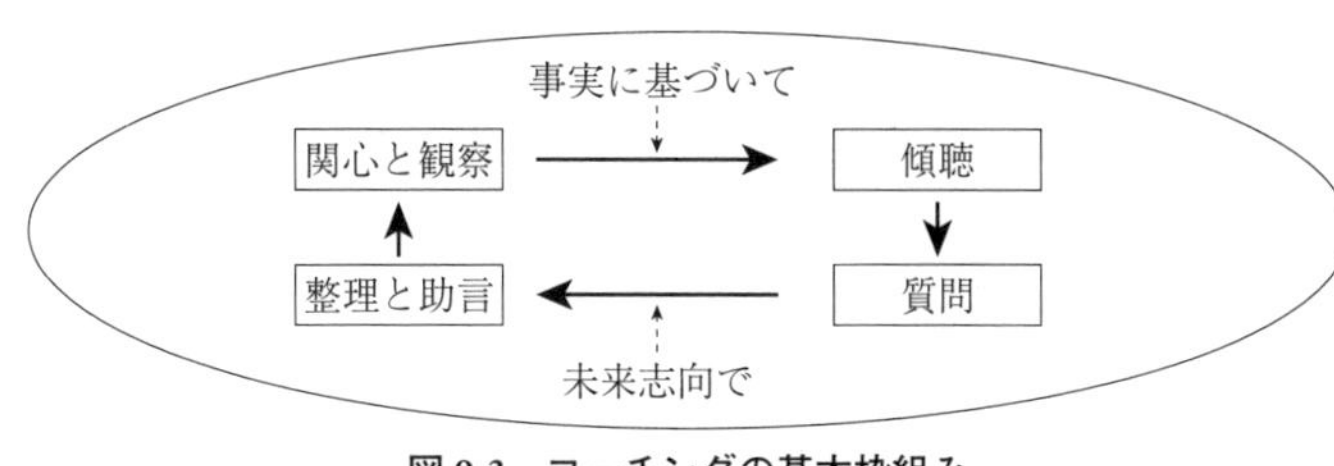

図 9-3　コーチングの基本枠組み

ら、部下の考えを尋ね、それに根気強く耳を傾ける〈傾聴〉を徹底して行う。このとき、ついつい「それならこうしたらよい」とか「私ならばこうする」といったアドバイスや結論を口にしてしまいそうになることが多い。しかし、それはせっかくの〈観察〉と〈傾聴〉を台なしにしてしまいかねないので注意が必要である。コーチングの極意は「答えは本人がもっている」と考えるところにある。したがって、安易に解決策や助言を口にするのではなく〈質問〉してあげることを心がける。質問に答えることで、本人が解決策に気づくようにすることが肝要である。自分で気づくことが、その人の力量を高めるし、的確な目標設定につながる。そして、一連のやりとりの中で、気づいたこと、わかったことを〈整理〉して、理解や認知が不十分であれば、〈助言〉も行う。そうして、また観察のステージに戻るのである。

もちろん、コーチングの取り組み自体が、たやすくできることではない。一定の経験と訓練が必要である。ただ、民主型のリーダーシップを発揮している管理者・リーダーたちは、メンバーのやる気を引き出していたというホワイトとリピットの研究結果（1項で紹介した）からも示唆されるように、優れたリーダーはコーチングの基礎的な枠組みに則った働きかけをしていることが推測される。部下の自律性を尊重するからこそ、いざというとき、部下たちはリーダーの指示命令に率先して従うまとまりを見せるという構図があると考えられるのである。

4　組織の規範とメンバーの職務動機づけ（やる気）の関係

●リターン・ポテンシャル・モデルを参考にして

組織において、メンバーの仕事への動機づけ（やる気）を引き出すにはどうすればよいのかという問題について、社会心理学の研究知見を参考にしながら論じてきた。これまでは、管理職の対人的な働きかけ＝リーダーシップの観点から考察してきた。ここでは、もっと視野を広げて、組織に存在する規範の特性と、所属するメンバーたちの動機づけとの関係について考えてみよう。

組織では、その目標達成に向けて、メンバー各自が、自分の役割を果たしつつ、助け合ったり、叱咤激励し合ったりして、相互作用を深めていく。そうした過程を経ることで、メンバー同士は一定の考え方や行動のとり方を共有するようになっていく。その共有された考え方や価値観、仕事観、行動パターンなどが規範と呼ばれるものである。就業規則や職階制度などは、明文化されていて、「目に見える決まり」であるのに対して、規範はメンバーの相互作用によってしだいに組織に生まれてきたものであり、明文化されていない「外から見えない（見えにくい）決まり」である。組織規範をイメージで描くとすれば、図9－4のように表すことができるだろう。

外からは目に見えない（見えにくい）とはいえ、規範がメンバーに与える影響力は強い。「こんなときは、このように対処するとよい」とか、逆に「こんなときは、こんな言動をとってはいけない」な

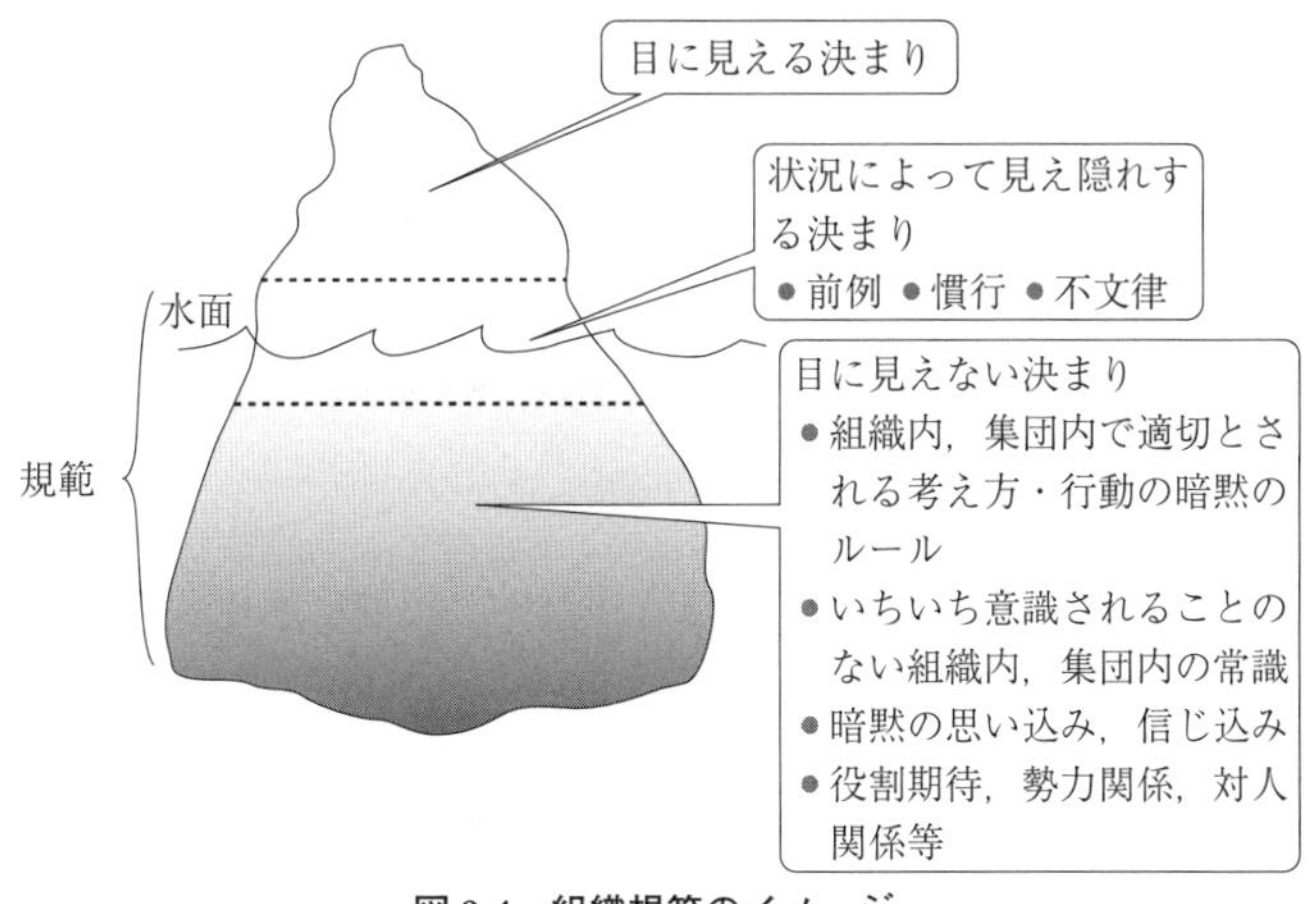

図 9-4　組織規範のイメージ

ど、組織内で適切とされる考え方や行動を規定する「暗黙の掟」のような機能を果たすのが規範だからである。そして、その共有度が高まり、メンバーの心理に深く定着してしまうと、それはいちいち意識されることのない「思い込み・信じ込み」となり「組織の常識」となっていく。こうなると、組織がまるで一つの個性を有しているかのように捉えることもできそうになる。社風やチームカラーなど、我々が感じ取る組織の個性を表現する言葉も多々ある。

その組織に特有の規範がどんなものなのか知りたければ、視点を定めて観察することが最良の方法である。たとえば、会議の開始時刻の集まり方（五分前には着席しているのか、開始ぎりぎりに着席するのか、少しくらい遅れても責められないのか）や、退勤後に一緒にお酒を酌み交わす機会の多さ、会話の中で冗談が行き交う程度など、観察の視点として面白いものはたくさん考えられる。ただ、先に指摘したように規範は「外からは見えにくい」ものであるときが多い。会議の出席に関

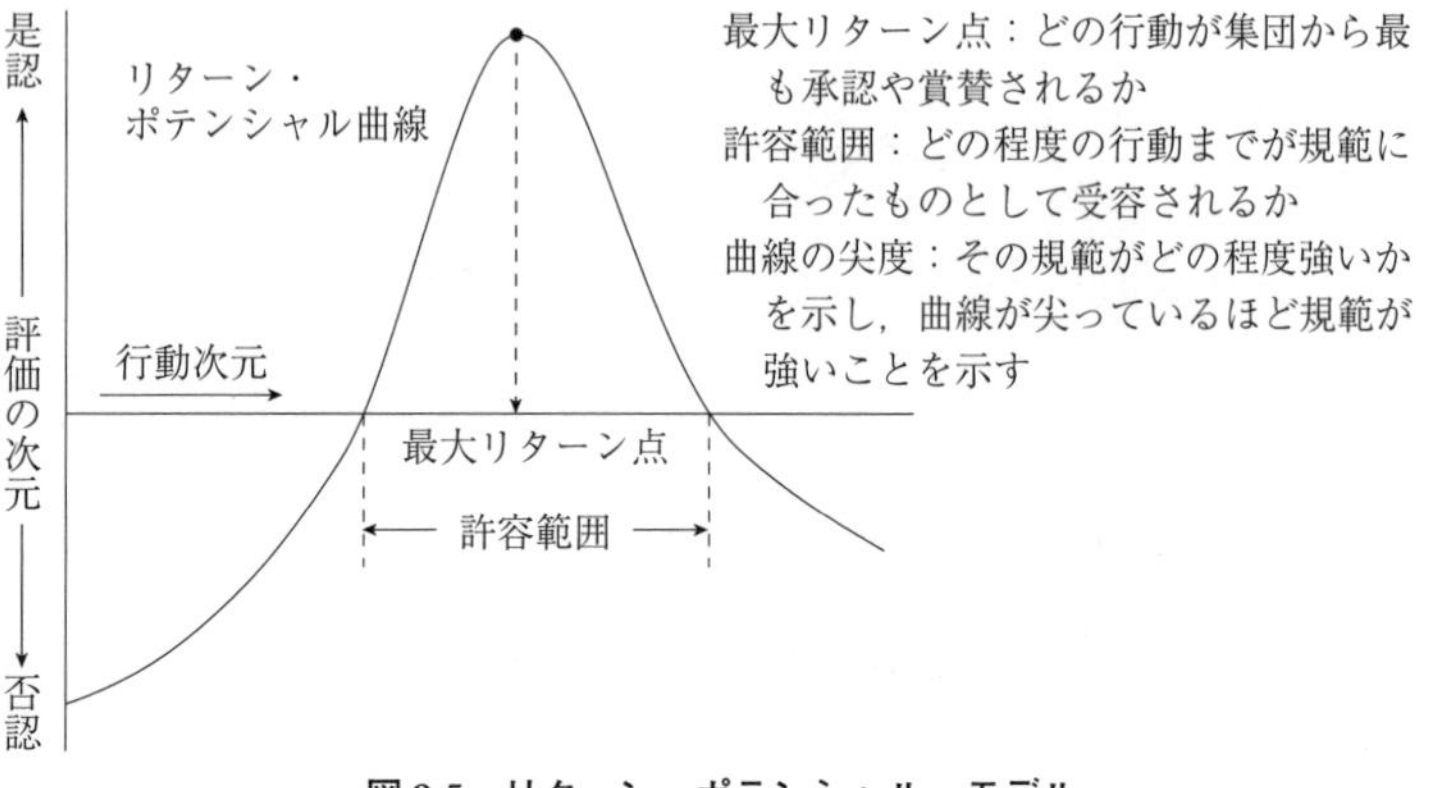

図 9-5　リターン・ポテンシャル・モデル

（出典）Jackson（1965）。

して、どのタイミングで会議室に到着して着席するのがよいのかについても、メンバーが共有している判断の規準は心理的な特性であって、行動を観察しているだけでは十分に把握することが難しいことも多い。

そこで、よく利用されるのがリターン・ポテンシャル・モデル（Jackson, 1965）による測定である。たとえば、会議に着席するタイミングを、開始時刻の二〇分前、一五分前、一〇分前、五分前、指定時刻ちょうど、五分後、一〇分後と設定しておき、それぞれの着席時刻について、是認する程度の強さから否認する程度の強さまでを七段階の評定で回答してもらう。その結果を集計してグラフ化すると、図９－５のようなリターン・ポテンシャル曲線を描くものに仕上がる。組織内で最も是認されている行動や考え方は、最大リターン点として把握することができるし、許容範囲の程度も知ることができる。

規範は、組織における多数派意見の性格をもつ。多数派意見が少数派の言動に強烈な同調圧力をかけることは、第３章「人間行動に及ぼす他者存在の影響に注目することの大切さ」でも紹介した通りである。メンバーの仕事への動機づけの源泉としても、組織規範の存在感は看過できないものである。仕事への動機づけを高める性質をもった規範が成立しているか否かは、リターン・ポテンシャル・モデルを利用した測定で把握できる。とすれば、その規範が必ずしも動機づけを促進する性質のものではないときには、それを改善していくことが大切になる。

組織が将来的な発展へと成長を続けるためには、適切で創造的な組織変革による規範の改善は不可欠な取り組みである。よく「意識を変える」ことが唱えられるとき、変革のターゲットは組織規範の変革であることが少なくない。では、具体的にはどうすればよいのだろうか。悩みどころ満載のこの問題については、次に論じることにしたい。

第10章　チームワーク

1　組織の規範変革と社会心理学

●集団に「こころ」を想定することの是非をめぐって

前章で紹介したように、組織には規範が形成されていることが多い。組織規範とは、メンバーたちが、組織での活動を円滑に行い、対人関係を良好に保つために共有している約束事・決まりである。規範は明文化されているわけではなく、知らず知らずのうちにメンバー間で共有されていることがほとんどである。深くメンバーの潜在意識に刻み込まれると、それは各メンバーにとって「当たり前のこと」になり、組織の「常識」となって、いちいち意識されることもなくなる。

日常平穏なときには外部からはうかがい知ることのできない規範であっても、何か出来事が起こると、「なるほどこの組織にはこんな規範が存在していたのだな」と推察することができることがある。横綱の品格をめぐって問題が生じたときの日本相撲協会の対応や、年金行政のずさんさが明るみに出てきたときの社会保険庁の対応などの事例を思い出してみてほしい。我々が組織を批判するとき、その責任者だけでなく、組織全体として抱えている体質や性格に問題があると考えていることがある。「組織の体質」とか「組織の文化」などと表現されるものは、組織規範を指していることがほとんどである。したがって、組織が何らかの問題を抱えて、それを克服しようとするときも、ついつい組織規範の変革に期待が集まることになる。

規範の変革に臨むとき、まずは、現状の組織規範が具体的にいかなるものであって、どこに問題あるのかを把握することが大事になる。どのようにして把握すればよいであろうか。前章では、リターン・ポテンシャル法を紹介した。これは個々のメンバーに質問して、その回答を集約する手法であった。すなわち、集団としての全体的な特性といいながら、いざその測定となると個人の心理に依存するしかないというのが現状である。

第5章「集団・組織に宿る知性」でも述べたが、社会心理学の歴史を紐解くと、二〇世紀はじめの頃、*The group mind*（McDougall, 1920）を著したマクドゥーガル（W. McDougall）をはじめとして、ヴント（W. Wundt）やデュルケーム（E. Durkheim）、ル・ボン（G. Le Bon）等、名だたる心理学者たちが、集団に「心」を想定した議論を活発に展開していた。これに対して、オルポート（F. H. Allport）は、集団レベルで発生する現象の原因は、結局のところ、個人の心理や行動を対象として検討することによってしか明らかにできないのだから、集団や集合に心性を想定して、それに集団行動の原因を求めるのは間違いであると主張して、論争を起こしている。科学であろうとする指向性を強くもっていた心理学の世界では、オルポートの主張に軍配が上がって、集団に心を想定することは「集団錯誤」

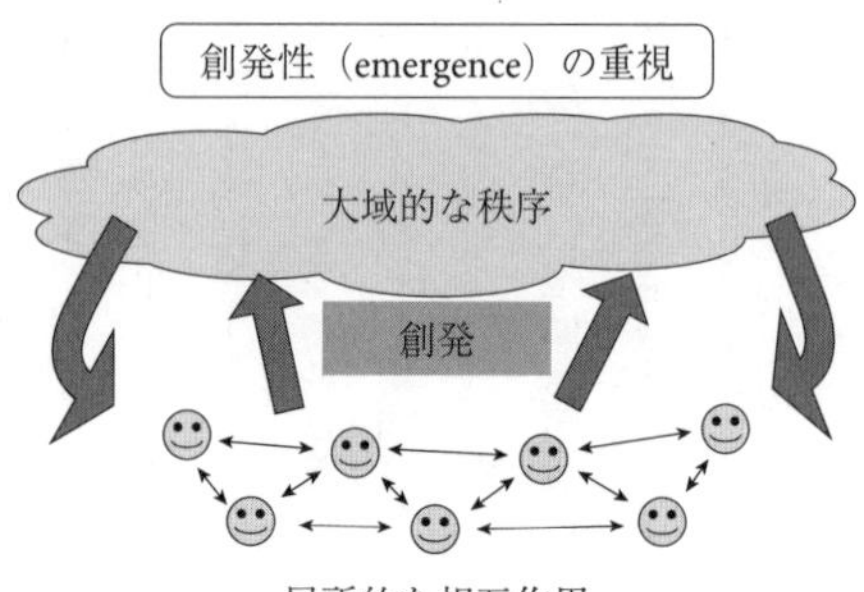

図 10-1　複雑系科学の視点

（group fallacy：オルポートが提示した概念）と呼ばれ、集団行動を心理学的に検討するときに陥らないようにすべき錯覚とされてきている。

他方、二〇世紀後半から終盤にかけて飛躍的に発展した「複雑系」（complexity）科学の研究成果の後押しもあって、最近では、組織などの集団には、メンバーたちの相互作用によって、メンバー個々には還元することのできない、集団としての全体的特性が「創発」されるという視点が再評価されてきた（図10－1）。全体的特性は、メンバー個々の特性と相互に影響し合って変容すると考えられるので、メンバーに働きかけることで全体的特性、すなわち組織規範への変革が実現されると同時に、組織規範が変化するような働きかけによって、メンバーたちの行動や心理に変化をもたらすルートも視野に入ってくる。

実際のところ、我々が「組織の体質」あるいは「組織の文化」と感じているものを、その組織の全体的特性として客観的に測定し把握する科学的な方法論は開発途上にある。行動観察の手法が、より洗練され、効率化されると、集団全体の動きを包括的に観察し、そこで立ち現れる全体的特性を客観的に把握できるようになると期待される。すでに、日立製作所によってビジネス顕微鏡と名づけられた組織内コミュニケーションの行動観察を緻密に測定するシステムも実用化されている。

組織は発生から年月を経るほどに、しだいに成長し、成熟期を迎えた後は、どうしても硬直的なパターン的判断や行動に支配されがちな老齢期を迎えるのが自然な流れである。しかし、マネジメントしだいでは、組織をフレッシュな状態に保ち、柔軟に環境適応的に振る舞えるようにすることは可能である。組織規範の成立、成熟の過程は人間のパーソナリティ発達にも似ており、組織規範の効果的な育成と変革の方略開発は、一朝一夕には実現しない永遠のテーマ的性格を帯びた課題であるが、規範を客観的に測定する取り組みは、その道を切り開くものとして期待が大きい。

2 チームワークと行動観察

●「こころが一つになる」と何が違ってくるのか

前項からの流れを引き続き論じよう。集団にこころを想定することは錯誤だといわれても、どうしても我々は集団にもこころがあるように感じてしまう心理的傾向をもっている。ギリシャの哲人プラトン（Plato）が好んだ汎心論を源流として、二〇世紀初頭の有力な心理学者たちも、そうした考え方をしていたことは前項で紹介した通りである。もっとも、オルポートの「集団錯誤」の批判は、集団にこころがあるように感じてしまうことでなく、集団レベルで観察される行動や現象、結果や成果の原因を、集団心によって説明することが不適切であるという主張である。なぜ我々は集団にこころがあるように感じてしまうのか、という問題は、いま一度、科学的に検討してみる価値のあるテーマであると思われる。

そもそも、集団活動のどんなところを見て、我々は集団にもこころがあると感じているのだろうか。集団でよい成果を挙げたときに、しばしば「みんなこころを一つにして頑張った」という表現がよく使われる。この表現は何も思いつきで出てくるものではなく、何かしら集団の活動の様子を観察していて、我々が感じ取るところから湧いてくる表現といえそうだ。我々はいったい、集団活動のどんなところを見て「こころが一つになっているなぁ」と感じるのだろうか。

社会心理学の研究を紐解くと、集団のまとまりのよさとして定義される「集団凝集性」(group cohesiveness)や、集団として意味のあるまとまりをもっていると認知される程度を意味する「集団実体性」(group entitativity)といった概念が提示されており、多くの研究者が集団としてのまとまりのよさに注目してきたことがわかる。そして、メンバー一人ひとりが抱く心理特性として、自分は仲間と一緒にいるのだと感じ始める「我々意識」(we-ness)や、自分自身を集団の一員として定義する「集団同一性」(group identity)が取り上げられてきた。

そんな中で、目に見える集団行動を取り上げているのがチームワーク行動の研究である。チームワークという概念は、広く一般的に身近に使われているがゆえに、じつに多様な捉え方がなされている。念のため、ここでは図10-2で説明しておきたい。

集団で課題や職務を遂行するとき、我々が取り組む仕事は大きく二種類に分けられる。一つは、自分一人で完結させることのできる「タスクワーク」であり、もう一つが他のメンバーとの協力なしに

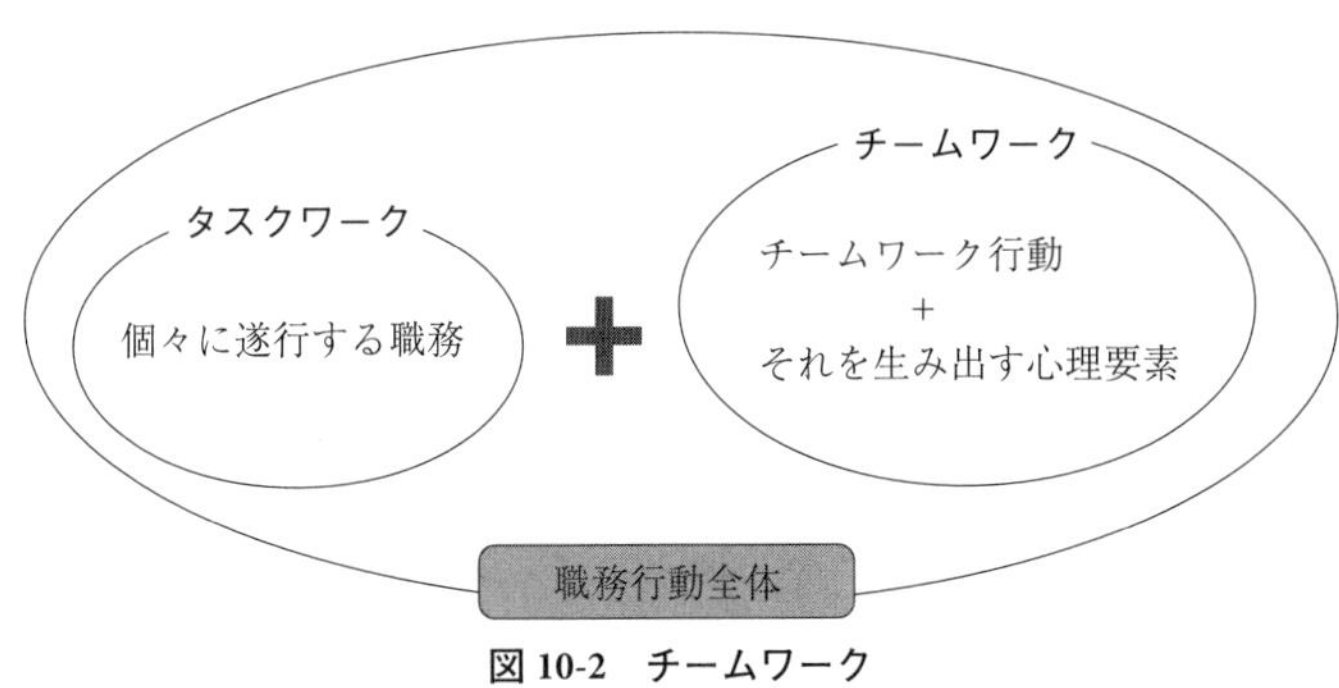

図 10-2　チームワーク

は完結させることのできない「チームワーク」である。実際に、会社や役所、病院などの組織で働く場面を考えてみると、各自が自分一人だけで最初から終わりまで完結させることのできる仕事はごくわずかである。自分の役割としてなすべき仕事が完結したとしても、それだけでは意味がなく、他のメンバーの仕事と組み合わされ統合されて最終的な完成に至る仕組みにデザインされていることがほとんどである。こうした連携や協力を実践する行動がチームワーク行動である。コミュニケーションを取り合って、必要に応じて注意をしたり、教え合ったり、うまく仕事が進んでいない仲間をサポートしたりと、さまざまなチームワーク行動が存在する。

我々は、こうしたチームワーク行動が盛んに行われる様子を観察して、それらの行動の背景に、集団の目標の達成に向けてメンバーのこころが一つになっていると感じ取るのだと考えられる。第1章「行動をシステマティックに観察することのメリット」でも紹介したように、我々は、自分が観察した事象に対して「なぜ、そんなことが起こるのか」とか「この人はなぜあんなことをしたのか」と原因を推察して、自分なりに納得してしまう「原因帰属

（対応推論）」を知らず知らずのうちに行ってしまう素朴な心理傾向をもっている。チームワーク行動の背景には、メンバーが一つにまとまることを可能にする心理的な特性が存在することを、我々は素朴に感じ取るのである。

昨今、優れたチームワークを支える心理的要素として、「共有メンタルモデル」（shared mental model）が注目を集めている。集団で課題を遂行する場面でいかに行動すればよいと感じるかを判断するときに思い浮かべる事柄（＝メンタルモデル）が、メンバー同士でどのくらい共通しているか（共有されているか）を示す概念である。優れたチームワークは、たんに仲がよいだけでなく、集団の目標達成を追求する力強さをも必要とする。我々が「このチームはこころが一つになっているなぁ」と感じるとき、たんにチームワーク行動がスムーズになされるだけでなく、その背後に、メンバー同士の広い視野に立った判断や信頼関係を推察しているのである。そのとき、集団のこころと感じているものは、「こころ」と表現するのではなく、もっと他の表現にした方が、誤解がなくてよい。こころは個人の中にあるものというのが心理学の基本姿勢だからである。規範や文化、風土、そして共有メンタルモデル等の言葉が、それにふさわしいだろう。そして、こころが一つになったからチームワーク行動が活発にスムーズに行われるというよりも、円滑に積極的にチームワーク行動が行われる様子を観察したときに、我々はこころが一つになっていると推察している、という理解をしておくべきだろう。

ところで、どうすればチームワークはよいものになっていくのだろうか。この問題について、次に論じることにしたい。

3　どうすれば優れたチームワークを育むことができるか

個々のメンバーが担当する役割を十分に達成すれば、おのずとチームワークも十全に完遂されると思いがちである。しかし、それは、積み木で家を建てることと似ていて、非常にもろいものであると思っておかなくてはいけない。個々のメンバーの仕事を連結させ、ずれないようにバインドして、頑健な全体を編み上げる「連携の活動」なしに、高品質で効率的な仕事を実現することは難しい。チームワークという言葉が、本来の「チームで行う仕事」の意味以上に、この「連携の活動」という意味で使われることを考えると、チームによる仕事の成果の良し悪しは、連携のありようにかかっていると、多くの人が感じているといえそうだ。

よいチームワーク、優れたチームワークとはどのようなものだろうか。簡潔に定義すれば、チームの目標達成を促進する働きをもったメンバー間の連携活動といえるだろう。もし、チームとして連携するための行動があらかじめ決められていて、その通りに行動しさえすれば優れたチームワークが発揮できるのであれば、メンバー各自があらかじめ決められた行動を間違いなく実践しさえすればよいということになる。しかし、実際のチーム活動はそれほど単純ではない。互いの活動を円滑に連携させるには、相手の様子をよく観察してタイミングよく間合いをとる必要があるのは、誰もが経験的に知っていることだろう。そもそも、あらかじめ決められていた通りに行動すればうまくいくときだけならば楽なのだが、時には想定外の事態も発生するのが現実であり、そんなときにこそ、チームワークが求められることが多いのである。メンバーが互いの活動状況に関心を配り、自分の仕事の進め方

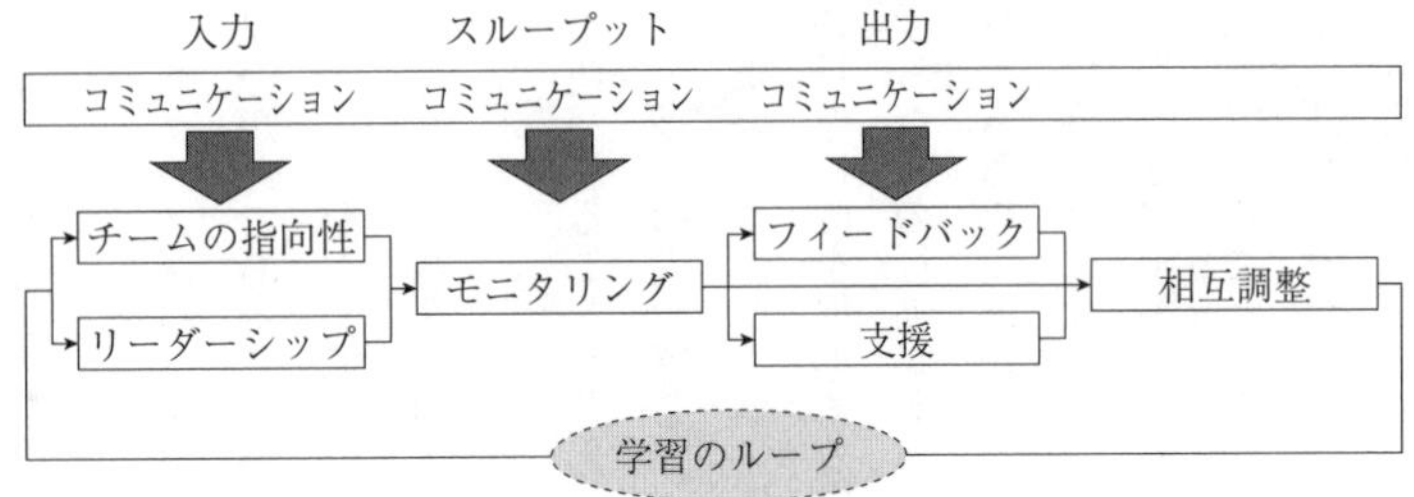

図 10-3　チームワークの学習プロセス

（出典）　Dickinson & McIntyre（1997）。

を調整し合ったり、不測の事態でも円滑に連携して問題に対処したりするためには、それなりの心理的な基盤が形成されていることが必要である。チームワークは、行動レベルの連携と、心理レベルの連携の両者が融合して形作られているといえるだろう。

チームワークは、メンバー全員が一緒に仕事をするなかで、しだいに学習されていくものである。図10－3に示したように、メンバー間でコミュニケーションをとって、連帯感や我々意識が醸成されるなかで、「チームの指向性」（チーム全体に共有されているチーム活動に対する心構え）と、一人ひとりが発揮する「チーム・リーダーシップ」（管理者やチームリーダーなど特定の立場の個人だけが発揮するのではなく、各自がチームの目標達成を促進させようと発揮する影響力）の二つの心理的な要素が形成されてくる。そして、実際にチームワーク行動を経験するなかで、互いの行動をモニターして、気づいたことがあれば、それをフィードバックして教え合ったり、仕事がはかどらずに苦しんでいるメンバーに気づいたらそれを支援したりして、そうする過程で発生する仕事の負担の偏りや歪みを相互調整してチーム全体のパフォーマンスを高めていく。こうした経験は、チームの指向性とチーム・リーダーシップの成長に影響を及ぼし、次なるチームワーク行動の充実に関わってくる。

チームワークは経験を経て、チームの中で学習され発達してくものである。パソコンのアプリケーション・ソフトのように、買ってきてインストールすればすぐに機能するという性質のものではない。したがって、その育成にも時間がかかることをあらかじめ想定しておく必要がある。しかも、チームワークは変動性に富んだ創発特性であり、ただ成り行きにませていただけでは、優れたチームワークに成長するとは限らないことも覚悟が必要だ。優れたチームワークを育成するには、的確なチーム・マネジメントを行う必要がある。それはどんなものなのだろうか。次に、この問題について議論しよう。

4 優れたチームワークを育むチーム・マネジメント

効果的なチーム・マネジメントを模索するとき、大きく分けて二つのアプローチが考えられる。一つは、チーム・デザインのアプローチである。これは、チームの目標と、その達成に向けて行うべき活動内容を明確に示して、有能なメンバーを集め、チーム活動を実践する際の基本的ルールも定めたら、後はメンバー同士の自律的な相互作用が優れたチームワークを生み出すという観点に立つものである。複雑系科学を基盤に近年注目されてきたセンゲ（Senge, 2006）やガーヴィン（Garvin, 1993）に代表される「学習する組織論」の流れを汲むものである。

もう一つのアプローチは、チーム・ビルディングのアプローチである。核となるメンバーを設定し、そのメンバーのリーダーシップのもとに、必要に応じて、研修やトレーニングも取り入れて、メンバー間の円滑なコミュニケーションと連携を実現に導きながら、チームを作り上げていくアプローチである。これは、長年にわたってチーム・マネジメントの主流をなすアプローチである。航空機運航チームを対象に行われているCRM（クルー・リソース・マネジメント）はその代表である。ただ、どのような介入を行えば、優れたチームワークの発達につながるのか、という問いに対しては、必ずしも明確な正解が見つかっているわけではない。メンバー間の相互作用は、多種多様な様相を呈し、時間の経過やチームが直面する状況の特性によってもダイナミックに変動する。「こうすれば大丈夫」と断言できるような方法はなかなかないというのが実情である。

さてどちらのアプローチが有望なのだろうか。極端なことをいえば、チームで活動し、その目標を達成することの重要さをよく理解して、連携する能力の高い、いわばチームワーク能力の高いメンバーを選抜して集めることができるのであれば、的確なチーム・デザインで十分だろう。しかし、現実には、そんなぜいたくなメンバー集めができるチームはごく少数に限られている。経験が少ないメンバーや、仕事に求められる技能が必ずしも得意ではないメンバーも混じっているなかで、優れたチームワークを作り上げていかねばならないのが実情である。

図10－4に示したように、チームワークは、チーム活動を通して醸成され、発達していくなかで、しだいにより高品質のものへとグレードアップしていくことのできるものである。それを実現するには、チームワークの発達の方向性を的確に見定め、それがぶれないように注意しながら、着実に、そしてより高度なレベルへと発達を促進することがチーム・マネジメントの重要課題になる。とすれば、

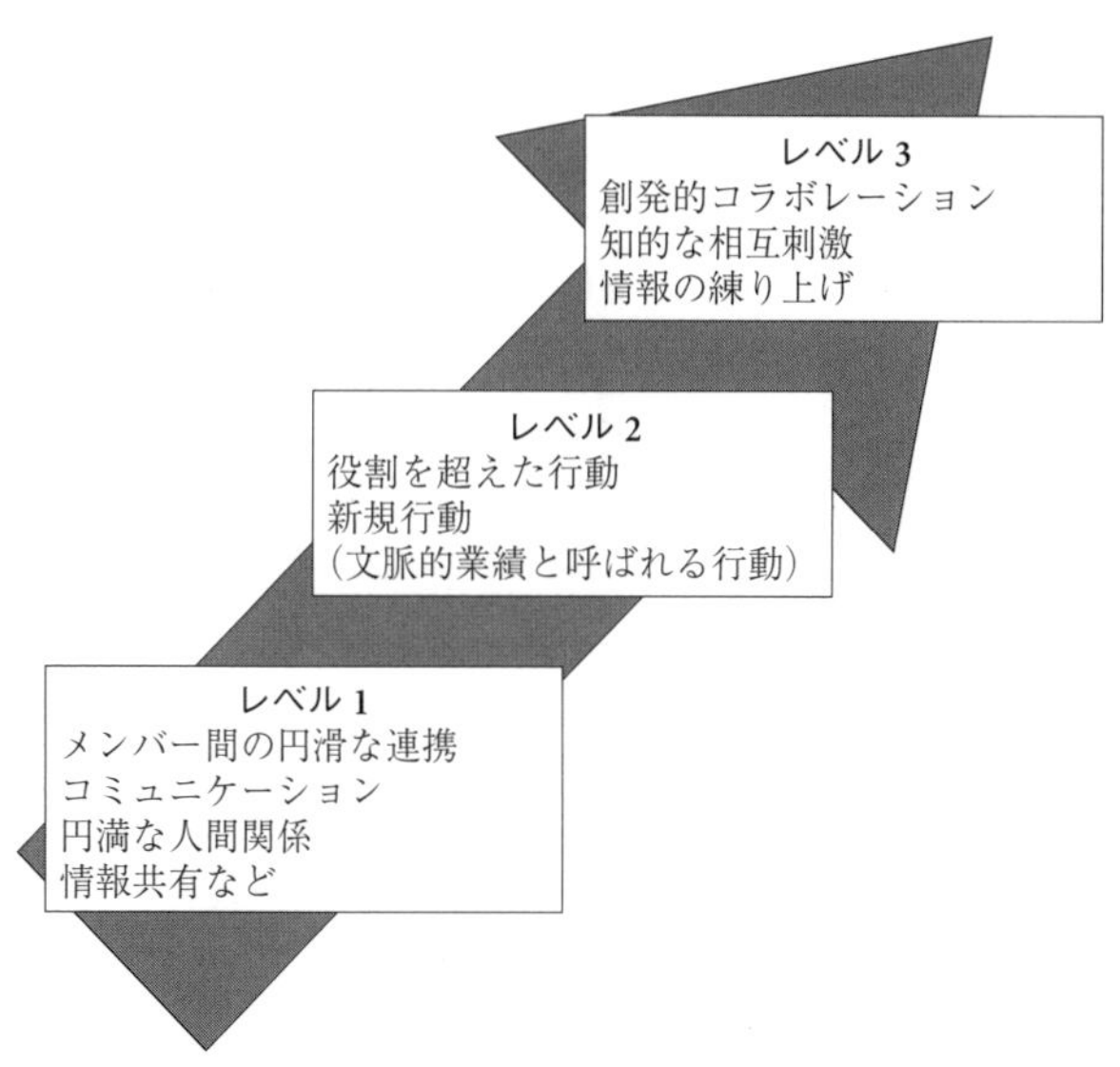

図 10-4　チームワーク発達の諸相

（出典）　古川（2004）。

やはりチーム・ビルディングを基盤にして、チーム・デザインの長所を取り入れて、チーム・マネジメントを考えることが理に適っている。

ここで再認識されるのが、リーダーシップの重要性である。多様な特性と能力をもつメンバーが集まるなかで、チームとして達成すべき目標を正確に理解させ、各自の果たすべき役割と、とるべき連携を明確に認識させて、実際に行動に移すように導くことがチームの核となるメンバーに求められる役まわりである。円満な人間関係はきわめて重要であるが、ただ仲が良いだけでは、チームの目標達成はおぼつかない場合もある。時には他のメンバーの心理的反発を覚悟しながらも、叱咤激励する役目をとる必要に迫られることもある。目標達成を目指した「仕事への厳しさ」と、円満な人間関係の実現を目指した「メンバーへの思いやり」の両方を、状況の特性に応じて十全に実践することで、核となるメンバーの影響力は高くなることが期待される。そうした影響力は、メンバーたちを心理的にも行動的にも有機的な連携へと導く原動力となるだろう。

多様なメンバーをまとめて、優れたチームワークを育むチーム・マネジメントを考えるとき、核となるメンバーの的確なリーダーシップ育成が鍵を握ってくる。その育成に関して、重要な視点を与えてくれるのが、第9章「やる気の高い組織や集団を作る」で紹介したコーチングの方法論である。指示・命令ではない「観察」と「傾聴」と「質問」を基軸とする取り組みは、メンバーからの信頼に基づく影響力の獲得への道筋を示すものとして再認識しておきたい。

5 職場のチームワーク

● 職場はチームになりうるのか

二〇一五年に開催されたラグビーのワールドカップにおける日本代表チームの活躍は、あらためて、チームになって戦うことの醍醐味を教えてくれたように思う。体格の違いもあって個対個の戦いでは劣勢を強いられるなかで、チーム対チームの戦いになれば、さまざまな戦術が可能になることを体現した日本代表チームの戦いであった。

ただ、その戦術を実践するためには、技能と体力の強化に加えて、メンバー全員が一つの目標の達成に向けて連携し、連動する強い「心の絆」が備わることも欠かせない。南アフリカ戦の試合終了間際に相手の反則で得た得点のチャンスの場面で、同点引き分けにつながるペナルティショットではなく、トライを狙う戦いを選択したことに、日本代表チームが「心の絆」をしっかりと育み備えていたことが表れていたように思う。

あの場面で、ペナルティショットを選択すれば、確実に同点を狙えるとしても、キッカー個人に責任を委ねてしまうことになる。世界のラグビーの歴史を動かさんとする極限の場面で、個の技量に依存するペナルティショットではなく、あくまでも一五人全員で力を合わせて勝ち取るトライを狙うと決断したことは、連携し、連動して、ボールをつなぎ、まとまって戦うことにこそ、自分たちの最大のストロングポイントがあるという確信の表れだろう。ほとんど躊躇なく判断が下されたことを考えると、その確信はいちいち意識することのないほど高度に共有されたものになっていたと推察される。

あの判断は、勝ち負けを超えた、自分たちのプライドを賭けた選択だったように思う。もし、トライがとれず敗戦となったとしても、その選択に悔いは残らなかったはずだ。メンバーの意思が共有され、的確な判断が行われたという点で、優れた集合知性が発揮された場面であったように思う。

ラグビーに限らず、チームスポーツで重視されるチームワークは、一般のさまざまな職場でも同様に重視されている。たしかに、自分の働く職場があのラグビーの日本代表チームのようなチームワークをもった集団であればすばらしいだろうな、と思ってしまうのは人情だろう。

したがって、チームワークを育む組織マネジメントのあり方を、スポーツのチーム育成を参考にして検討しようとする試みが、これまでにも数多く行われてきている。アメリカにおけるチームワークの実証研究は、スポーツのみならず軍事チームを対象とするものも多い。そして、メンバーが実際にチームで活動する状況を前提にして得られた教訓を、メンバー個々に、別々の職務課題を日々遂行している職場にもあてはめて、そのチームワークを高めようとすることも行われることがある。

ここで疑問に感じるのは、自動車の販売会社のように、一人ひとりが頑張って成果を挙げ、その合計が全体の成果となる形態の職場でも、チームスポーツ型のチームワークは役に立つのか、という点である。医療・看護チーム、消防チームのように、チームの目標達成のためにメンバーがそれぞれに役割を分担し、協同し、連携して業務を遂行する職場であれば、実際の仕事は異なっても、職務遂行プロセスは類似した特性を備えているため、チームスポーツに学ぶことには直接的な効果が期待できる。

しかし、一人ひとりがよい成績を挙げれば、全体の業績もよくなる自動車販売会社のような業務形態の職場の場合、そもそもチームワークは必要なのであろうか。もし必要であるとしても、チームスポーツをお手本にして学ぶことはどれほど的を射たものとなるだろうか。

問題にしている業務形態の職場は、スポーツで考えれば、柔道や水泳、陸上などの競技があてはまるだろう。こうした個人競技であっても、オリンピックのように国代表で臨む場合は、チームとしての性質が強く求められるようである。サポートの選手や役員を含めて、日本水泳チーム、日本柔道チームと呼ばれ、そのチームワークのよさが、個々の選手の競技成績に反映されているように報道されることも多い。競技そのものは個人の戦いなのであるが、その戦いで実力を十分に発揮できる環境を整えることにおいて、チームワークの重要性が注目されるのである。

チームワークといえば、どうしてもチームで課題遂行にあたる場面で働くものに焦点を絞りがちである。しかし、メンバーが個別に業務遂行する職場でも、チームワークが求められるのが現実である。その求められているものは、本来、チームワークと呼ぶべきものなのだろうか。もし、そうだとしたら、職場をたんなるメンバー個々の業務遂行の集合的な場としてだけでなく、チームとして育むマネジメントのあり方とはどのようなものになるだろうか。次に、実証的な研究結果を踏まえつつ、集合知性の構築との関連性も視野に入れて、この問題について考えていくことにしたい。

6 職務特性によって異なるチームワーク

前項で提起した問題意識は、チームスポーツや軍隊で優れた成果を挙げているチームワークは、そのままメンバー一人ひとりの営業活動や事務業務が主体の職場にも効果的にフィットするのだろうか、ということであった。

たとえば、自動車の販売営業会社の場合を考えてみよう。会社全体としての成果は、どれだけ自動車を販売して、利益をあげるのか、という点に集約される。非常に極端な捉え方をすると、販売担当者が一人ひとり、しっかり目標台数を販売達成しさえすれば、会社全体としての目標も達成できることになる。この極端な視点に立てば、優秀な販売担当者を必要数集めることができれば、別にチームワークを論じる必要などなくなるように思える。

ただ、容易に推察できるように、販売担当者たちが優れた成果を挙げるには、担当者が不在のときに届いた顧客からの問い合わせをしっかり伝達したり、経理や各種必要書類を的確に処理したり、点検や整備のサービスをきちんと行ったり、と多種多様な業務による支援が必要であり、それらの担当者も欠かせないメンバーということになる。こうした異なる業務担当者同士が、互いの業務遂行を思いやり、目配りと気配りをして、販売担当者がしっかりと目標台数を販売達成できるようにサポートし合ってお膳立てできることが、ビジネスの組織で必要とされているチームワークということができるだろう。もちろん、販売担当者も、目標達成には他の業務担当者のサポートが不可欠であることを認識し、協力を惜しまないことが求められる。

理屈はそうだとして、実際のところ、自動車の販売会社におけるチームワークはどのようなものであり、売り上げや利益といかなる結びつきがあるのだろうか？　我々の研究チームが実証的に検討した結果があるので（縄田ら、二〇一五）、参考までに紹介することにしたい。

この研究では、ある自動車販売会社の営業本部に所属する六四の販売店舗に勤務する八三一名の方々に質問に答えていただいた。質問の内容は、自分が勤務する販売店舗で行われている日常の連携活動の様子や、自分たちのチームワークについての評価などであった。また、質問とは別に、各販売店舗の販売台数と経常利益（いずれも構成員一人あたり）を業績指標として提供していただいた。

各店舗のメンバーで連携して行うさまざまなチーム活動についての回答を集計して分析したところ、大きく二つの因子（要素）で構成されていることがわかった。一つは「目標への協働（コラボレーション）」であり、もう一つは「コミュニケーション」であった。じつのところ、目標の明確化や連絡・報告、あるいは仕事の調整など、多様な活動を盛り込んで質問したのだが、統計学的には、上記の二つの因子に大きく括られて、回答者たちには認識されていることが明らかになった。

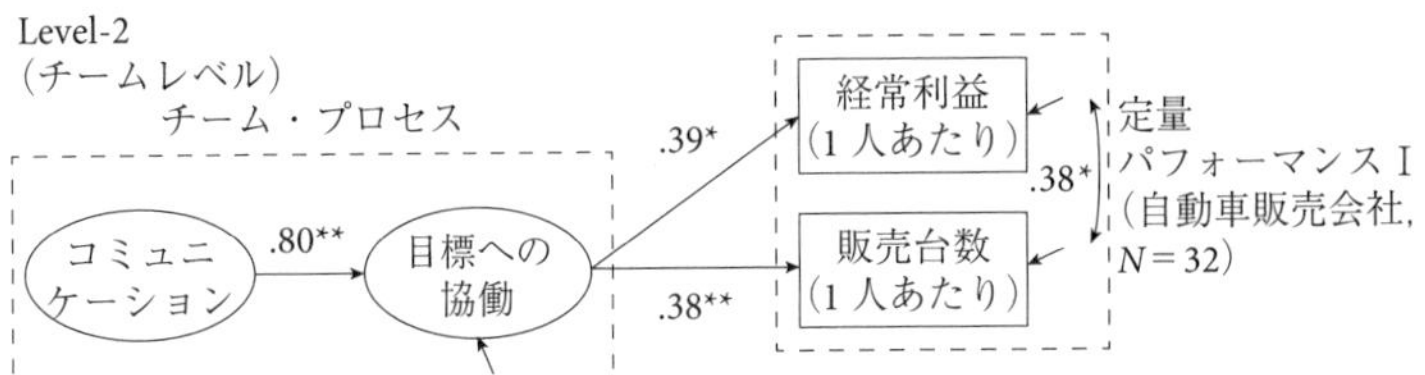

図 10-5　自動車販売会社販売店舗におけるチーム・プロセスと業績の関係性の分析結果

（出典）　縄田ら（2015）を一部改変。

（注）　マルチレベル構造方程式モデリングによる分析。数字は標準化係数，$^{**}p < .01$，$^{*}p < .05$。

さらに、この二つの因子同士の関係性と、それに続く業績指標との関係性を分析したところ、各販売店レベルで見たとき、図10－5に示すように、「コミュニケーション」が「目標への協働」に影響して、その結果、経常利益および販売台数に影響が及ぶという関係にあることが確認された。

この結果は、一見すると、ごく常識的な事柄を再確認したもののように考えられる。しかしながら、職場のコミュニケーションが、結局、メンバー同士が組織目標の達成に向けて協働するプロセスを活性化し、高業績に結びつくという主張は、勘や経験に基づく主観的なレベルに留まるものではなく、客観的なエビデンスに基づく科学的な主張としても通用することを、この研究結果は明らかにする点で価値をもっている。もちろん、種々の制約の中で得られた知見であり、安易に一般化することには慎重でなければならないが、「なるほどメンバー同士のコミュニケーションは結局のところ、職場の業績につながっているのだな」という確信をもってマネジメントに臨む基盤を支える知見として重要だろう。

ラグビーやサッカーのようなスポーツチームや、手術に臨む医師・看護師チーム、火災現場で消火にあたる消防士チームは、メンバー同士で役割を分担したうえで、密接に連携して、一つのまとまりある生命体のように業務の遂行に取り組む。そこでは短い時間の中で、濃密な凝縮された連携が必要とされる。それに対して、ここで取り上げているビジネス組織の場合、緩やかな時間の中で、コミュニケーションをしっかりとり、組織目標の達成に向けて協働することで、一人ひとりがその役割を十全に果たすように促進するものとして、チームワークは機能しているといえるだろう。

時間的な要素が異なるなかで、チームワークに必要な特性も、効果を発揮する機能も異なってくる可能性がある。個人の成果を集積するタイプのチームの場合、必要となるチームワークの特性には、チームスポーツのそれとは異なる側面があることを理解したうえで、その育成とマネジメントを行っていくことが、これからの組織におけるチーム・マネジメントを検討するうえでの課題の一つといえるだろう。

第11章　組織としての強さとは

1　チーム力、組織力とは何か

●レジリエンス

近年、組織力やチーム力について議論するとき、レジリエンス（resilience）という言葉が飛び交うようになってきている。レジリエンスとは、けがや手術から回復して健康な状態に戻る力を意味するもので医学の世界でよく使われてきた言葉である。弱った体をもとに戻す力ということでいえば、復元力と表現するのがふさわしいといえるだろう。

過去の経験から学んだ成功原理を踏まえ、一生懸命に努力していれば着実に成果を挙げることができていた右肩上がりの時代と異なり、経験したことのない状況や想定外の事態に直面することが多く、期待していたような成果を挙げることが容易ではない時代に、我々は生きている。心が折れ、「いっそのこと、すっかり投げ出してあきらめてしまえば楽になれるのではないか」という気持ちに陥りそうになることさえ珍しいことではない。しかし、そんな困難に打ち負かされてしまうのでなく、なんとか目指してきた目標を達成できるように、くじけずにもう一度立ち直り、頑張る精神的な力が注目されるようになっているのである。

ただ、レジリエンスに関しては、研究領域によって、その概念に微妙な食い違いが存在する。最も活発に研究がなされているのは、臨床心理学の領域と安全と防災に関する人間工学の領域の二領域である。臨床心理学では、精神的に落ち込んでしまった個人の立ち直りを支援する観点から研究が進んできた。これに対し、安全と防災に関する人間工学の領域では、事故や災害に遭遇した際に、被害を最小限にとどめつつ、安全な状態へと復元を図る個人やチームの行動および組織の対応マネジメントに関心が寄せられてきた。

このとき認識しておきたいのは、臨床心理学は主として個人の精神的復元力に焦点を絞っているのに対して、人間工学では、個人の精神力もさることながら、事故や災害の被害を最小限にとどめ、できるだけ早く安全を確保するための行動と判断のスキルの育成と組織のシステムの構築に焦点をあてていることである。さらにいえば、臨床心理学では個人レベルのレジリエンスを育み高める働きかけを明らかにしていくことが目的になっているのに対して、人間工学では、個人レベルのみならずチームレベル、組織レベルでレジリエンスを育み高めるための取り組みを明らかにすることが研究の射程に入っている。レジリエンスに関して人間工学的アプローチをとっている著名な研究者であるホルナゲルら（Hollnagel et al., 2006）は、レジリエンス・エンジニアリングの取り組みを提唱し、組織としてのレジリエンスを高めるマネジメントの重要性を説いている。

なお、レジリエンスが、困難や苦境に陥っても、へこたれず落ち込まない、精神的なタフネスとして捉えられている場合がある。たしかに、落ち込んでも復元する力を身につけることでしだいにちょっとやそっとのことではへこたれない精神力が養われることはありうるだろう。みなが苦難に傷つき精神的にも肉体的にも落ち込んでいるときでも、気分を変えて、顔を上げ、立ち直る力を与えるひと声をかけられるところにベテランの真骨頂があったりする。ただ、落ち込むことなくへこたれない「打たれ強さ」とでも呼ぶべき精神的な強さは、メンタル・タフネスあるいはハーディネスと呼ぶことがふさわしい概念である。レジリエンスは、通常の状態から逸脱して落ち込んだところから、通常の状態に復元させる力を意味する概念であり、あまりに広義な捉え方は混乱を招くだけであり、注意が必要だ。

さて、気になるのは、どうすれば個人レベルであれ、チームレベルや組織レベルであれ、レジリエンスを身につけ高めていくことができるのか、という点であろう。レジリエンスを人格的要素の一つとして捉えようとする立場もあるが、これではもって生まれた特性ということになって、経験や学習によって身につけていくことは難しいものとなってしまう。はたしてそうであろうか。経験や学習によって成長とともに身につけるものとして捉えようとする立場からは、少しずつではあるが、貴重な研究の成果も報告されるようになってきている。次項では、個人のレジリエンスの育成と強化には、いかなる取り組みが効果的なのか考えていこう。そして、その議論を基盤にして、チームや組織のレジリエンスを高めるには、いかなる取り組みが効果的かを考えていくことにしたい。

2　レジリエンスを高める組織マネジメント

●レジリエンスを発揮するメンバーの育成

先行きが不透明で、これまで通用してきた「成功の方程式」も「黄金律」も、なかなか期待するほどにはうまくいかないことが増えてきた。想定外のトラブルや失敗にがっかりして、気分が落ち込むことも少なくないと感じている人も多いだろう。ただ、そこで立ち止まってうずくまってしまったのでは、我々の未来は開けてこない。なんとかまた立ち直ろうと、誰もが気力を奮い立たせるものである。

レジリエンスは、心理学では、そうした精神的に落ち込んだ状態からもとの状態に復活させる精神的復元力を主として意味する概念である。いかにすれば、レジリエンスを高めることができるのだろうか。ここでは、組織レベルのレジリエンスを高めるマネジメントについて考えていくことにしたい。前項で指摘したように、組織のレジリエンスというと、安全工学や人間工学を中心に、災害や事故にあったときに、被害をできるだけ小さくくい止め、安全な状態を回復する行動を意味することが多いが、まず、その基盤となる精神的な復元力に焦点をあてながら考えていく。

組織のレジリエンスは、たくさんのメンバーが一緒に仕事をしながら醸し出す「組織の全体的な心理特性」であるといえる。そのため、さまざまな要因によって大きく変動する。人の集まりというものは、それを構成する一人ひとりが感じていることや思っていることを、より強いものに増幅するアンプリファーの役割を果たすことが多い。最初は整然とデモを行っていた群衆が、あるきっかけから暴徒化する現象や、類似した意見をもつ人々が集まって話し合いをすると、その意見をより極端に尖鋭化させた結論が導かれる「集団極性化現象」(group polarization)などは、集団のそうしたアンプリファー機能を示す典型的な例である。

したがって、想定外のトラブルや失敗によって生まれる気分の落ち込みは、職場の仲間たちと一緒にいることで、さらに大きくなる可能性がある。みんなの気持ちがいっせいに落ち込んでしまうと、互いにその落ち込みを強め合ってしまう「負のスパイラル」とも呼べる状態が生まれて、個々の精神的な落ち込みよりもさらに厳しい落ち込み状態が組織には生まれてしまうのである。

しかし、逆に「落ち込んでばかりもいられない。こんな逆境にくじけてなるものか」という気持ちを奮い起こせるメンバーがいれば、上述の「負のスパイラル」に歯止めをかけることが可能になる。「復活するぞ」という意気込みは、少なからず周囲の仲間たちの心に影響を与えるのである。第1章「行動をシステマティックに観察することのメリット」で紹介したように、我々は他者からの影響を受けずにはいられないし、ほとんど無自覚のうちに他者の言動に関心を払ってしまう生き物である。組織の全体的な心理特性が、少しの刺激でダイナミックに変動する理由も、この人間の影響の受けやすさに起因している。

落ち込んだままの状態を好む人は少なく、気分とは別に理性の部分で「なんとかしなくては」と感じている。そんなときにレジリエンスを発揮する仲間がいることで、「よし! 俺も」、「よし! 私も」と思える人が周囲に生まれ、「負のスパイラル」を脱して、復活と上昇のスパイラルへと、そのチームや組織はレジリエンスを発揮する軌道に乗ることができるのである。

もちろん現実はそんなに簡単ではない。実際に想定外のトラブルに直面した組織では、全員一人残らず落ち込んでしまうことも珍しくはないであろうし、たとえ「さあ顔を上げて頑張ろう！」と声をかけても誰も応えてくれないこともあるだろう。ここで肝要なのは、そうした沈滞した状態の中でも、へこたれずに復活に向かって「行動を起こす」ことのできる人がいることである。他者に「頑張れ」と言うことよりも、みずから頑張りを実践する姿こそが、周囲の仲間に勇気を与える源泉になる。

そんな復活・上昇のスパイラルの起点となるのが、高いレジリエンスを保持する人である。管理職がその人であれば一番都合はいいのかもしれないが、必ずしもそう限ったものでもない。みんなが落ち込んでいる状態は、視点を変えれば、みながなんとか立ち直ろうと思っている「復活の前段階」でもある。そこにやる気の灯をともすことができるのであれば、職階は問題ではない。誰かがレジリエンスを発揮してくれることが大事だ。すなわち、組織のレジリエンスを高めるマネジメントの第一歩は、レジリエンスの高いメンバーを育むことにある。

とはいえ、レジリエンスの高いメンバーを育成しても、それを全体に広げ浸透させることも忘れてはならない。組織では、メンバーが交流しながら、規範あるいは文化と呼ばれるメンバーに共有された行動や判断のパターンあるいは価値観を作り上げていく。集団規範や組織文化の構築プロセスに、レジリエンスを共有する営みを取り入れることが、組織のレジリエンスを高めるマネジメントの中核を担っている。ここでは管理職のリーダーシップがものをいうことになる。また、レジリエンスはたんに落ち込みから回復することのみでなく、事故発生時には、できるだけ損害を小さく抑え、安全を確保し、復旧を目指して的確な判断と行動をとれる力をも含むことがある。とすれば、レジリエンスを効果的に学習することのできる職務システムの工夫も大事になる。

前置きが長くなってしまったが、ここでは、組織のレジリエンスを高めるマネジメントを考える際の基盤となる事柄を踏まえてきた。次に、リーダーシップとレジリエンス学習の視点から、引き続き考えていくことにしたい。

3 組織レジリエンスを高めるための管理職やリーダーの役割

組織レベルのレジリエンスは、メンバーみなが相互作用しながら作り上げている全体的な心理的特性である。グループ・ダイナミックスを創始したレヴィン（K. Lewin）は、「複数の人間が集まって交流することによって、そこに『心理学的場』が作り出される」と指摘したが、組織レジリエンスあるいはチーム・レジリエンスと表現される特性は、集団の「心理学的場」に備わるさまざまな特徴の中の一つであると考えることができる。

組織レジリエンスやチーム・レジリエンスを高めるマネジメントを考えるとき、個々のメンバーが保持するレジリエンスを、それぞれレベルアップする取り組みが重要であることはいうまでもない。ただ、組織やチームの「心理学的場」は、メンバーの相互作用のあり方によって、その特性が多様に変動する複雑系であることを念頭においたマネジメントが重要だ。優れたメンバーを集めても、強力なチーム力が保証されるとは限らないことは、第9章「やる気の高い組織や集団をつくる」や第10章「チームワーク」で、すでに述べた通りである。

「心理学的場」は、メンバーが相互作用して作り上げているものなのだが、個々のメンバーには備わっていない特性を帯びることがある。メンバーが集まれば全体として自信のある態度を示すのに、一人ひとりとしてはそれほど自信をもっているわけではないという場合がある（あるいは、その逆もありうる）。全体になることで、その構成メンバーが個々に備えてはいない特性が、生み出される（創発される）のである。そして、大事なポイントは、全体としての心理学的場が帯びる特性は、個々のメンバーの心理と行動に影響を及ぼすことである。

組織レジリエンスを高めるマネジメントのあり方としては、個々のメンバーのレジリエンスを高める働きかけに加えて、全体の心理学的場が、強いレジリエンスを備えるような「場づくり」の取り組みをあわせて行うことが大事になる。個から全体への影響と、全体から個への影響を、両方向から活性化する働きかけである。

その働きかけの中核を担うのが管理者やリーダーである。苦難や試練に遭遇したとき、個々のメンバーの士気を鼓舞し、レジリエンスの発揮を促す働きかけをするとともに、メンバー同士の相互作用が全体のレジリエンスの高まりにつながるように組織全体、チーム全体の心理学的場が構築されるように働きかけることが、管理者やリーダーに期待される。

管理者やリーダーとて人間である以上、想定外の失敗や試練に直面すると、気持ちが一時的に落ち込むことはあっても仕方ない。ただ、彼／彼女らには、その落ち込みからいち早く立ち直ることが期待される。組織やチームが立ち直り、メンバーも立ち直ることができるには、管理者やリーダーのレジリエンスが出発点になるからだ。

レジリエンスは、性格のように、もともと個人に備わっている特性としての側面があるが、経験から学び身につける能力としての側面もある。苦難や試練を克服した成功体験を積むことは、レジリエンスを体得する貴重な経験といえるだろう。また、視点や発想を転換させることは、レジリエンスを育む基盤となる。たとえば、「困難や試練は、それを克服できる人のもとにしか訪れない」と考えることで、前向きに積極的に苦難と向き合う態度を引き出すことができる。

こうした苦難や試練を克服した成功体験、あるいは視点や発想の転換による取り組みは、個人レベルの学習に留まるのではなく、組織やチームのメンバーが一緒に経験し、学習し、継承できるものである。管理者やリーダーが、レジリエンスを引き出すような影響をメンバーにもたらすことで、組織やチームの全体に備わったレジリエンスは、新しく入ってきたメンバーに影響を与え、個人レベルでのレジリエンスの獲得を促し、全体のレジリエンスの高まりと継承へとつながるのである。

レジリエンス自体が、個人レベルの特性、能力と捉えられるものであるため、どうしても、個々のメンバーへの働きかけに視点が偏ってしまう嫌いがあるが、管理者やリーダーのミッションとしては、「優れてレジリエンスの高い場作り」の視点を忘れないことが大事だ。そのためには、自分たちの組織やチームを取り巻く環境や事態の推移を、「広く」「高いところから」、そして過去と現在、将来を見通す「長期的な」視野で捉える力、そして「多様で」、時には「逆からの」視点で捉える力を磨くことが重要になる。

さらには、安定して安寧に進むルーチンワークに安住せず、困難な事態に陥った場面を多様に想定し、具体的に対応を検討するリスク感性も磨いておくことが望ましい。ほとんどのメンバーが下を向いてしまいかねない事態を想定すれば、管理者やリーダーには、そんなとき自分はどうするかを想定して、具体的な行動を計画しておく周到さが期待される。

4　プロアクティブ行動という視点

「プロアクティブ」（proactive）と書くと、人気の高い商品があるせいか、多くの人が真っ先にニキビ予防を連想するようだ。考えてみると、ニキビができないように、たとえ、できてもひどくならないように予防するのは、将来、起こるであろうことを想定し、対応を先取りして実践する行為である。ニキビができた後に、その現実に対応するのは、リアクティブ（reactive）な行動と呼ぶべきものである。多くの場合、我々が行っているのは、リアクティブな対応である。しかし、それだけでなく、将来のことを考えて、いまからでもできることは、前もって対応を先取りしてしまおうというのが、プロアクティブ行動の考え方である。これからの組織力を考えるとき、このプロアクティブな行動がとれるか否かは、重要な鍵を握っている。

あらためて指摘するまでもなく、我々の生きている現代社会は、さまざまな変化が絶え間なく襲いかかってきて、いままでは通用してきた判断や仕事のやり方が通用しなくなったり、経験したことのないような課題解決に取り組まなければならないことが起こったりする、多様で変動性に富むものになっている。新たな課題に直面するたびに、いちいち立ち止まり、対応を検討しているのでは、どうしても後手を踏むものになってしまうことが多い。チーム力や組織力の育成強化を考えるとき、この難問への対応を行うことは大切な取り組みになる。

とはいえ、正確に将来を見通すことは難しい。いや、不可能と考えるべきだろう。ここで、そんな占いじみた話をしようというわけではない。プロアクティブ行動の考え方は、将来の「現実」をピンポイントに予測しようとするものではない。では、いったいどのような考え方なのだろうか。

プロアクティビティとは、自己の将来を展望し、より望ましい将来の実現に向けて、自律的に現状に変化を作り出し、そのための行動をとる指向性を意味する概念である。まずは、将来のあるべき姿を思い描く態度をもつところから始めよう。これは、自分が、あるいは自分の会社が、将来どのような存在になろうとするのかを、自律的にデザインする姿勢を意味する。もちろん、社会の変動や、自然の変化は、そうした思い描く目標の姿に近づくのを阻害するように働く場合もあるだろう。そこで大事になるのが、「そういうこともあるだろう」とあらかじめ思っておくことである。

何が起こるか、ピンポイントに予測するのは不可能であっても、「想定外の障害が発生することもありうるものさ」と思っておく。そのうえで、自分（たち）が目指す目標をぶれることなく見定めておくのである。激動、激変とも表現されるような環境の変動のもとで、目標をぶれずに見定めておくことは、容易なことではない。どうしても下を向いてしまいがちだ。だからこそ、この目標は、平時に、自分（たち）の将来のあるべき姿、実現したい理想像を、主体的に思い描き、具体化したものであることが望まれる。

前項までで取り上げたレジリエンスも、自分のあるべき姿を思い描けるか否かによって、その活力に違いが出てきてしまう。「苦しくてもなんとか克服できるさ」という効力感をもっていることは大切であるが、そこに活力を与えるのは、自分の目標とする姿をもっていることである。一度は挫折し、落ち込んだとしても、そこから徐々にでも立ち直り、前へと進み、回復していく過程では、この目標の存在は大きい。

さて、将来のあるべき姿を明確に自律的に思い描くことをすれば、プロアクティブだといえるのだろうか。厳しいようだが、それではまだ道半ばなのである。思うにまかせない状況や、思いもよらない事態に直面することの続くなかで、へこたれずにレジリエンスを発揮して、前進するには、もう一歩、次なるステップに踏み出す必要がある。次に、その次なるステップについて論じよう。

5　プロアクティブな実践の基盤

前項で、「プロアクティブ」であることの大切さを指摘して、プロアクティブであるためには、将来のあるべき姿を明確に自律的に思い描くことが鍵を握ることを論じた。ただ、失敗したり、思いもよらない事態に直面したりするなかで、過度に落ち込むことなく、レジリエンスを発揮して前進するには、もう一歩、次なるステップに踏み出す必要がある、と書いた。それはいかなるステップだろうか。

将来のあるべき姿を思い描き、それに近づこうとする行為は、個人レベルでは実現に向けて、比較的円滑に進むように思われる。自分で決意して、行動に移せばよいのだから。

しかし、「こうしよう」と決意しても、なかなか実践には移せないことがあるのは、誰もが経験のあることだろう。これは個人の抱えている理性と感情のギャップの問題である。さらにいうならば、決意したことの実践を継続することも容易ではない。この「頭ではよくわかってはいるが、いざやるとなると、なかなかねぇー」と躊躇してしまう現象は、個人がプロアクティブであろうとするときに克服すべき課題となる。

この課題克服は、個人の目標達成への動機づけ（やる気）にかかっている。第9章「やる気の高い組織や集団を作る」で図示した人間の動機づけの喚起プロセス（図9－2）を考えれば、魅力的な目標（誘因、刺激）を設定することこそが、決意したことを実践に移す推進力の要である。その意味でも、将来のあるべき自分の姿として、「なりたい（＝理想の）」自分の姿を思い描いて見定める必要がある。

こうした、「なりたい自分＝理想の自己像」を思い描いて、それに近づこうとする欲求は、「自己実現の欲求」と呼ばれる。人間性心理学の旗頭として活躍したマズロー（A. H. Maslow）は、図11－1に示すように、人間の抱く欲求には、きわめて基本的なレベルから、高次のレベルまでがあることを指摘するとともに、自己実現の欲求を、人間だからこそ抱くものとして重視した。アルダファ（C. P. Alderfer）のＥＲＧ理論も同様の観点に立って提示されたものである。

理想の自己像を思い描くだけでなく、明確に意識することが、その目標に近づこうとする動機づけの高まりを導く。自分なりに目指す目標を明確にもっている人は、その目標の達成度をモノサシにして、自分の成果を評価する。優れた職人や芸術家の中に、多くの人がすばらしいと評価しているにもかかわらず、「自分としては、まだ納得できる仕事にはなっていない」という主旨の発言をする人が

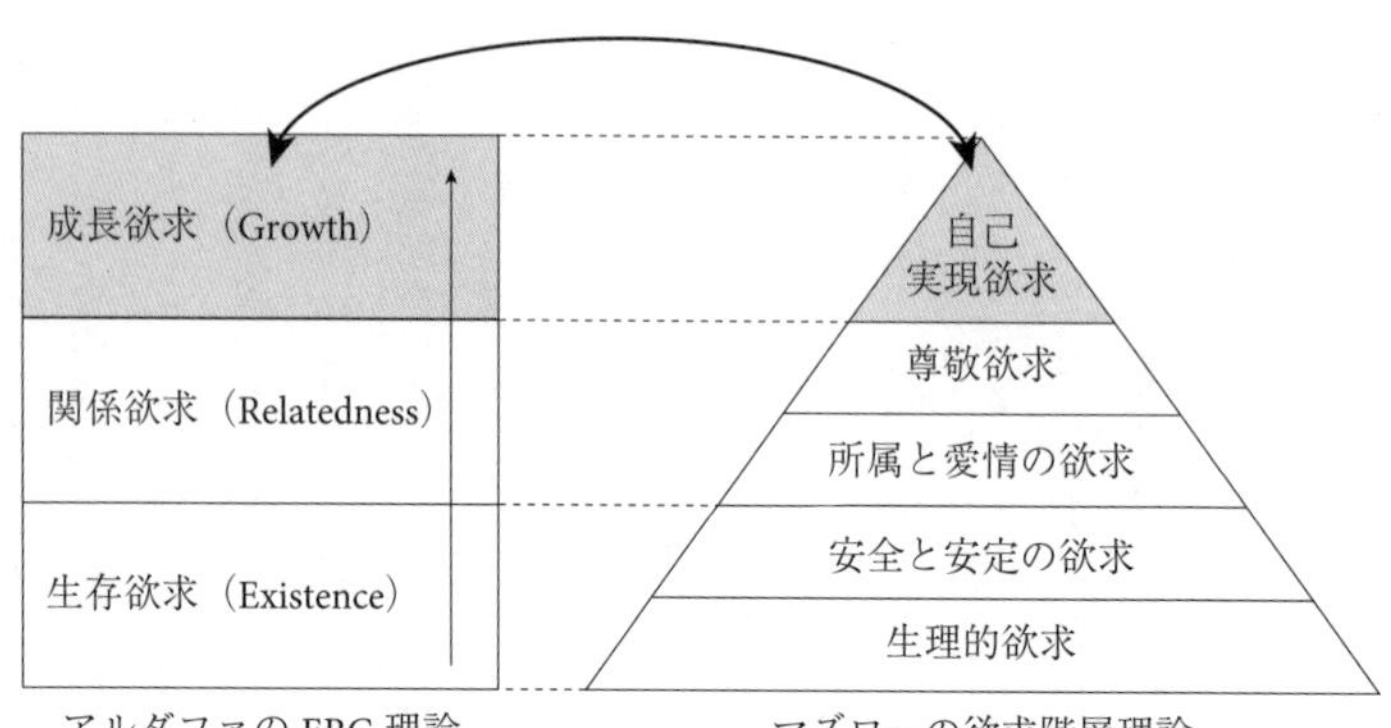

図 11-1　欲求（動機）の階層性モデル

いる。そうした人は、自分の目指す目標を明瞭に意識できているがゆえに、安易に妥協できないし、しないのであろう。

すなわち、「そうすればいいことはわかっている」というレベルでは、「いざとなると、なかなかねぇー」と自分に言い訳して、行動に移れないままに終わってしまうことが、往々にしてあるのに対して、「ぜひとも自分はこうなりたい」という自分の中に眠っている自己実現欲求を明確に意識することは、「いま、行動すること」の意味や重要性の理解を深化させ、実践を導くことになる。後者の目標認識は、将来の自分のあるべき姿に近づこうとする行動を促進する。この実践の積み重ねは、目指す将来の実現へと我々を導くことになる。

プロアクティブであることとは、たんに将来を予測することではまったくない。むしろ、みずから積極的に実現したい将来像を設定し、ぶれることなく、その実現に挑戦する態度がプロアクティブであることの基盤である。センゲ（Senge, 2006）が『学習する組織』論の中で指摘する「自己マスタリー」の概念も、自己実現の欲求が基盤となっている。実践への動機づけを高めるために、誘因として「なりたい自己像」を明確に設定することが重要だ。

さて、比較的スムーズに進むと考えられる個人レベルでも、上述してきたように、じつのところ、実践の壁という難関が控えている。そこを踏まえたうえで、ここで議論している「チーム力、組織力としてのプロアクティブな実践力」に目を向けると、さらに個々人のプロアクティブな実践を、全体の実践に束ね上げる工程が加わってくる。この工程をしっかりと進めることは、とても大事であるが、容易ならざる取り組みでもある。第12章「組織におけるミッションの共有」では、チームや組織のレベルで、プロアクティブであるための鍵となる取り組みについて考えていくことにしたい。

第12章　組織におけるミッションの共有

1　ミッションの共有への取り組み

みずからの目指す理想の自己像を明確にすることは、個人にとって、実現したい未来を現実のものにしていく足取りを確固たるものにするうえで重要である。それがプロアクティブ行動の基盤であることは第11章「組織としての強さとは」で述べた通りある。一人ひとりがプロアクティブに行動できることは、組織やチームにとっても望ましいことに違いない。しかしながら、個人の抱く理想の自己像は、個々に異なるのが当然だ。組織やチームは、異なる多様な将来像を思い描く個人が共存する集合体である。プロアクティブ行動を実践できる一人ひとりの力を、組織やチームの全体の力に束ね上げる働きかけが必要である。そうした働きかけがあってはじめて、個々の成員がプロアクティブに行動できることが、組織レベル・チームレベルの成果に結びつくようになる。

個々の力を全体の力に束ね上げるマネジメントは、個々に異なる将来像を、一つに収斂させる取り組みを意味するわけではない。「あなたの抱く理想的自己像よりも、こちらの方が優れているから、こちらの自己像を目指しなさい」などと言われて、「はい。そうします」と答える人はいないだろう。誰がなんと言おうが、自分の理想的自己像はその人自身のものである。個人として目指す理想の自己像を操作しようとするのは、「別人になれ」と言うようなもので、所詮無理である。

個人の目指す将来像を個々に尊重し合いながら、組織やチームの全体として目指す理想の将来像を明確にして、それをみなで共有することが、個人レベルのプロアクティブ行動を、全体の成果に束ね上げるマネジメントの「キモ」である。将来、自分たちは、組織として、チームとして、どのような存在になりたいのか。何を成し遂げたいのか。その目指す姿はミッションと呼ばれる長期的な目標である。

チーム・ビルディングを考えるとき、このミッションを明確にすることは必須の工程となる。長期的目標であるミッションの達成は一気に成し遂げられるわけではなく、一段ずつ階段を上るようにして進んでいく。その上る階段の一段一段がゴールと呼ばれる短期的な目標である（図12－1）。ミッションを意識しないで日々の仕事に追われていると、目前の短期的な目標の達成に躍起になるあまり、ミッションがかすんでしまい、方向性がぶれ出すことも起こりがちである。ミッションを達成するために、一つひとつのゴールが設定されるようにマネジメントを工夫する必要がある。

ミッションの設定は、その気になれば難しいことではないだろう。しかし、個人の場合と同様、「理想の将来像」を抱いているだけでは不十分で、その実現に向けて行動を起こし、実践を積み重ねることが大切である。その実践こそが難しい。組織やチームの場合は、「ミッション設定」と「その

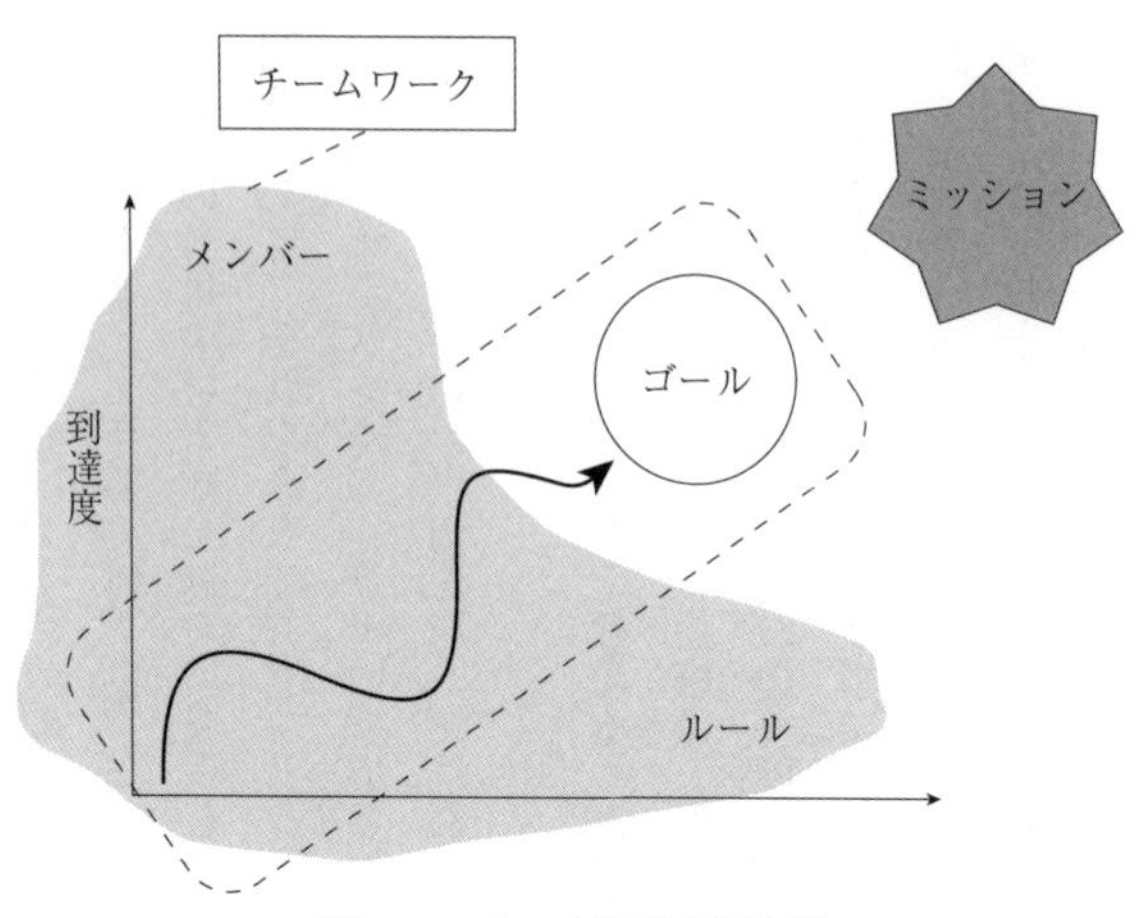

図 12-1　チーム活動の概念図

（出典）堀ら（2007）より。

達成のための実践」の工程の間に、「メンバーみなによるミッションの共有」のプロセスが必要であることも忘れてはならない。絶えず自分たちのミッションはいかなるものなのかを意識し合い、明確にしていく取り組みが、ミッションの共有を実現するためには重要だ。

組織やチームのみなでミッションを共有していく方法としては、朝礼の際に全員でそれを唱和することがポピュラーなものとしてイメージされる。もちろん、その効果は小さくはないだろう。しかし、たんにトップダウン的にミッションを唱和させるだけでは十分ではない。「やらされ感」を覚え、他人事のように感じ、ミッションに心理的距離を置く人が出てくる可能性があるからである。むしろ、ミッションに関して各自が思うことを率直に発言し、他者の意見を聞く機会を繰り返しもつことで、組織やチームのミッションを自分自身のものとしていく取り組みを加えることが効果的だ。

とくに何かを決定するわけでもなく、率直に各自の考えを述べ、お互いに聞く話し合いの機会はダイアローグと呼ばれる。この機会をもつことで、それぞれに考え方には違いがあっても、お互いに他者の考えを理解し、しだいに認め合うことができるようになる。そのうえで、組織として、チームとして、みなで目指す将来像を語り合うことで、ミッションの共有が進むのである。ミッションを共有していく活動は、広く捉えれば「チーム学習」と呼ばれる活動である。持続的な成長を目指す「学習する組織」（第14章「学習が生まれる組織」参照）を作り上げるための基軸となる取り組みの一つが「チーム学習」である。

チーム・コミュニケーションのあり方が、チーム学習の成否に強く関わってくることは言を俟たない。ミッションをみなで共有するためのチーム・コミュニケーションはいかにあるべきか、引き続き、考えていくことにしたい。

2　ミッション共有は意外と難しい

チームのミッションをメンバー全員で理解し共有することは、それほど難しいことではなさそうな感じがするかもしれない。みなで集まり、意見交換し、「このミッションの達成に向けてみなで力を合わせていこう」と合意すれば事足りるように思える。ところが、会議を開いてみなで決定しても、そこで話し合われた内容が、メンバーみなに共有されるとは限らないことが、社会心理学の実験によって明らかにされている。ミッションの共有は、思いのほか、困難な課題なのである。

話し合いで交わされた情報が、メンバーにどのくらい共有されるのか、ステイサーとタイタス（Stasser & Titus, 2003）は、一連の実験を行って確かめている。その代表的なものに次のような実験がある。彼らは、七人の実験参加者を実験室に集め、彼らのグループのリーダー候補者が二人いて、どちらかに決めなければならないので、まず七人で話し合って意見交換した後、投票によって決するという課題を与えた。その話し合いの前に、ステイサーたちは、二人の候補者それぞれの長所を書いたメモを実験参加者に与えた。そのメモには、候補者Xさんの長所が一個と、もう一人の候補者Yさんの長所三個が書かれていた。ただし、Xさんの長所は全部で七つあり、実験参加者各自に一つずつばらばらに書いてあったのに対して、Yさんの長所は全部で三つなのだが、実験参加者全員のメモにその三つ全部が書かれていた。

さて、実験参加者たちは、話し合いを行う前は、長所が［Xさん一個］対［Yさん三個］だと思っていても、話し合いをして他者の情報を自分の知識にして共有が進めば、じつは長所は［Xさん七個］対［Yさん三個］だと気づくことが論理的には予想される。その結果、Xさんに投票する人が多くなり、Xさんがリーダーとして選ばれるものと推測できる。

ところが実験結果は、予想とは逆に、Yさんに投票する人が多く、結局、Yさんをリーダーに選出するグループの方が多かったのである。ステイサーたちの実験結果は関心を集めいくつか追試も行われているが、その結果はほぼ一貫している。なぜ結局のところ三つしか長所のないYさんが、全部で七つの長所をもつXさんよりも多くの票を集めたのであろうか。これらの結果は、話し合い、メンバー同士で情報を交換して、それを各自が自分の知識としても、いざ投票をどちらにしようかと考えた

表 12-1　話し合いによる情報共有の実験例

	X さん	Y さん
A さんの受け取った情報	頭脳明晰	明朗，誠実，行動力あり
B さんの受け取った情報	冷静沈着	明朗，誠実，行動力あり
C さんの受け取った情報	誠実	明朗，誠実，行動力あり
D さんの受け取った情報	ユーモア豊か	明朗，誠実，行動力あり
E さんの受け取った情報	行動力あり	明朗，誠実，行動力あり
F さんの受け取った情報	正義感が強い	明朗，誠実，行動力あり
G さんの受け取った情報	優しい	明朗，誠実，行動力あり
長所の数	7	3

（説明）
客観的に見れば X さんの方が長所は多い。しかし，各メンバーが初期段階で保持している長所情報は，誰もが X さんについて 1 個，Y さんについては 3 個である。会議をして情報交換を行った後，投票をすると，集団としての結論はどうなるだろうか？

（出典）　Stasser & Titus（2003）。

とき、話し合いで得た知識よりも、もともと自分がもっていた知識の方を優先して判断したことを示している。

個人が何らかの判断を迫られたとき、新しく入手した情報よりも以前から保持してきた知識の方を優先し、それに基づいた意思決定を行う現象は、「係留と調整のヒューリスティック」と呼ばれ、しばしばヒューマンエラーの事例に登場する。新たな情報が入ってきていても、それを生かし切れず、むしろ「以前から自分が知っていたことの方が確かだろう」と思い込んでしまうのである。

こうした研究例一つとっても、ミッションの共有は、会議を開いて確認し合えば成り立つほど容易なものではないことがわかっていただけるだろう。身のまわりで起こる出来事をメンバーが認知する際、あるいは、何か判断をするときや行動を起こす際、メンバーみなが常にミッションの達成を志向しながらそれを行えるならば、ミッションの共有は実現されたといえる。そのような状態を作り上げるには、会議や討論のようなフォーマルなものだけでなく、互いの考え方や価値観、趣味などを紹介し合えるインフォーマルでざっくばらんな情報交換の場を作る工夫が効果的であるといわれている。ダイアローグと呼ばれるそうした率直な意見交換の場は、かつては多くの職場で見られたものであるが、近年、日本ではしだいに少なくなっているようである。ダイアローグのような場が、なぜミッションの共有を促進するのか、その効果のメカニズムについて、次に、くわしく考えてみることにしよう。

3 「急がば回れ」のミッション共有戦略

本章では、組織がプロアクティブに活動していくために鍵を握る「ミッションの共有」とは、いかなる取り組みによって実現されるのかを考えている。前項で指摘したように、管理者が会議を開いてミッションを伝達するだけでは、必ずしもうまくいかない。メンバーは表層的には、その情報を理解したとしても、いざ、その情報を活用しようとする段階では生かし切れないもので、あくまでも以前から自分が保持してきた情報に基づいた判断をしてしまいがちなのである。この心理メカニズムは「係留と調整のヒューリスティック」と呼ばれ、無自覚の内に自動的に働いてしまうのでやっかいである。つまるところ、このヒューリスティックを超えて、いざというときにもミッションを念頭においた判断と行動がとれるようにする工夫を凝らした取り組みが必要になる、というわけである。さて、どんな手立てがあるのだろうか。

地震発生のような緊急場面に直面して、我々は「真っ先に」何を思い浮かべるだろうか。とにかく逃げなくちゃということかもしれないが、それだけでなく、子どもの頃から繰り返し避難訓練で培ってきた対応である「机やテーブルの下に入って落下物から頭と体を守る」という行動パターンが真っ先に思い浮かぶ人も少なくないだろう。とっさの場面や何気なく遭遇した場面で思い浮かべるイメージはメンタルモデルと呼ばれるもので、誰もが多種多様に備えている。

仕事をしているとき、とっさの場面で、あるいは何気ない場面で、真っ先に何を考えて行動するかは、仕事に関してどのようなメンタルモデルをもっているかが、非常に大きな影響をもたらす。ミッションを色濃く反映したメンタルモデルを作り上げている人は、仕事をするさまざまな局面で、いつもミッションを意識した判断や行動をとるようになる。職場の誰もが、直面する状況で、ミッションを反映したメンタルモデルに基づいて判断し、行動することができるとき、ミッションは共有されたレベルにあることになる。

そうしたメンタルモデルの共有状態を作り上げるには、残念ながら時間がかかる。お互いが感じ、思い、考えていることを、職場のメンバー同士で伝え合い、質問をし合ったり、意見を言い合ったりするなかで、時間をかけて共有のプロセスは進む。進歩し続けるＩＣＴ（情報コミュニケーション技術）を駆使して、パソコンや携帯電話、スマートフォンやタブレット端末を利用することで、少しは促進できるのかもしれない。しかし、対面しながらのコミュニケーションを多く交わすことにはかなわないと思われる。雰囲気や気分など、直接対面しているからこそ伝わる特性は、お互いのメンタルモデルをシンクロ（synchronize：同期）させるうえで決定的な役割を果たす。とりわけ、会議のようなフォーマルな場でのコミュニケーションは、表層的な態度の交流に終わりがちで、メンタルモデルの共有までには、かなりの時間を要することになってしまう。皮肉な感じもするが、1項で紹介したダイアローグに代表されるような、ゆったりとしたインフォーマルなコミュニケーションの方が、メンタルモデルの共有には有効であることが近年報告されるようになってきている。急がば回れ、というわけだ。

　オランダに遊学して帰国されたある先生から聞いた話では、ある企業では、週に三日ほど、職場のメンバーで朝食を一緒にとるようにしたところ、仕事の効率が上がり、定時終業できるようになり、業績も上がってきたとのことであった。朝食は、経営者が負担し、社員は職場で朝食をとりながら、自分の仕事の進み具合はもちろんのこと、家庭や友人、社会情勢や趣味など、自由に発言し合う。全員が何かしら発言することが大事なのだそうだ。ついつい「自分の仕事さえしっかりやっておけば、後は関係ない」と、自己中心的になりがちな仕事の場だが、朝食を一緒にとりながら、他のメンバーと意見交換し、視野を広げながら、仕事に関するメンタルモデルの共有が進むのだという。世界でも最も個人主義的傾向の強い国として知られるオランダにおいて、こうしたダイアローグの取り組みが、組織で共通したメンタルモデルに基づいて仕事を進めるのに役立っている様子は興味深い。

　日本でも、かつては「飲みニケーション」などと称して、終業後に、酒を酌み交わしつつ、インフォーマルに多様な意見交換を行うのが常態化していたが、近年は、そうした場は少なくなっている。

先輩が後輩の相談に乗り、時に慰め、時に叱咤激励することで、職場の一体感が醸成されていたように思う。もちろん、あまりに職場に密着した人間関係には一定の問題があるのは確かであろう。しかし、その結果、メンバー間のコミュニケーションが衰退することは、ミッションの実現に向けて、心と力を合わせて取り組むことを難しくしてしまう。

予期しない変化や障害に直面しても、そこであきらめてしまうのではなく、あくまでもミッションの達成に向けて気持ちと行動を立て直し、レジリエンスを発揮するには、プロアクティブな判断と行動の指針を組織に作り上げることが肝心である。そのためには、オランダの例を参考にするなどして、ダイアローグの機会を作り、対面コミュニケーションを盛んにして、時間をかけてミッションを反映した共有メンタルモデルの構築を目指す取り組みが必要であると考えられる。

第13章　優れたチームワークを育む

1　多様な意見が飛び交う社会や組織を築く鍵

●「心理的安全性」の研究を参考に

互いが自己の利益に執着し、異なる意見や価値観を排除し合ってばかりでは、共貧社会を招きかねない（第20章「集団間関係」参照）。共存共栄の社会を築いていくためには、異なる意見や考え方の者同士でも、気兼ねなく自分の意見を主張し合える多様な考え方が許容される環境が必要になる。これは、社会のような大規模なレベルだけでなく、職場や家庭といった集団のレベルでも同じである。

エドモンドソン（Edmondoson, 1999, 2012）は、お互いにとって関連のある考えや感情について人々が気兼ねなく発言できる雰囲気を「心理的安全性」（psychological safety）と呼び、組織の中のチーム活動を効率的なものにしていくうえで重要な役割を担う要素として指摘している。もちろん、互いが気をつかい合って、なかなか自分の意見を言えない職場で仕事をするのはストレスフルであり、気兼ねなく自分の意見が言い合えることはおおいに歓迎されるところである。

「心理的安全性」がチーム活動に及ぼす好影響について、エドモンドソンは具体的に七つの点を挙げている。列記すると次の通りである。①率直に話すことが奨励される、②考えが明晰になる（気兼ねによる不安は脳の活動を安静な状態ではなくしてしまうため、集中力を要する探求、計画、分析といった仕事に重要な役割を果たす処理能力を抑制してしまう。心理的安全性はこうした抑制効果から解放する）、③気兼ねなく意見を戦わせることができるようになり、意義のある論争が奨励される、④失敗（ミスやエラー）をありのままに報告して話し合うことが気楽にできるようになる、⑤イノベーションが促進されるる（多少突飛なアイディアでも提案しやすくなる）、⑥純粋にチーム目標（みんなの利益）の達成を目指すようになる（保身を図るための利己的な考え方に執着しなくなる）、⑦他者からの非難を恐れず率直に話すことを支持し、そのことに責任をもつようになる。

これらすべてがかなえられないとしても、③や④の効果は、どの組織でも、のどから手が出るほどほしい要素といえるだろう。しかし、他方、「心理的安全性」を構築し保全していくことは容易なことではないと思われる。とくに職場のような組織集団では、互いに気をつかい合い、窮屈な思いをしながら仕事をしていることの方が多いのではないだろうか。

なぜ自分の考えや感情を職場の仲間たちに気兼ねなく伝えることは難しいのだろうか。エドモンドソンは、組織で働く際に、個人が抱きやすい四つのリスクイメージが、「心理的安全性」の構築を難しくすると指摘している。すなわち、周囲から、①無知だと思われる不安、②無能だと思われる不安、③ネガティブだと思われる不安、④邪魔をする人だと思われる不安である。

①と②は多かれ少なかれ誰もが経験したことがありそうな心理である。③については少し補足が必要かもしれない。一緒に仕事をしていれば、何かしら相手の耳の痛いことでも指摘しないわけにはいかないことも生じてくる。しかし、そうした批判的な指摘をすると、気難しい人だとか、一緒に仕事をするのが大変な人だとかの評価を受けてしまうのではないかと不安になる。これが「ネガティブだと思われる不安」の意味である。

④についても少し補足が必要だろう。仕事をしていれば、職場の周囲の人に、何か意見や考えをフィードバックしてもらいたいと思うときもある。しかし、それを求めると、相手の時間や労力を使わせてしまうことがあると考え、仕事の邪魔をする人だと思われてしまうのではないかと不安を感じることもある。これが、エドモンドソンが四番目に挙げている不安である。

たしかに、集団や組織、そして社会的な場面で、他者と一緒に活動する場面では、周囲の人々からの評価を気にする「評価懸念」が、個人の言動に抑制的な影響を及ぼすことはグループ・ダイナミックスの研究でも古くから指摘されてきたことである。エドモンドソンの指摘は、組織の中のチームにおいて作用する評価懸念を、より分析的に具体的に述べたものといえるだろう。これらの不安を克服することが、「心理的安全性」を組織や集団、そして社会に作り出していこうとするときの基盤となる取り組みになりそうである。どのような手立てがあるだろうか。次に、「心理的安全性」の構築方略について議論していくことにしたい。

2 「心理的安全性」を高める方策

引き続き、組織において、人々がお互いにとって関連のある考えや感情について気兼ねなく発言できる「心理的安全性」は、どうすれば構築することができるか考えてみたい。ただ、その前に、そもそも心理的安全性の構築を必要とする組織はどのくらいあるのだろうか。もしほとんどの組織で心理的安全性が十分に確保されているというのであれば、その構築方策を検討することは、僭越で余計なおせっかいということになってしまう。心理的安全性の構築方策について論じる意味は果たしてあるのだろうか。

この点に関して、ハーヴァード大学のビジネススクールで八週間にわたって開講された「一般管理プログラム」(general management program)の修了生二二五人(春期一〇〇人、秋期一二五人)を対象にした調査結果(Garvin et al., 2008)が参考になる。この調査に回答した修了生は、世界各国のさまざまな産業組織で上級管理者を務める人たちであった。彼らは、心理的安全性をはじめとする組織学習に影響を及ぼす各種要因について、自分が務める組織の実態評価を行う調査票に回答したのである。

心理的安全性に関しては、最適レベルが一〇〇となる評価スケールで見たとき、回答の中央値が七六という結果が得られた。この結果は、回答者の多くが、自分が務める組織の心理的安全性のレベルは、チームワークと組織学習に最適なレベルには達していないと考えていたことを示している。憶測も混じるが、ハーヴァード大学のビジネススクールで八週間にわたる教育プログラムを受講するために上級管理者を派遣できる組織は、業績的にはかなりの優良な組織であり、備えるべき各種要件を十分に備えた組織であろう。そのことを考えると、世界各国のほとんどの組織における心理的安全性は、必ずしも最適レベルに達してはいない可能性が高いと考えてよさそうである。

ではどのような取り組みが、職場の心理的安全性を高めることにつながるのであろうか。多様な取り組みの必要性が考えられるなかで、前項で紹介したエドモンドソン（Edmondson, 2012）は、管理職をはじめとするリーダーの行動の重要性を強調している。リーダー行動に求められる要素として多様な事柄が指摘されているが、リーダーの立場になったとき、つい忘れてしまいがちなことで、注意しておくとよいことがいくつか挙げられている。

それは、「現在もっている知識の限界を認めること」であったり、「自分もよく間違うことを積極的に示すこと」であったり、「失敗は学習する機会であることを強調すること」であったりする。すなわち、リーダーとはいえ、確実に正しい答えを知っているわけではないし、間違うこともしばしばあることを認めることで、失敗に対する寛容な姿勢を示すとともに、失敗から学ぶことを重視する姿勢を示すことが大事だというのである。そうすることで、メンバーも叱責されることを恐れることなく、積極的に意見を述べることや、率直な報告を行うことができるようになると、エドモンドソンは指摘している。

この他にも、メンバーがリーダーに直接話しかけることができる環境を整えることや、意見交換に参加するようにメンバーに促すこと、比喩や抽象的な言葉よりもできるだけ具体的な言葉を使って提案や意見を言うこと、なども重要だと指摘している。

エドモンドソンの主張の面白いところは、一見逆説的な要素も指摘しているところである。たとえば、「どんな行為が非難に値するのか、できる限り明確にすること」をリーダーがとるべき重要な要素に挙げている。何でもかんでも寛容に許容されるわけではなく、許容される行為と許容されない行為との境界線を明確にしておくということである。あわせて、その境界線を越えて許容されない行為をとることに対してはメンバーに責任を負わせることの大切さも指摘している。これは、許容されない行為が生まれる場合もあるかもしれないが、そのときは公正に厳正に対処されることを示すということである。失敗に対して寛容であることと同時に、許容範囲の境界が明確で、それを超えた場合には公正に対処されることがリーダーによって示されることによって、心理的安全性が守られ、メンバーは節度をもって積極的に発言できるようになる、というのである。

現実のリーダー行動は、上記の行動とは逆のことも多いように思われる。リーダーであるがゆえに、自分はより多くのことを知っているし、広い視野で考えていると言いたくなるものだろう。もちろん、自分の失敗は認めたくないし、メンバーの失敗は責めたくなることも多いだろう。許容されるか否かの境界を明らかにすることも難しいことが多く、ケース・バイ・ケースにして曖昧にしておく方が楽だろう。それが素朴な人間の心理だと思う。

エドモンドソンの指摘は、そうした素朴で人間くさい自己保身的な対応から、一歩踏み出して、メンバーみんなで気兼ねなく意見を出し合い、職場集団をチームとして機能させていくためのリーダーの行動指針を示したものといえそうだ。そして、このリーダー行動は、心理的安全性はもちろんのこと、職場集団を学習する組織として発展させていくために、重要な要素の構築にもつながることが期待される。次に、心理的安全性の他にも、職場集団がチームとして機能するために重要な要素について考えていくことにしたい。

3 職場集団をチームとして機能させる取り組み

●「やらされ感」からの脱却への道筋

組織の中間管理職の方々にお話を伺う機会があるたびに、「やらされ感」で仕事に取り組んでいる部下が多いと嘆く声をよく耳にする。「指示待ち族」の多さを嘆く声も同様に聞こえてくる。受け身の姿勢で働く人の多さや増加を感じることは、管理職にとっては悩みの種のようである。

「やらされ感」の問題は、組織成員一人ひとりの職務に取り組むモチベーションの低下や精神的ストレスの高まりという問題にとどまらず、職場で解決すべき問題に直面しても、みずから解決に向けた努力をせずに「誰か何とかしてほしい」というお客様的態度の蔓延にもつながる。いかにすれば「やらされ感」で仕事をしている状態から脱却を図ることができるだろうか。

まず、「やらされ感」がどこからやってくるのか考えてみよう。「やらされ感」の根底には、たんに受け身の方が楽という思いだけでなく、「責任をとらされるような羽目にはならないようにしたい」という動機が存在しているように思われる。「指示待ち」の姿勢にもこれは共通するだろう。とはいえ、責任をとる事態は避けたいという思いは誰もが抱くものであり、責めることはできない。問題は、この責任回避の動機を刺激して、実際に責任回避を優先した行動を選択させる要因の存在である。職場にそうした要因はないだろうか。

皮肉なことに、職務には必ず責任が伴う。それは当然のことで、その責任をなしにしてしまうことはできないだろう。しかし、部下の視点に立てば、「上司の言われた通りにやったのだから、結果の責任は上司にある」と考えたいところである。指示されたことをそつなくきちんとやっていることは、責任を回避とまではいかずとも、軽減する効果は期待できる。

そもそも多くの組織が、指示命令で人を動かすことを日常的にやっていて、上司の方も、ついつい指示命令で部下を動かすことに終始してしまいがちである。しかも、成果が上がらないと、部下の責任を追及しがちでもある。部下の方は、いっそう、上司の指示でやったことだという言い訳ができる方策を考えるようになる。

この責任をめぐる上司と部下の心理的せめぎ合いは、部下の「どうぞ指示してください。指示してもらえばきちんとやります」という態度を促進し、上司の「やらされ感で仕事する部下が多い」という嘆きにつながっているところがあるように思われる。

この問題の解決への道筋を示してくれるのは、前項で紹介した「組織の心理的安全性」を構築する取り組みの基盤となっている『学習する組織』論（Senge, 1994, 2006：第14章「学習が生まれる組織」参照）である。一般に、多くの職場では、メンバーに共有されている暗黙の目標は「仕事を片づける」ことになっていて、一人ひとりは責任をとらされるリスクを回避し、自己保身を図ることを優先しがちである。このような組織では、職場はメンバーからは「作業の場」としてフレーミング（枠取りされて認知）されていることになるという。

これに対して、メンバーが、職場を「学習の場」として認識するように、フレーミングをシフトすることによって、失敗から学ぶことを大切にして、自律的にプロアクティブに仕事に取り組むことを促進することが期待できると、「学習する組織論」では指摘している。つまり、「失敗＝責任を追及されるもの」の図式から「失敗＝将来のために学び生かすもの」という図式への転換を図ることが、「やらされ感」が蔓延する職場を変革して、失敗を恐れず、失敗から学ぶことを大切にして、イノベーションに挑戦するような組織に成長させるというのである。前項で紹介した学習する組織論に基づくチーム作り（エドモンドソンはチーミングと呼んでいる）の取り組みにおいて、メンバー同士が気兼ねなく自分の考えを伝え合える「心理的安全性」の構築が重視されるのも、やはり失敗から学ぶことを促進する狙いからであった。

私自身、日々の職務に前向きに自律的に取り組めているかと自問してみると、他人事ではなく、自分自身も、「やらされ感」で仕事に取り組んでいることが多い。そして、たしかに「仕事をこなす、片づける」といった感覚で働いていることも多い。こうした働き方はけっして幸福なものとはいえないだろう。

自分で考え、自分で行動して、成果を挙げるところに仕事の醍醐味はある。その醍醐味を味わう喜びを感じられるように職場を学習の場と捉え、失敗から学ぶことを大切にした働き方へとフレーミングをシフトさせる工夫が大事になってくる。どんな取り組みが鍵を握るのかについては、第14章「学習が生まれる組織」も参照されたい。

第14章　学習が生まれる組織

1　職場を「学習する場」としてフレーミングするには

●「作業の場」としてのフレーミングからの脱却

第13章「優れたチームワークを育む」では、「やらされ感」や「指示待ち」の態度から脱却して、前向きに仕事に取り組むには、職場を「作業の場」ではなく「学習の場」として認知するように成員のフレーミングをシフトさせることが重要な鍵を握ることについて紹介した。こうしたフレーミングのシフトは、失敗から学ぶことを大切にして、プロアクティブに仕事に取り組むことの促進につながると考えられるからである。では、職場を「作業の場」から「学習の場」としてフレーミングするように変えていくためには、どのような働きかけ方が有効だろうか。

フレーミング・シフトに関係の深い実証研究については、第17章「リスク・コミュニケーション」、第19章「互いに良い結果が得られる交渉のあり方」において紹介するので参照されたい。ここでは簡潔に整理しておこう。すなわち、交渉場面では、「損をするまい」と考えるネガティブなフレーミングで臨むよりも、「できるだけ利益を得よう」と考えるポジティブなフレーミングで臨む方が、より良い結果につながることが実験室実験によって実証されてきたのである。その研究結果にならえば、仕事に臨むにあたって、「失敗しないように気をつけて」と教示するか、「失敗を恐れず挑戦する気持ちを大事にして」と教示するかによって、フレーミングは操作できることになる。しかし、実際の職場ではどうだろうか。

フレーミングは、最初は容易に変容可能で流動的であっても、日々の生活の積み重ねによって安定化していく。そして、しだいに固定的な観念とさえいえるほど強固な認知的枠組みをもたらすものとなり、特定の場面に直面すると自動的に無自覚のうちに働くようになる。すなわち、職場に通い、仕事をするなかで、失敗回避を優先し、責任を負わされることがないように、着実に作業をこなすことを大事にする日々を重ねるなかで、「職場は『作業の場』である」と捉えるフレーミングが確固たるものとなり、無自覚のうちに働いて、職場における成員たちの判断や行動にあらゆる局面で影響を及ぼすようになるのである。したがって、そのようにして確立されたフレーミングを変えることは容易ではないと考えておくべきだろう。

ただ、フレーミングが確固たるものとして確立されていくプロセスを考えると、フレーミング・シフトを的確に行うためのヒントは、「社会的リアリティー」の構築プロセスの中に潜んでいるように思われる。人間は、自分が生き伸びるための正しい選択をするには、直面するこの場がいかなる特性をもった場であるのか、適切に認識する必要がある。「この場はいかなる場であるのか」という現実に根ざした認識が社会的リアリティーである。フレーミングの基盤もこの社会的リアリティーにある。誰もが、職場で生き延びるには、どのように判断し、行動することが大事なのか、知らず知らずのうちに考え、対応している。失敗しないこと、着実に仕事をこなすことが重視される職場では、それが現実であり、成員たちは、その現実に則した社会的リアリティーを構築し、フレーミングを行うようになる。こういう視点に基づいて考えてみると、フレーミング・シフトを起こそうとするのであれば、「成員が認知する（成員にとっての）現実」を変えることが肝要ということになる。

このことは、いくらスローガンを声高に叫んでも、言葉を尽くして諭しても、成員が認知する（成員にとっての）現実が変わらないと、フレーミングは変わらないし、行動や判断も変わらない可能性が高いことを示唆している。現実に、失敗を恐れない勇気が重視され、高く評価される職場にすること、また、失敗してもへこたれず、そこから学ぶことが重視され、その学んだことが高く評価される職場にすることが、長年にわたり無自覚のうちに職場を「作業の場」として捉えてきた成員のフレーミングを「学習する場」へとシフトさせることになる。

そのためには、組織管理者層の働きかけは、言葉や態度だけでなく、業績評価基準の具体的な変更を伴うものでなければならないと考えられる。しかし、その変更はけっして容易なことではないと思われる。長きにわたり継承されてきた評価基準には、それなりの長所があるからこそ、維持されてきた側面もあるだろう。そして、新たな挑戦には常にリスクがつきまとう。フレーミング・シフトを引き起こすには、失敗を恐れない勇気をもつように成員たちに働きかけることになるが、まずは管理者がリスクテイクする勇気をもつことが重要な意味をもつように思われる。

管理者と部下はお互い様の関係にあって、相互作用する関係にあることを考えると、管理者がリスクを恐れない意思決定を行うとき、成員たちも失敗を恐れず、勇気をもって自律的にプロアクティブに仕事に取り組むようになれるのではないだろうか。やはり管理者の双肩にかかる責任は重い。この重荷とどう向き合うとよいのか。次に、「管理者はつらいよ」という観点から、管理者の役割と責任について考え、それとどう向き合うとよいのか議論していくことにしたい。

2 「職場とは何か」を捉え直す

●働くことのフレーミングをより建設的なものにシフトさせるには

前項では、職場で仕事をするときに、「失敗＝責任を追及されるもの」というフレーミング（捉え方）で働くことから、「失敗＝将来のために学び生かすもの」というフレーミングで働くことへと転換を図ることが、「やらされ感」で働くことからの脱却につながる有効な取り組みであると述べた。さて、こうしたフレーミング・シフト（リフレーミングと呼ばれることも多い）は、どのようにして進めていけばよいのであろうか。ここでは、管理者の立場で考えてみよう。

職務に関して責任を与えられると、誰もが、その職責を全うすることに注意が向いて、それを脅かす事態（＝失敗）は避けたいと願う心理状態におかれるようになるものである。それは自然なことだろう。これは、失敗してはいけないということを常に気にしながら仕事に向き合うことを意味する。また、そういう立場に置かれた人は、誰もが、職責を全うしようとすることは正しいことであり、何がいけないのか、という気持ちになるものである。このような気持ちで日々の仕事をしていくことは、失敗は避けるべきだという「信念」を築き上げながら、日々の職場生活を送るようなものである。

管理者としては、「職場で仕事をすることのフレーミングを変えよう」と提案しただけで、部下の信念はそうやすやすと変えられるものではないことを深く認識しておくことが大事になる。むしろ、当たり前だと思っているフレーミングを異なるものにしようといきなり提案されても、感情的な反発を引き起こすだけのことだと思っておく方がいいかもしれない。あるいは、「仰せの通りに」と従順な態度を示しつつ、実際にはまったく無関心で理解を示さないということもありうるかもしれない。

こうした反発や無関心を打破するための第一歩は、「失敗＝責任を追及されるもの」というフレーミングで仕事をしていることを部下に自覚してもらうところから始まる。そして、そうしたフレーミングで仕事をすることはごく自然なことであって、誰もがもっているフレーミングであることを認めつつ、それゆえに「やらされ感」で働くことになっている現状も確認するようにする。そのうえで、他にも異なるフレーミングがありうることを一緒になって考えてみようと働きかけていく。管理者には、シフトすべきフレーミングの行き先がわかっているが、それをはじめから押しつけることはせず、職場のメンバーみんなで考えてみることが大事である。自我関与することで、新たなフレーミングの受け入れに対する心理的抵抗は多少なりとも抑えられるものである。

メンバーみんなも、よく考えてみれば、失敗したくないという思いは、仕事をやり遂げようとする思いよりも、責任を問われたくないという保身の感情から生まれていることに気がつくはずである。そして、この素朴な保身の感情が、失敗しそうなことは避けて、粛々と仕事を片づけることを優先する態度につながっていて、それが「職場＝作業の場」というフレーミングを定着させていることにも気づけるようになる。さらには、このフレーミングで仕事をしていては、学習や向上のチャンスは著しく制限されてしまうことにも気づいていける。

まずは、みずからのフレーミングがいかなるものであって、それがどのようにして作られているのかを知ることで、他にどのようなフレーミングがあり、それはどのようにすれば作っていけるものなのかという問いを得ることにつながる。自分の働き方の現状に満足していない人たちは、この問いへの答えを探したくなるはずだ。

他にどんなフレーミングがあるのかを一緒になって考える過程で、職場は個々の役割を達成することに加えて、仲間と連携したり、協働したりすることが不可欠な場であることや、仲間と気兼ねなくコミュニケーションをとることが、新しい発見やお互いの成長や向上につながることを話題にしていく。さらには人間が成長し、仕事の力量を高めるには、成功体験と同様に、失敗体験も必要であることに話題が及ぶようになると、メンバーたちも、いままでとは異なるフレーミングの存在を認識するところに到達するのも間近となる。

失敗をネガティブな経験として捉えるのでなく、成長や向上の機会と捉えることは、理屈ではそれほど難しいことではない。しかも、自分一人でそう考えるのではなく、みんなと話し合う過程で出てくる考え方なので、そう考えることへの抵抗感や拒否感は低く抑えられる。管理者が、ここで「失敗＝将来のために学び生かすもの」そして「職場＝学習の場」というフレーミングを明確に提示することで、メンバーたちは、そんな考え方もあるのだなと認識することになる。

ただし、この認識がもてたからといってフレーミング・シフトとはならない。あくまでも、そんな考え方もあるなと気づいた段階にすぎない。ずいぶんと時間と手間のかかる取り組みだなと思うが、人間が暗黙の内に信じ込んでいる価値観や日常的に実践している行動原則を、新しいものに変えていこうとするならば、各人が心の底から新しい考え方を受け入れて、自分のものにしていくために、丁寧な手順を踏んでいく必要がある。部下を指示や命令で動かすことに慣れきっている管理者にとっては、こうした慎重な手順を踏むこと自体が学習の機会となると考えてもらうとよいだろう。

異なるフレーミングの存在に気づいたメンバーたちに、それを受け入れてもらい、フレーミング・シフトを完遂するまでのプロセスと取り組みのあり方はいかなるものなのか、引き続き考えていくことにしたい。

3　フレーミング・シフトはどのように進めるとよいか

●「職場は学習の場」というフレーミング確立に向けて

仕事について考えるとき、「失敗＝責任を追及されるもの」というフレーミング（捉え方）になっていることを自覚することは、そこから新しい視点に立って、「失敗＝将来のために学び生かすもの」というフレーミングで働くことへの転換、すなわちフレーミング・シフトを起こすときの出発点として大切であることを前項では述べた。

しかし、出発したからといって、即座に新しいフレーミングで捉えることができるようになるかといえば、それは容易ではないことも述べた。「変化に対する心理的抵抗」は、誰もが多少なりとも示す態度である。人間は、これまでの自分の考え方を変えることには、きわめて消極的なのが一般的である。フレーミング・シフトを円滑に進めるには、どのようなことに気をつけて進めていったらよいのであろうか。

我々が変化への心理的抵抗を示す場合によく行うのが、「どのような状態に変われというのか？具体的にわからないではないか」という疑問を提示することである。たしかにその通りで、やみくもに変われと言われても、途方に暮れるばかりである。まずは、「失敗は将来のために学び生かすもの」であり、「職場は学習の場」である、というフレーミングで仕事を考え、行動することができるようになることが目標地点であることを明確にすることが大事になる。

その際、失敗しそうなことは避けて、粛々と仕事を片づけることを優先する態度は、責任を問われたくないという保身の感情を基盤に形成されていること、そして、そうした態度は学習や向上のチャンスの芽を摘み取り、「やらされ感」で仕事をすることにつながっていることを自覚するために、一緒になって考える話し合いの機会をもつことも忘れないようにしたい。なぜ、変化が必要なのかという問いへの、筋の通った返答はぜひとも必要である。

しかしながら、変化への心理的抵抗は、次なる疑問も生み出してくる。それは「どのようにすれば変わっていけるのか、やり方がわからないではないか」という疑問である。まるで子どもが駄々をこねるような印象をもつ人もいるかもしれない。しかし、大人とはいえ嫌なものは嫌であり、知恵がまわるぶん、表面的には理解したようなフリをしながら、本心では上記のような心理的抵抗を示すことはおおいにありうることである。そのような面従腹背的な態度をとる人もいることを踏まえたとき、ここで重要になるのは、考えることよりもまずできることをやってみる「行動を優先する」取り組みである。

たとえば、最近自分が失敗した経験を、職場の仲間と各自報告し合う場を作ることも意味があることが多い。自分が失敗した経験を人前で話すのは、誰もが避けたいことである。しかし、自分だけでなくみなが報告するのであれば、少しは気楽に話せる。また、失敗を報告するだけでなく、その経験を通して、自分なりに現在の仕事に生かせていることについても言及するようにする。誰もが失敗する経験をしながら、それをきっかけにして何かしら学び成長してきていることを、お互いに情報開示することで、失敗することへの恐怖感は和らぐことになる。

また、この情報開示は、他者には見せないようにしている自分を見せる「自己開示」にもなる。自己開示された相手は、自己開示した者との心理的距離をそれまでよりも短く感じ、親近感を強めることが知られている。職場のメンバー同士が、互いの失敗を知り合うことで、心理的紐帯を強めることにもつながる可能性がある。

もちろん、話したくない失敗を無理に話すように強要することはしないように気をつけることも大事である。あくまでも自分で話せると判断できることでよいし、話したくないのであれば、聞き役に徹してもらってもよい。周囲の同僚が次々と失敗経験の報告という自己開示をしていくなかにいれば、いずれお返しに自分も少し話してみようかなという気持ちになる可能性は高い。自己開示にはそうした力がある。無理強いは逆効果でしかない。

行動を優先する取り組みを重視するのには、心理学的な根拠がある。我々は、自分がとった行動の理由を無自覚のうちに探している。行動の原因を捜し、これが原因だと決める心理的行為は、原因帰属と呼ばれている。いつもとっている行動であれば、自分にとって当たり前のことであり、その理由は探すまでもない。しかし、自分がこれまでとってこなかった行動をとった場合、「なぜあんなことをしたのだろう」と自問自答し、何かしら納得できる理由を見つけようとする。

自分が行動したことは事実であり、その行動をとった理由が必要になる。強要された場合には、「本当は嫌だったのに仕方なかった」という理由づけが成立するので、行動してこなかったそれまでの自分を正当化し、肯定することが可能である。しかし、自分で決めて失敗経験を話した場合には、「嫌だからというわけでもないし、やはり自分はもともと失敗しても次に生かせばよいという考え方をもっていたし受け入れていたから、話すことにしたんだ」という自己確認につながりやすい。意識が変わらないと行動も変わらないと考えるのが一般的であるが、意識を変えるには、まずできることから行動してみて、そのように行動した理由に気づくための省察をやってみることが効果的であることも多い。

互いに失敗経験を話してみる機会を作ることは、それほど簡単なことではないかもしれないが、その前段として、フレーミング・シフトの大切さと必要性、そして、それが「やらされ感」で働くことからの脱却につながるというビジョンを提示するプロセスを踏んで行われることで、フレーミング・シフトへの前進を着実なものにしていくだろう。管理者であれば、失敗経験など話したくないところだろうが、呼び水として先頭を切って話してみる勇気に期待したいところである。

Part 5

コミュニケーションと会議

第15章　コミュニケーションとは

1　嘘をつくときの非言語的行動

我々はお互いの考えや気持ちを伝え合おうと、じつにさまざまなコミュニケーション行動をとっている。会話の際のうなずきは、同意や賛同を表すコミュニケーションの円滑剤である。話し相手とは同じ姿勢をとることが多くなることや、互いに交替で発話する会話のキャッチボールを行おうとすることも社会心理学の研究で明らかになっている。

人間のコミュニケーション行動を観察して、その背後にある心理との関係性を分析していけば、家庭でも職場でも学校でも、もっと他者の気持ちを理解したり思いやったりすることができるようになる。

さて、我々のコミュニケーション行動の中で、相手の本当の気持ちを推察したり理解したりするのを困難にしているのが「嘘」の存在である。生まれてこの方、嘘をついたことがないという人はいないだろう。嘘はいけないものだが、現実の生活は真実ばかりでは世知辛くなる。昔から人々は「嘘も方便」と言ってきた。相手を思いやる嘘もあろうし、事態を丸く収めるための嘘もあるだろう。とはいえ、詐欺にあったり、騙されたりするのは、何とか避けたいものである。会話するときに、どんなことに気をつけていれば、相手の嘘を見破ることができるだろうか。

たとえば、詐欺師などはじつに上手に相手を騙す。その巧みさゆえに、ついつい被害者は詐欺師の言葉を信じてしまうのだが、後々冷静になって考えてみると、話の筋が通らない（論理に矛盾がある）ことや、挙動に不審な点があったりすることに気づくことになる。どんなところが、挙動不審だと感じさせるのだろうか。エクマンとフリーセン（Ekman & Friesen, 1969）は、人々を、嘘をつく条件と真実を話す条件に振り分けて、それぞれの条件のもとで人々がどのような非言語的行動を示すか実証的な検討を行っている。その研究結果によれば、嘘をつく条件の人々は、真実を話す人々に比べて、脚のせわしない動き（貧乏揺すり等）が多いと報告されている。他にも、微笑が多かったり、発話時間や視線を合わせる時間が少なかったり、自分の身体を無意図的に触れる（髪に手をやる、口元やほほをさわる等）ことが多かったりすることを報告する研究もある。また、オヘアら（O'Hair et al., 1981）によれば、一概に嘘をつくといっても、準備した嘘を意図的につく場合には、思わず嘘をつく場合に比べて、発話の直前にうなずきが多く、微笑が少なく、そして自分の身体の一部を無意図的に触れる行動が多いことが明らかになっている。なお、自分の身体に触る行動は、発話直前だけでなく、発話中も多く見られたことが報告されている。この自分の身体への接触は、嘘をつくとき人に見られる特徴的な行動であると考えられる。

「目は口ほどにものを言う」と古来言い伝えられてきた。もちろん、これは正しいであろう。小さな子どもでさえ、相手の目を見て、その瞳孔の大きさによって、相手の感情の種類（喜び、怒り、悲しみ等）を読み取ることがわかっている。紹介した研究の結果を参考にするならば、相手の目を見ることに加えて、会話中、どのくらい相手が自己の身体を触る行動をとっているかで、意図的に嘘をつこうとしているのかどうか推察することができるといえる。その他にも、貧乏揺すりをしているようならば、相手は会話よりも他のことに気をとられ、いらいらしているのだろうと推察できる。乗り出すように相手に向かって前傾姿勢をとっているのであれば、会話に熱中していると考えていいだろう。これらの非言語的行動は誰もが日頃経験しているものであり、一つひとつ例示されると納得いくものであろう。大切なのは、コミュニケーション中の非言語的行動の多くが、無自覚的にとられるということである。よほど気をつけていないと、ついつい出てしまうのが、コミュニケーションをとるときの非言語的行動である。「なくて七癖」と言われるように、誰もがちょっとした癖をもっている。もしかすると、特定の状況や環境のもとでは多くの人々が共通して示す癖が見つかるかもしれない。次も引き続き、コミュニケーション行動を取り上げながら、今度は文化や規範の特徴を反映するものについて話を進めていくことにする。

2　地域や文化によって異なる意味をもつしぐさ

何気ないしぐさや表情には、その人の、そのときのありのままの心の状態が反映されていることが多い。我々は、自分でも気づかないうちにさまざまな反応をしていたり行動をとっていたりするものだ。とはいっても、第1章「行動をシステマティックに観察することのメリット」で指摘したように、思春期には大好きな人の前で、わざと意地悪なことを言ったり、わざと無視するような態度をとったり、本心とは真逆の行動をとることもあるので（反動形成と呼ばれる自我の防衛規制の一つ）、行動を観察して、そこからその人の気持ちを推し測るときには気をつけなければならないが……。

人間のしぐさや表情が、どのような意味をもっているのか、すなわち、思っていることや気持ち、感情を表しているのかについては、非言語コミュニケーションの研究が豊富な研究知見を提供してくれている。一つひとつの研究を紐解くだけでも大変面白いが、ここでは、あるしぐさが、地域や文化によって異なる意味をもつことに着目して話を進めていこう。

日本人が何気なく行うお辞儀は、欧米の人々にとっては少し違和感を覚えるものらしい。たしかに、欧米に出かけていくと、初対面同士では握手が一般的で、親密なつき合いがある者同士になると、軽く抱き合う（ハグする）ことも多い。私など、握手しながらもお辞儀してしまったり、何かの拍子に女性とハグすることになると異様に緊張してしまったりと、どうしても日本の流儀から抜け出せない。他にも、日本では誰もが行うしぐさや振る舞いが、他の国に出かけていくと違う意味をもっていることはたくさんある。かわいい子どもを見ると、つい頭を優しくなでてあげたくなるが、そんなことをすると子どもの魂を頭から払い出してしまうととても嫌な顔をされる地域もある。

日本や欧米では「大丈夫だよ」という意味で、人差し指と親指を丸めてOKマークを示すが、アラビア地方では、指で作った丸は、目玉を意味し、それを相手に向けて突き出すことは「おまえを呪ってやる！」という意味になるので注意が必要だという。イタリアでは頬を人差し指でつつくと「おいしい！」という意味になるが、同じしぐさがアイルランドでは女性を蔑視する意味をもつというから、異文化で生活するときは何気ないしぐさにも注意が必要だ。

さて、しぐさのもつ意味に違いが生まれる理由について考えてみよう。なぜ、日本人はお辞儀を好み、欧米の人々は握手を好むのだろうか。習慣といえばそれまでだが、問題は、そうしないと違和感を覚えるほどまでに、なぜそんな習慣が根づいて社会で継承されてきたのか、ということである。

人のしぐさや表情には、何らかの意味を読み取ることが可能である。お辞儀のしぐさから我々が感じ取る意味は敬意であろうし、握手ならば親愛や信頼の気持ちであろう。「他者と交流する場面において、何を最も重んじるべきか」という問いに対して、「まず相手への敬意を示すこと」という答えが返ってくる、それが日本社会なのだろう。もちろん、親愛や信頼の情を示すことも大事だが、それはもう一歩、人間関係が深化してからで、まずは敬意を示すことが優先だからこそ、相手との距離を一定程度保ち、腰を折り頭を下げるしぐさがふさわしい動作として選ばれ、継承されてきたのだろう。もちろん、こんなことをいちいち意識したり考えたりしないままに、我々はお辞儀をしている。しかし、お辞儀をしない相手と出会うと「なんだか無礼な感じの人だな」と素朴に感じてしまう。何気なく行っているしぐさでも、その社会に適応していくのに適切な価値観を示していることは多い。異なる社会や文化圏に行くと、自分が慣れ親しんだしぐさが、周囲には違和感をもって受け取られることが起こるのも、それぞれの社会で重んじられる価値観が違うからこそであろう。

また、一つの意味を表すしぐさが、国や文化によって違ってくることも多い。アメリカ人の友人を手招きするとき、私はいつものように、手の甲を上にして手前にかき寄せるしぐさをしたところ、「なんだか犬でも呼んでいるみたいな感じで嫌だな」と言われた。そういう彼は、私を手招きするときに、胸の前で、手の平を上にして、指を揃えて手前にクイックイッとかき寄せるしぐさをした。私は、「ちょっと顔をかせとでも言われているようで嫌だな」と感じてしまった。みなさんはどうだろうか。

さて、しぐさは国や文化によって意味にバリエーションがあるのに対して、表情はどうだろうか。悲しい顔や嬉しい顔が、国によって違ったりするのだろうか。次に、表情に表れる人間の心の状態や社会性について論じていくことにしたい。

3　世界共通記号としての表情

前項では、「ところ変われば、行動やしぐさの意味も変わる」という視点から対人的コミュニケーションの面白さと難しさについて紹介した。ここでは、世界中どこに行っても何となく通じてしまう非言語コミュニケーションのツールである表情について考えてみたい。

言葉の通じない国に出かけるときは、何となく不安なものである。しかし、不思議なもので、臆せず話してみると、お互いの考えていることはなんとか通じてしまうことが多いから面白い。タイのバンコクで入った屋台で、どんなメニューがあるのか知りたくて、屋台の主と交わしたコミュニケーションや、スペインのバレンシアの街角で迷子になって、学会会場までどの道順で行けばいいのか教えてもらおうと、通りすがりの若者と交わしたコミュニケーションなど、筆者自身も、後になって思い返してみると、なぜ無事にパッタイ（タイ式きし麺）を食べ、学会会場にたどり着いたのか、よくわからないくらいである。言葉は通じないのに、身振りや手振りを駆使したコミュニケーションは、意外と通じてしまうものだ。お腹を押さえてしかめ面をすれば、お腹が痛いことを伝えることができる。誰かを大声で呼びながら涙を流している子どもを見れば迷子になったのかな、と心配になる。たいていのことは身振り手振りで伝わるものである。ただ、このとき、とても大切な働きをしているのが、我々の表情であることを忘れてはならない。

というのも、前項で見たように、身振りや手振りだけでは、文化や地域によって異なる意味をもつことも多い。それに比べて、表情については、世界中の人々が互いに理解し合える「世界共通記号」ともいえるほどだからである。世界中どこに行っても、笑顔は親愛の感情を示し、泣き顔は悲しさを表す印である。当たり前じゃないかという人がいるかもしれないが、このことは、あらためて考えてみると不思議なことである。なぜ、まったく異なる環境のもとで育ち、生活してきた者同士なのに、他者の表情を見て、そこから他者の心の状態を推察する結果は同じものになるのだろうか。前項で紹介したように、親指と人差し指で作るＯＫマークは、地域が異なると、意味も大きく異なって理解されてしまう。表情にはそんな食い違いが起こりにくい。笑顔の人を見て、怒っていると推察する人々が、この世にどれくらいいるだろうか。

進化論で有名なダーウィン（C. Darwin）は、非言語コミュニケーション研究の開拓者としても高く評価されている。世界中を旅してまわったダーウィンは、未開の土地で独自の文明を守りながら存続してきた民族の集落を訪れたとき、どうやってコミュニケーションをとればいいのか、はたと困ってしまったという。しかし、彼が笑顔で挨拶をしたところ、幸いにも相手も笑顔で答えてくれ、その集落での研究（行動観察）を無事行うことができたという。未開の土地の人々は、それまで集落の外の人たちとの交流はほとんどないままに生活を送ってきたはずである。なぜ笑顔で挨拶することが、敵意はなく親愛の気持ちをもっている印だと理解できたのであろうか。言葉やしぐさではこうはいかない。それはどんな意味なのだといぶかしがられるだけに終わるかもしれない。

ある感情が特定の表情につながることを暗黙のうちに我々は知っている。表情の形成は脳の働きであって、人類全部が共通にもっている体の反応なのであろう。ただ、その体に表れる心の状態が、喜びや悲しみなどの表れであることを知るのは、他者との交流があるからだ。他者との交流の中で、表情のもつ意味を確認し、自分自身の感情と表情との関係についても把握するのである。表情の理解だけでなく、他者の気持ちを思いやる共感性や、お世話になるとお返しをしたくなる返報性（互恵性）など、人間が暗黙のうちに身につけている情動は、人間が進化の過程で、社会的な生活を送ることを選択したことによって、身についてきたものである。表情が意味する心の状態を互いに読み取ることができるのも、先祖たちの経験が暗黙知となって現在の我々に受け継がれてきたものと考えることができる。

表情に注目することで、直接には見えない、その人の心の状態を推察することも可能になる。行動観察の成否の鍵を握る要素の一つであるといえるだろう。

4　コミュニケーションで伝わるもの

他者とのコミュニケーションで伝わっているものは何なのか、考えてみよう。第12章「組織におけるミッションの共有」では、チーム力、組織力を高めるにはどうすればよいかを考えてきた。いきつくところは、自分たちの達成すべき（達成したい）将来像を明確にもつこと、そして、その実現を追究するメンタルモデルをメンバーで共有して日々の仕事に取り組む状態を作り上げることの重要性だった。そして、そのためには、会議のようなフォーマルなコミュニケーションだけでなく、日常の中で互いの素朴な考えを交換し合うダイアローグの場のようなコミュニケーションが大切であることを述べた。

フォーマルな会議の場では、互いの思いは意外に伝わり合わず、むしろ、各自、自分が以前からもっていた考え方を優先して判断してしまいがちであることを指摘した。これは「係留と調整のヒューリスティック」の認知バイアスが無自覚のうちに働くことが理由であった。それにもかかわらず、ダイアローグのようなお茶を飲みながら交わす何気ないコミュニケーションの場になると、なぜお互いの考えや思い、気持ちが伝わりやすいのだろうか。優れた組織やチームを育成しようとするとき、この問題は悩ましいものである。その一方で、真剣に検討してみる価値のある問題でもある。日頃の何気ないコミュニケーションの中に、その組織やチームの優れた判断力と行動力を作り上げる基盤が潜んでいることを、この問題は示唆するからである。

そこで、日常の何気ないコミュニケーションにおいて、我々は何を伝え合っているのか、という疑問について考えみようというわけである。この疑問に対する答えは、非言語コミュニケーションの研究成果の中に見出すことができそうだ。社会心理学の世界では、非言語コミュニケーションに関する研究は、重要かつ大きなテーマとして、数多くの研究が行われ、優れた成果も多数報告されている。感情が表情に表れる様子について詳細な検討を行ったエクマン（P. Eckman）の研究成果は、その面白さからアメリカではドラマの題材になっているほどである（興味をおもちの方はＤＶＤで発売されているので一度ご覧になるとよいだろう。作品名は『ライ・トゥ・ミー――嘘の瞬間』〔*Lie to me*〕である）。

近年では、高度に発展した観察機器と情報通信技術を融合させた先進ハイテク機器を使って、人々の日常のさりげないコミュニケーション行動の特性に関する研究が進められている。日本では日立製作所が開発し、販売も行っている「ビジネス顕微鏡」がそうしたハイテク機器の代表である。また、マサチューセッツ工科大学のペントランド（A. S. Pentland）を中核とする研究チームは次々に興味深い研究成果を報告している。彼らの成果をまとめた著書は、邦訳されて日本語でも読める（ペントランド、二〇一三）。

直面する社会的状況の中で、我々は無自覚のうちに自分の感情や思いをしぐさや表情、行動などに表しており、それをペントランドは「正直シグナル」（honest signal）と呼んでいる。

正直シグナルには、どのようなものがあるのか、彼らは独自の分類基準を示している。とりわけ大事なことは、高精度な観察工学的方法のもとに、客観的なデータを証拠として、この正直シグナルの特性を吟味していることである。絶え間なく流れていく時間の中で、複数の人々がどのようなコミュニケーションを交わしているのか、発話内容をはじめ、しぐさや表情まで、総合的に記録し、客観的に分析して、エビデンス・ベーストなアプローチに基づく検討を実現しているのである。行動観察の大きな可能性を具現化した研究成果といえるだろう。

さて、気になる正直シグナルの内容であるが、我々にとっては身近でなじみのあるものばかりである。具体的には、①影響力（相手の発話パターンを自分の発話パターンに合わせるようにする程度）、②ミミクリ（会話の間、うなずきや微笑みを返すなど、他の人の行為を反射的になぞる程度）、③活動レベル（しぐさや発話の活発さの程度）、④一貫性（強調や発話のタイミングが一貫している程度）、の四つである。

我々は、これらの正直シグナルを発信しているだけでなく、受信し、瞬時に解釈しながら、コミュニケーションを交わしている。人間は集団で生活し、社会を形成して、生き延び進化してきた動物であるから、そんな高度なコミュニケーションが可能なのである。留意しておくべきは、何気ない振舞い、しぐさ、発話、表情にこそ、その人の思いが「正直」に表れ、我々は敏感にそれを察知する、ということだ。フォーマルな会議の場での「作られた（飾られた）」言動よりも、日常の何気ない場面で垣間見えた言動の方に、我々はその人の正直な思いを読み取り、理解するのである。どうも、そのあたりに、コミュニケーションの本質はあるようである。

引き続き、コミュニケーションの場を客観的に観察することから得られた研究知見に基づいて、「何が伝わり合うのか」という問題について考えていくことにしたい。

5　他者のしぐさから、その他者の心を読み取れるか

誰もが、知らず知らずのうちに自分の正直な気持ちをしぐさや態度、表情に表しながら生活している。前項で紹介した「正直シグナル」は、数え切れないくらい多種多様にある。また、「なくて七癖」と表現されるとおり、人によってその表し方に個性が見られることも多い。そんなに多種多様で個性溢れる正直シグナルなのに、なぜ我々はかなり的確にその意味するところを類推することができるのだろうか。ここでは、我々が他者の心理をどのようにして読み解くのかについて考えてみよう。

当然のことながら、我々は他人の心の中を覗き見ることはできない。最近では脳科学の研究で、fMRI（磁気共鳴機能画像法）を用いて、脳の活動に関連した血流反応の様子を目で見ることができるようになっているが、その画像から複雑な心の動きまでを読み取るのは難しい。そこまでしなくても表情やしぐさを観察する方が、ずっと的確にその人の心理を読み取ることができるだろう。どのようにして、我々は他者の心を読み取っているのだろうか。

最も大切な基盤は、他者も自分と同じように心をもっているという信念を我々が素朴にもっていることである。たとえば、物体にすぎないマネキン人形が、何か見て笑ったり、怒ったりするだろうか。おとぎ話の世界ではあるまいし、現実にそんなことが起こるとは誰もが思わないだろう。なぜならマネキン人形は心をもたない存在だと我々が知っているからである。他者も自分と同じように心をもっていると信じるからこそ、他者は何を考えているのだろうと気になってしまう。他者の心の動きを推察することは、他者も自分と同じような考え方をするものだという類推の仕方を身につけることにとどまらず、他者が自分とは異なる考え方をもっている場合もあることを理解するときにも大切になる。

他者の心の動きを推察する行為は、発達心理学の領域ではプレマックとウッドラフ（Premack &

Woodruff, 1978）によって提示された「心の理論」（theory of mind）に関連して研究が進められてきている。個人差はあるものの、四～五歳くらいには、他者の心の動きを正しく類推できるようになることが実証研究で明らかになっている。「心の理論」の獲得は、他者の立場に立って、他者の心の動きを推察することに結びついていく。教えられた結果ではなく、発達とともに、幼児期の段階で、他者の心の動きを推察する能力が備わっていくところが興味深い。人間にとって、他者の心の動きを正しく推察することは、ことのほか重要な意味をもっているようだ。

他者の心を推察することの人間にとっての重要性については、「社会脳」に関する研究も興味深い知見を提供している。全脳に対する新皮質の割合が、霊長類の種の違いによって異なるかを検討したダンバー（Dunbar, 1998）が、新皮質の割合には、種の違いという生得的要因よりも、その霊長類が生活のために形成する集団の規模が大きく関わっていることを見出したことで、人間の脳の進化は社会生活を営むことによって影響を受けているという考え方に確たる根拠をもたらした。すなわち、人類は、他者とのスムーズで円満な対人関係の構築という課題を克服することで生き延び、進化してきたと考えることができるのではないかというわけである。小さな子どもでも、他者の心の動きを敏感に察知し、しかも的確に類推できるのは、生き延びるために必要不可欠な能力として遺伝子に組み込まれているからだと考えることに、こうした研究は一定の妥当性をもたらしている。

他人の心を読み取るのは本能のレベルであり、厳しいトレーニングが必要なわけでもなく、知らず知らずのうちにできるようになるものだ、というのでは、肩すかしを食ったような気になる人も多いだろう。しかし、話はそれで終わりではない。近年、社会心理学の領域ではマインドリーディングの研究が盛んに行われ、他者心理の推測を行う際の詳細な認知プロセスが明らかにされつつある。また、他者の心の動きを察知する認知活動が、ほぼ自動的に行われるがゆえに発生する問題も待ち構えている。この自動的な他者心理の類推は、客観的に正しく行われているわけではないことも多い。むしろ、あくまでも推察であり、主観の域を出ない思い込みともいえる行為である。他者の心の動きを類推するとはいえ、自分で納得できさえすれば事足りるものであり、正確であることは必ずしも留意されない場合が多いのも実際だ。人間は結局のところ、各自の主観の中で生きており、他者の心を理解することは困難きわまりない。誤解や曲解も日常茶飯事である。

他者の心の動きを推察することが、人間の基本的な能力であることをふまえて、次に、瞬時に自動的に推察できるがゆえに生まれる問題と、その克服について論じ、他者のしぐさや表情から、その心を正しく読み取るために大事なことについて考えていくことにしたい。

6　他者の心を正しく読むことができるか

他者の心の動きを推察することは、人間の基本的な能力であると前項で述べた。ここではこの問題について、さらに議論を進めたい。この地球上に発生した太古の原始時代より、人間は孤立しては生きていけないため集団を形成して生き延びてきた。他者との円滑な関係を築き、維持するにはコミュニケーション力、とりわけ他者の心理を読む能力がきわめて重要な役割を果たすため、進化の過程で、他者心理を瞬時に自動的に推察できる情報処理システムを身につけてきたと考えられる。

乾（二〇一二）は、円滑な対人的コミュニケーションを行うためには、三つの脳内システムが必要不可欠であると論じている。その三つとは、①Like-me システム、②different-from-me システム、③予測とモニタリングのシステムだという。Like-me システムは自分と他者が共通の知識をもつことによって、他者の動作や意図を理解するシステムである。前項で紹介した「心の理論」の基盤となっているミラーニューロンシステムによって支えられている。たとえば、相撲の白熱した取り組みを見ているときや、冬季オリンピックでスキーの滑降競技を見ているときなど、力士や選手の動作に合わせて、思わず自分も体を動かしていた経験はないだろうか。他者の動作を観察しているときに、自己の脳内でも動作をマッチングさせるシステムが応答してしまうのである。

このLike-me システムは、他者の動作を自分の動作のごとく理解し、共感するのにはきわめて有効である反面、自他の区別がつきにくい混沌とした状態を引き起こす可能性がある。やはり、自分と他者とは違う個体であることを認識する必要がある。そこで働くのが different-from-me システムである。ひと言で言うと different-from-me システムは、他者の心を読む機能である。他者の視点に立って考えてみたり、外面的に観察できない他者の心の内を推測したりするときに働く。Like-me システムと different-from-me システムが働くことで、他者の心理の推察には十分であるような気がするが、実際にコミュニケーションを円滑に行うには、他者の動作や表情を観察しながら、この二つのシステムを的確に切り替えることが重要になってくる。

そのとき働くのが、三番目の予測とモニタリングのシステムである。会話を交わすとき、我々は相手が次に何を言いそうかを予測しながら話を聞いており、また自分の話すことを考えている。まったく思いもしなかった話を相手がすると、どう答えていいのか困ることを誰もが経験しているだろう。相手の動作や心の内を推察してモニタリングしながら、無自覚のうちに次なる動きを予測できるからこそ、コミュニケーションは円滑に進むのである。

我々が他者のしぐさや表情を観察して、瞬時に相手の感情や心理を推察することができるのは、高度に発達した脳機能のおかげである。むろん、それは非常にナイーブで純粋な人間関係における基本的な感情や心理に限っていえることであり、さまざまな駆け引きが行われる交渉場面や、トランプのポーカー・ゲームのようなときには、もっと複雑で戦略的な言動コントロールが行われるため、他者行動から単純にその心理を推察することはできないことも多い。ただ、日常の一コマの中で、何気なくとられている行動は、素のままの個人の心理や態度を表していると考えられ、そうした行動を丁寧に観察して、その背景にある個人の心理や態度を推察することは可能であろう。

そのとき気をつけなければならないのは、独りよがりな思い込みの推察に陥らないことである。誰もが他者の心の内を推察する能力をもっている。しかも、大人になれば、実際の経験を通して獲得してきた知識に基づいて推察を行うことになるうえに、人間は基本的に「自分は正しい」と思い込む自己正当化の心理的バイアスに陥りやすい。したがって、行動観察に基づいて、他者の行動の背後に働いている心理を推察するときには、社会心理学や人間工学、行動科学などの科学的知見を参照しながら、できるだけ多くの観察者と意見交換しながら、作業を進める必要がある。

ちなみに、エクマンとフリーセン（Ekman & Friesen, 1978）は、基本的な感情の表出時に、顔面筋（表情筋）がどのように動くかを分析した結果を報告しているが、喜びにしても驚きにしても、悲しみ、怒り、嫌悪のいずれにしても、それに対応する顔面筋の動きは複数存在する。それだけ、我々は表情豊かなのである。他者の心理を読むことは、人間の基本的能力でありながら、最も難しい課題でもある。マインドリーディングに関する科学的研究は始まったばかりといってよい。今後の研究発展が楽しみである。

第16章　説得的コミュニケーション

1　社会的影響力と説得的コミュニケーション

第15章「コミュニケーションとは」では対人コミュニケーションをテーマに、何気ないしぐさや表情から、その人の心のありようを読み取ることができることについて考えてきた。ここでは、どのようにすれば相手が自分の考えを理解してくれるのか、とくに説得的コミュニケーションの場面に焦点をあてて、どんなコミュニケーションが相手の気持ちを動かすのに効果的なのか考えてみたい。

まず基本に立ち返ろう。他者に自分の考えを受け入れてもらおうとするときに必要になるのが影響力である。自分に対して強い影響力をもっている人から説得を受けると、それを拒否するのはなかなか難しい。もちろん、説得される内容によって、心から受け入れる場合と、嫌々受け入れる場合とがある。しかし、いずれにしても、影響力の強さは、他者に自分の考えを受け入れてもらえるか否かを決める最も重要な要素の一つである。

$$Imp = f(S \times I \times N)$$

Imp：社会的影響力（impact）
S：影響源の強度（strength）
I：直接性（immediacy）
N：影響源の数（number）
f：関数（function）

図 16-1　社会的インパクト理論の定式

第4章「個人が社会変動に与える影響」で紹介した社会的インパクト理論（social impact theory）を提唱した社会心理学者のラタネ（Latané, 1981）は、影響力の強さがどのように決まるのかについて、図16－1のように定式化している。この理論に基づけば、説得される個人が受ける影響の強さ（*Imp*）は、「説得する人（影響源）の強度」（*S*：地位や社会的勢力等）と、「説得する人との空間的、時間的な接近度（*I*）」と、「説得する人の数（*N*）」の三要素をかけ合わせたものになる。我々が、身近で多くの人々がとる態度や行動から強い影響を受けることを考えると、この理論の妥当性を理解することができるだろう。また、この理論は、法王や大統領のように、それだけで強い影響力をもっていると思われる人からの説得であっても、異なる信仰をもつ人々や遠く離れた異国の人々にとっては、それほど強いインパクトはもたず、説得はうまくいかないこともありうることも示唆している。

説得の成否は、説得される側の情報処理プロセスにも重要な要素が潜んでいる。ペティとカシオッポ（Petty & Cacioppo, 1986）が精査可能性モデル（Elaboration Likelihood Model：ELM）の中で示した「中心ルート」と「周辺ルート」の存在がそれである。チェイキン（Chaikin, 1980）も類似したモデルを提唱しており、両者をあわせて二過程モデルと呼ぶことが多い。これらのモデルによると、我々は他者から説得的なコミュニケーションを受けた場合、そこで示される情報について、

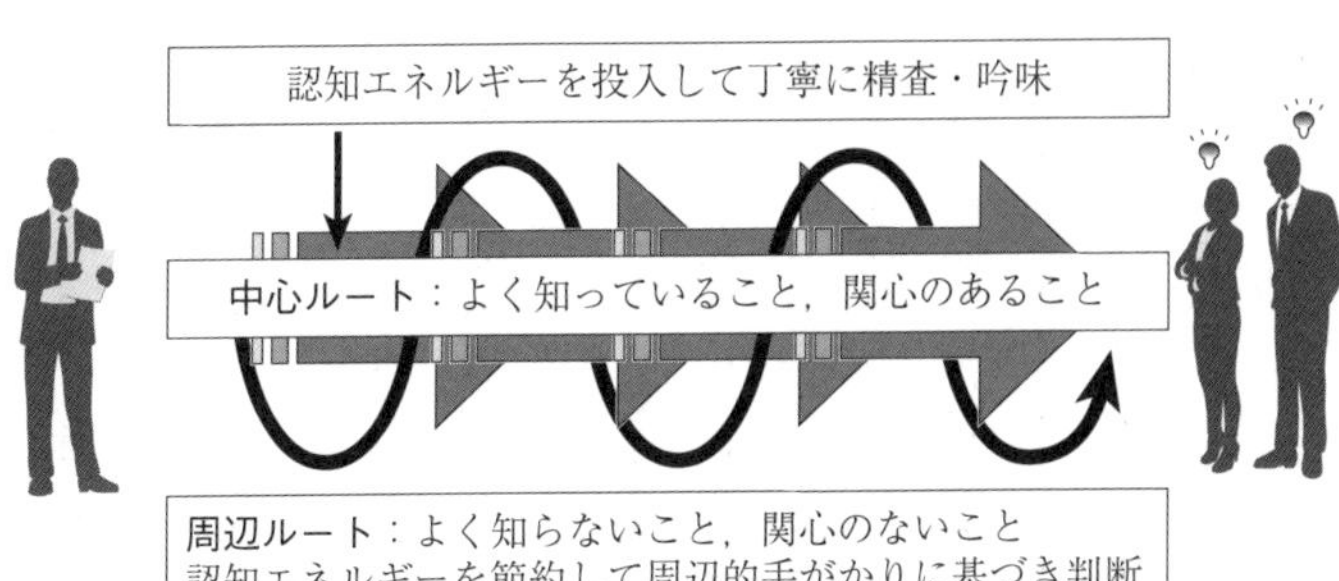

図 16-2　説得の二過程モデルのイメージ図

認知的エネルギーを投入して内容をよく精査しながら判断する「中心ルート」を介して処理する場合と、丁寧に吟味するエネルギーを節約して周辺的な手がかり（たとえば、説得する人の好感度や専門性等）に基づいて判断する「周辺ルート」を介して処理する場合があるという（図16－2）。自分がよく知っていることや関心をもっていることは中心ルートで処理されやすく、よく知らないことや無関心なことは周辺ルートで処理されやすいこともわかってきている。

説得する側にしてみれば、相手がよく知っていることや関心をもっていることであれば、丁寧に詳細な情報を提供することが大事になってくる。このとき、自分に都合の良い情報ばかりを提供して、不都合な情報を伏せておくことは逆効果になるので注意したい。よく知っていてこだわりがあればあるほど、人は、細かいことでも間違いに気づきやすい。社会的影響力の基盤として信頼は最も強力なものである。都合の良い情報だけを一面的に提示するよりも、不都合な情報もあわせて多面的に提示する方が、信頼を得やすく、説得的コミュニケーションも受け入れられやすくなる。

どのように話しかけ、働きかけることが、相手に自分の思い通りに動いてもらいやすくなるのか、社会心理学では、まだたくさんの研究が行われ、効果的な方法についても実証的検討が行われてきている。次にそうした研究知見を参考にしながら、効果的な説得的コミュニケーションのあり方について考えていくことにしたい。

2 「フット・イン・ザ・ドア」手法によるコミュニケーション

前項では、人間が説得的なコミュニケーションを受けるときに感じる影響力の強さの決まり方や、情報処理のなされ方について見てきた。ここでは、説得的なコミュニケーションを行う側の視点に立って、とくに他者にある行動をとることを依頼する場面を取り上げて、どうすれば依頼を受け入れてもらえるのか、効果的な方略について、社会心理学の研究知見に基づいて考えていこう。

説得と同様に、依頼や要請もコミュニケーションのとり方が成否の鍵を握っている。依頼や要請を成功させる方略については、かなり以前から多くの研究が行われてきた。古典的で有名な手法として、しばしば紹介されるものに「フット・イン・ザ・ドア」(foot-in-the-door technique)がある。これは、最初は相手が容易に無理なく受け入れられる依頼を行い、それが受け入れられたら、次に本来考えていた依頼(いきなり頼まれても躊躇する可能性が高いような依頼)を行う手法である。

この手法の効果性を確認する目的で、フリードマンとフレイザー(Freedman & Frazer, 1966)は、次のような実験を行った。彼らが行った最終的に受け入れてほしい依頼は、安全運転を呼びかける看板(下手くそな字で書かれた、あまり格好よくない看板)を家の庭先に立てさせてほしいというものだった。ただし、依頼の仕方として、あらかじめその家を訪問し、受け入れられやすい依頼をした。その

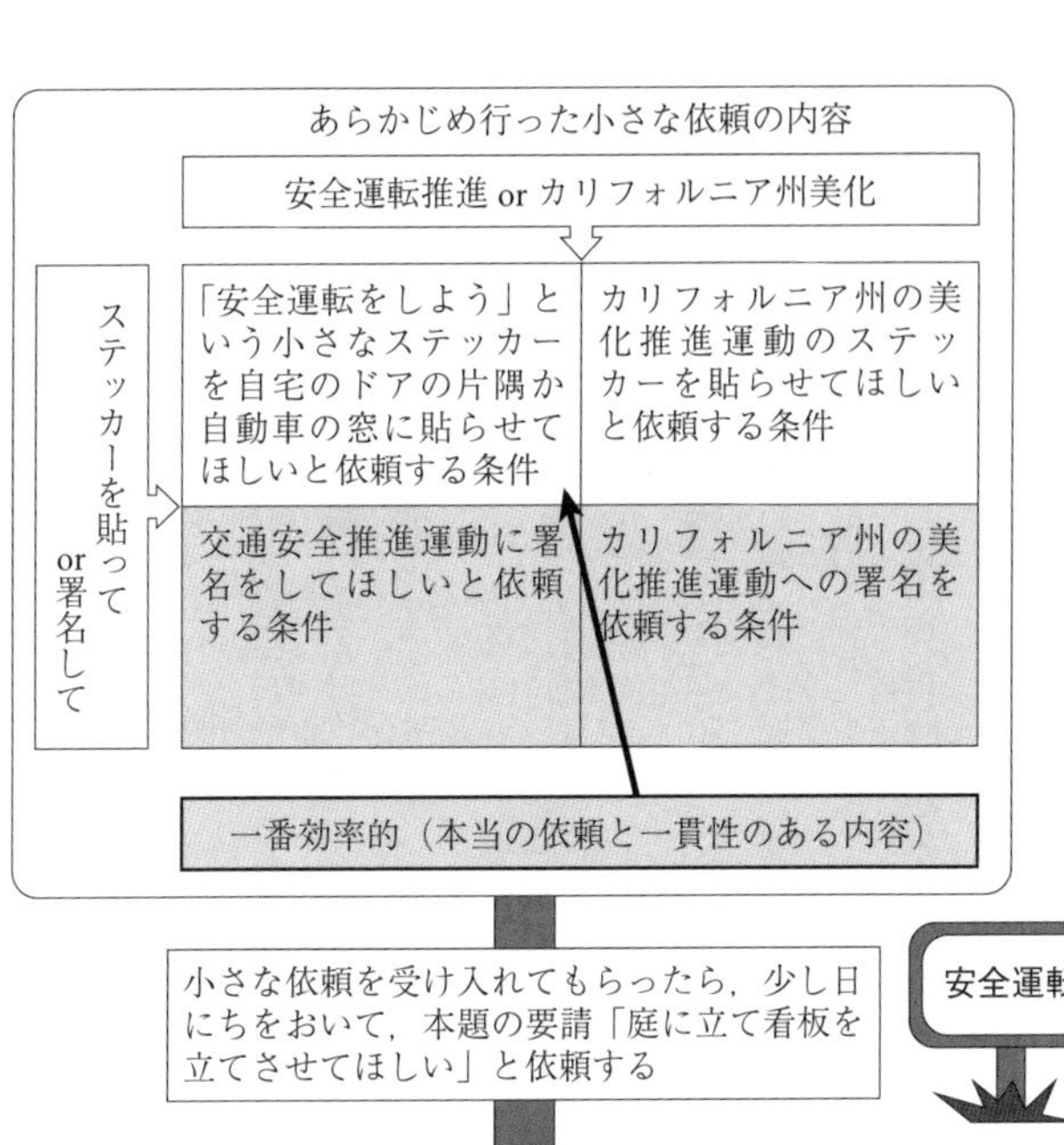

図 16-3　フット・イン・ザ・ドアの実験

小さな依頼内容は、図16－3のような四種類が設定されていた。小さな依頼を受け入れてもらったら、その数日後に、本題の依頼を行った。このようにあらかじめ小さな依頼をする条件に加えて、いきなり本題の依頼をする条件も設定して、依頼を受け入れてもらえる割合を比較した。

結果は、いきなり本題の依頼をした条件（応諾率一六・七パーセント）に比べて、あらかじめ小さな依頼をして受け入れてもらっていた方が本題の依頼を受け入れてもらう割合は高く（応諾率四七・四パーセント）、とくに初回も次のときも、交通安全推進に関する連続性のある依頼、そして類似した行為の依頼（ステッカーを貼ることと立て看板を立てること）の場合の応諾率がひときわ高かった（応諾率七六・〇パーセント）。

なぜ事前に小さな受け入れやすい依頼をしておくことが効果的なのだろうか。一つには、人間は、自分の態度は変わることなく一貫させたいと願う欲求（態度の一貫性欲求）をもっていることが挙げられる。この前は依頼を受け入れたのに、類似した内容の依頼を今度は断るということになると、態度が変わったことになる。それは自分自身も嫌であり、またそんな変節の人と見られてしまうのを恐れてしまうのである。一貫性欲求は、多様な側面で、我々の行動や心理に強く影響を及ぼしている。政治家を非難するとき「態度がぶれている」という言葉がよく使われることを考えても、そのことはわかるだろう。

また、最初の依頼を受け入れることで、自分が交通安全推進を支持する人間であると自己規定してしまう心理が働くことも指摘されている。自分のとった言動を後から客観的に知覚して、自己の情動状態や態度の特性を認識することを、ベム（Bem, 1972）は自己知覚と呼んでいる。我々は、自分の考えがどのようなものかいちいち詳細に確認しているわけではなく、自分の言動を振り返ってみて、自分の情動状態や態度に気づくことも多いというのである。たとえささいなものでも安全運転推進への協力の依頼を受け入れた以上、自分は安全運転を推進しようとする態度をもっているのだと自己規定してしまうのである。もちろん、受け入れた要請が社会的な規範に沿った、価値の高い内容のものであることも大切なポイントである。

ただ、フット・イン・ザ・ドアの方略にも、気をつけるべき点がある。一つは、最初の小さな依頼をする段階で、間違っても「この依頼を受け入れる人はほとんどいない」と言ってしまわないことである。実際にこのひと言を入れて実験を行った結果、応諾率は一気に下がってしまった。他の人たちがほとんど受け入れないものを自分が受け入れる必要はないと考えてしまうのである。最初の小さな依頼が受け入れられなければ、当然、後からの本来の依頼も受け入れられにくくなる。

また、最初の依頼を受け入れてもらったことに対して、金銭などの謝礼を支払うと、逆効果で、次の本題の依頼を受け入れてもらいにくくなることもわかっている。不思議な感じがするかもしれないが、我々は、自分のとった行動の理由を考えるものであり、依頼を受け入れたのはなぜかと考えたときに、謝礼をもらったからという理由づけができてしまうと、自分が交通安全を推進する態度のもち主であるという自己規定はどこかへ消えてしまって、次の段階でなされる本題の依頼に対して、はじめて依頼を受けるようなリセット状態で臨むことになってしまうのである。

フット・イン・ザ・ドアの他にも多様な依頼方略が検討されてきていて、じつのところ、我々の日常生活のあちこちで活用されている。大切なのは、自分の態度だからといって、我々はすべてを把握しているわけではなく、実際に自分が行動した結果を見て、自分のもっている態度を確認したり、そんな態度を自分がもっていると思い込んだりすることも多いということである。そして、一度、確認した自分の態度は、できることならば変えないで一貫させたいと願って、これからの行動を決定するという点である。デパートの食品売り場の試食や試飲で「うまい！」とひと言つぶやかせることは、たんにそのときだけでなく、先々の商品選択にこそ影響をもたらす側面が大きいのかもしれない。

3 説得的コミュニケーションを行うのに効果的ないくつかの手法

依頼や要請を相手に聞き入れてもらうには、影響力がものをいうことは1項で紹介した通りだ。しかし、依頼や要請の相手が、都合よく、自分が一定の影響力を与えることのできる相手であることばかりではない。それどころか、商品の訪問販売など、はじめて会う人に対して、商品の購入を依頼していく場面さえある。親密ではない相手に依頼や要請を行うとき、どのように行動すればいいのだろうか。この問題は、多くの研究者の関心を呼び、多様な研究が行われてきた。前項で紹介した「フット・イン・ザ・ドア」のテクニックは、その代表であるが、他にも興味深いものが多い。有名なものをいくつか紹介してみよう。

控えめなささいな要請を受け入れてもらうところから始める「フット・イン・ザ・ドア」とは対照的に、最初に相手が拒否するに違いないほどの大きな要請を行って、まず相手に拒否させておいて、第二段階で、受け入れやすいようなほどほどの大きな要請を行う方法が、「ドア・イン・ザ・フェイス」（door-in-the-face technique）である。この方法の効果性を確認したチャルディーニとアスカニ（Cialdini & Ascani, 1976）の実験が面白い。彼らは、大学のキャンパスで献血への協力を要請する実験を行った。ドア・イン・ザ・フェイス条件では、まず「これから三年間にわたって二カ月に一回、献血に協力してほしい」と要請した。この要請を拒否した学生に対して、「それでは、明日の一回でもいいから献血してほしい」と要請したのである。比較するために、はじめから「明日、献血に協力してほしい」と要請する条件も設定した。結果は、ドア・イン・ザ・フェイスの方法で要請した方が、献血への要請を応諾率は、統計学的に有意に高かった。彼らの実験では、フット・イン・ザ・ドアよりもドア・イン・ザ・フェイスの方が効果的であったと報告されている。どちらが効果的なのかは、要請の内容や質にもよるので、一概に決めつけるわけにはいかないが、いずれにしても一定の効果を認めることはできるだろう。

ドア・イン・ザ・フェイスが、なぜ効果をもつのかについては、次のような理由が挙げられている。一つは、要請の受け手にしてみると、最初の要請よりも二回目の要請が小さくなったことで、要請者が自分に対して譲歩したと認知しやすい。その結果、「それでは私も少しは相手の話を聞いてやろうか」という気持ちになるという理由である。この「お互いさま」という気持ちになる心理は「返報性」と呼ばれるもので、文化や社会を超えて、人間が広く共有している心理であると指摘されている。また、もう一つの理由に罪悪感を挙げる研究者もいる。相手からの要請を拒否すると、何かしらの罪悪感を覚え、それを補うために次の要請には応じようとする傾向が高まるというのである。いずれの理由ももっともらしいものであるが、十分な科学的な裏づけがあるわけではない。さらなる実証的検討が課題である。

この他に有名な方法として、「ロー・ボール・テクニック」（low-ball-technique）がある。相手にとって魅力的な受け入れやすい条件を提示して、応諾を引き出したのち、後からその魅力的な条件を取り去るという、いささか狡猾な方法である。たとえば、自動車の販売者が、展示会に来場したお客に、「今日ご契約いただければ、特別にサービスします」と話しかけ、値段は変わらないが、いろいろな装備品をオプションでサービスすると話をする。そのオプションに魅力を感じたお客が応諾したら、少し時間をおいて、「販売責任者と交渉してきたが、申し訳ないことに、これとこれのオプションのサービスはできないと言われた」と伝えるのである。一度、応諾してしまうと、その態度を一貫させようとして、なかなか拒否に転向できない心理を利用した方法である。もちろん、意図的に行うとすれば倫理的な問題を惹起することになる。しかしながら、魅力的な条件を外した後も、「どうなさるのかはあなた次第です」と、本人の自由意思に任せる態度をとることで、そうした倫理的な問題を上手にかわすことが実際には行われる。自由意思といいながら、一度表明した自分の態度を変えることには心理的抵抗が働き、結局、要請を応諾してしまうことも少なくない。きっぱりと「先ほど聞いた条件とは変わったのだから、考え直す」と言えばよさそうなものであるが、なかなかそれができないところに人間心理の複雑さがあるといえるだろう。

この他にも、スーパーやデパートのタイムサービスのように、時間帯を区切って、通常の値段よりも値引きする方法（ザッツ・ノット・オール法：that's-not-all techniqueと呼ばれる）や、事前に要請する内容を手紙などで知らせておいてから、個別に電話で依頼を行う方法、さらには、自分が何か非難されるようなことをしでかしたのかと不安を感じさせて、実はそれは思い過ごしであったと判明し、安堵させた直後に要請を行う方法（不安－安堵法：fear-then-relief technique）等、さまざまな方法がその効果を実証的に検討されてきている。しかし、要請を応諾へと導くことは容易ではなく、いずれも、一定の好条件が整ったときでなければ、十分な効果は引き出せないことがわかってきている。

依頼や要請を相手に聞き入れてもらうための方法は、見てきたようにいくつか存在するが、いずれも、一度で成功するのではなく、何度か、繰り返し働きかけることが共通して見られる特徴である。

ただ単純に繰り返し要請を何度も行うのではなく、そこに変化と工夫を加えることで、応諾の比率を上げることができるわけだ。ただ、その成功の背景には、人間の複雑な心理が働いていることに留意したい。そうした心理は、無自覚のうちに働いている。オレオレ詐欺をはじめとして、悪意をもって巧みに罠にかけようとする犯罪が少なくない今日、依頼や要請、説得のコミュニケーションに関する研究は、新たな課題を突きつけられているといえるだろう。

4 説得と心理的リアクタンス（反発）の関係

子どもの頃、夕方のんびりとテレビの前でくつろいでいると、母親から「宿題はやったの？ 勉強しなさいよ！」と声をかけられ、逆にやる気をそがれてしまったという経験をしたことはないだろうか。「せっかくいまからやろうと思っていたのに！」とつぶやきながら、いやいや机に向かい、マンガを読み始めてしまったりする。

モチベーションに関する第9章「やる気の高い組織や集団を作る」でも論じたが、人間は自分で自分の行動を考え、決定するときに最もやる気が高まるものである。他者から指示、命令されて動くときは、やる気はなかなか出てこない。とりわけ、なぜそうする必要があるのかについての説明の根拠が弱かったり、不明確であったりすると、心理的リアクタンス（反発）を感じることになる。そうなると、指示や命令に逆らってみたり、説得されたものとはまったく逆の行動や考え方をとったりすることさえ起こる。後者は、「ブーメラン効果」と呼ばれる現象で、最も極端な反応ではあるが、いずれにしても、心理的リアクタンスは、説得や依頼の邪魔をしてしまうのである。

心理的リアクタンスが発生する理由は、基本的に、人間は自分の考えや行動については、自分が自由に決定できる状態を好むことにある。指示や命令はもちろん、依頼や説得であっても、自分の考えや行動に制限を加えるものであるとき、人間は自己の自由への脅威を感じ、自由を回復することに動機づけられるのである。したがって、他者に対して、何らかの行動や態度を変えるように依頼したり説得したりするときには、ほぼ自動的に心理的リアクタンスは発生するものと考えておく方が無難である。

とはいえ、電車の中で大声で騒いでいる人たちに「静かにしてください」と言いたいときもあるし、歩道をふさぐように自転車を停めようとしている人には「駐輪場所に停めてください」と言いたいときもある。管理職になれば、部下に耳の痛いことを指摘して、しっかりと仕事をするように話をしなければならないこともある。冒頭の事例だって、親になってみれば、ぐずぐずして宿題を始める気配を見せない子どもには、ひと言言いたくなるものである。そんなとき、どんなことに気をつけておくとよいだろうか。

一つには、できるだけ心理的リアクタンスを弱いレベルに押さえる工夫をすることが挙げられる。「トイレを汚すな！」ではなく、「トイレをいつもきれいに使用していただきありがとうございます」と表現されると、心理的リアクタンスは抑制され、きれいに使わないと申し訳ないという気持ちになる。説得したい相手の自由や自律性を制限するのではなく、説得する側の望んでいる状態が実現される方向に相手が自律的に行動するように表現を工夫するのである。

また、説得や依頼の正当性を示すしっかりとした根拠を示すことも大事である。「禁煙しろ」「酒を飲むな」「毎日一五分は歩け」と説得するとき、なぜ喫煙や飲酒がその人の健康にとって危険なのか、歩くことがなぜ健康回復に有効なのかを、客観的なデータを添えて、わかりやすく論理的に説明することが大事になる。正当で確固たる根拠に基づくものであれば、説得や依頼はもちろん、指示や命令でも人間は受け入れることが明らかになっている。

説得や依頼を受け入れることで得られるメリットがある場合には、その根拠を示すことが効果的である。一時的に、心理的リアクタンスは発生しても、応諾することの正当性やメリットの認知との間でバランスがとられ、その影響は小さいものにとどまる。さらにいえば、説得する側とされる側の間に、信頼関係が築かれていれば、心理的リアクタンスの発生も抑制される。これは、信頼関係によって、説得される側が相手の説得や依頼を基本的に受け入れる心理的構えをもってしまうことによるものである。

我々の実際の生活は、信頼関係のある人々とのつき合いばかりではなく、不特定多数の相手に説得や依頼を行う場合もある。また、根拠を明確に示すことが大事だといっても、そのことで、かえって相手の心理的リアクタンスを高めてしまう場合もあるかもしれない。たとえば、サービス産業においては、顧客の方に非があって生じたトラブルであっても、それを「あなたが間違ったのが原因だから」と伝えたのでは、元も子もなくなることが多い。となると、やはり一番現実的なのは、表現の工夫というところに行きつく。どんな表現をすればいいのか、ということに関しては「アサーション」の研究と技法が参考になる。アサーションに関して、次に紹介することにしよう。

5　アサーティブなコミュニケーション

ここではアサーティブなコミュニケーションのとり方について考えていきたい。アサーティブ（assertive）という英語は、辞書（『ランダムハウス英語辞典』）を引くと、「断言的な」とか「積極的な」という意味であり、「強引な」とか「有無を言わせない」という意味ももっていると書かれている。どちらかというと、しつこいセールスマンの態度を表現するのに使われる言葉のようである。

しかし、対人コミュニケーションの研究領域においては、アサーティブ・コミュニケーションというのは、「自分の気持ちや考えを相手に伝えるが、相手のことも配慮するコミュニケーションのとり方であり、自分も相手も大切にしたコミュニケーションのとり方」を意味している。このときとくに重要なのは、自分の気持ちや考え、信念を正直で率直に表すとともに、その場にふさわしい方法で表現することであるとされている。

上司あるいは目上の人が相手の場合、その人の発言に対して、「それは違うと思いますよ」とか「それはこうすべきだと思います」とは、なかなか言いにくいものである。また、もし勇気を出して、自分が思ったことを率直に伝えてみても、表現の仕方によっては前項で紹介した「心理的リアクタンス」を相手に与えてしまい、会話が不本意な方向へとずれていってしまうこともありうる。また、理不尽な要求をしてくるお得意先やお客様に対しても、「それは無理です」と率直なものいいをしたのでは、いい結果につながらないことが多くなってしまう。「親しい仲にも礼儀あり」という言葉もあるように、仲の良い友人との会話でさえも、気をつけなければならないときがある。率直に自分の考えを伝えることが難しい場面というのは、日常生活の中で意外に多いものである。

かつて筆者が、看護師のみなさんを対象にして、日常の業務を行っているときに、同僚が間違った処置をしているのを見かけた場合、どのような対応をしているかを尋ねる調査を行ったことがある（Yamaguchi, 2003, 2004）。その結果、同僚に直接間違いを指摘するという回答は非常に少なく、しかもそれは自分よりも後輩の同僚が相手の場合に集中していた。自分より職位が高い同僚や、異なる専門の同僚（医師や検査技師等）が相手の場合には、間違いを直接指摘することはまれで、代わりに自分がその間違いを訂正しておく対応をとる人が多かった。

なぜ直接間違いを指摘できないのかという質問に対しては、職場の人間関係がぎくしゃくしてしまうのは避けたいという理由や、職位など組織の秩序を乱すのは気が引けるという理由が大多数を占めていた。相手の間違いを指摘することだけでなく、自分は相手とは異なる意見をもっていることを伝えるときにも、相手が気分を害するのではないか、という不安が心をよぎり、なかなか自分の気持ちを率直に言い出せない気まずい経験は、誰もがもっているのではないだろうか。

どうすれば相手の気持ちを傷つけることなく、自分の意見を率直に、その場にふさわしい方法で伝えることができるのだろうか。そうした観点から、アサーティブ・コミュニケーションの技法を習得するためのトレーニング・プログラムが開発されている。アサーティブ・コミュニケーションの技法として有名なものとしては、①不当な抵抗や拒否、否定に出会っても、そのつど、自分の意見を繰り返して述べる「壊れたレコード」技法や、②相手があなたを批判しても、その言葉の一部に正しいことを見つけて、それに賛成しながら、自分の意見はきちんと主張する「のれんに腕押し」技法などがある。また、③「私」を主語にして述べることで、他者に対する評価を口走ったり、他者を責めたりすることなく、自分の感情や希望を伝えることができるとされている。

アサーティブ・コミュニケーションのトレーニングがもたらす効果は、上記のような技法を習得することと以上に、自分の考えを率直に相手に伝える「勇気」をもてるようになることにあると思われる。さまざまな技法を習得することは、その勇気をサポートしてくれるものだろう。もちろん、特別なトレーニングを経験していなくても、相手の気持ちや立場によく配慮しながら、率直な自分の考えを相手に受け入れてもらえるように伝えることは可能である。最も大切なのは、相手の気持ちや考えを大切に尊重しながら、自分の考えを理解してもらおうとする態度を身につけることであるといえるだろう。

イギリスの音楽グループ「コールドプレイ」の一員であるクリス・マーティンは、チャリティ・イベントに出演して、楽曲「The Scientist」を演奏していたとき、場内の一人の聴衆がタンバリンを鳴らしているのが気になって演奏を中断したそうである。そのとき彼は、「無礼な態度をとるつもりはないが、これはタンバリンを使うような曲じゃないんだ。正直言うと、この曲のレコーディング時にはタンバリンも試したけどボツになった。だからタンバリンなしで一〇年以上演奏をしてきた。合うかもしれないけど、僕はタンバリンなしに慣れてしまっている。悪く思わないでほしい」とその聴衆に話しかけたそうである。続けて、「ここから君がどんな人かは見えないけど、とても素敵な人で、いい音を出していると思う。別にタンバリンが嫌いとかアンチ・タンバリンを訴えようとしているわけじゃない。タンバリンは僕のお気に入りの楽器の一つだ」と話し、さらには「次の曲はタンバリンにばっちりの曲だから、思いっきり盛り上がってくれ」と付け加えたそうである（くわしくはシネマトゥデイ〔二〇一二〕のウェブサイトに紹介されている）。

こうしたアサーティブなコミュニケーションの基盤にある、ファンを大切にする態度は一朝一夕に身についたものではないだろう。タンバリンを鳴らしていた聴衆は、最初は決まりが悪かったかもしれないが、クリス・マーティンの言葉を聞いて、それまで以上にコールドプレイのファンになったのではないだろうか。

6 「振り込め詐欺」の被害はなぜなくならないか

もう二〇年も前のことになろうか、新年早々、架空請求のメールに悩まされたことがあった。「あなたはアダルトサイトを閲覧したのに料金を支払っていない。いますぐ、未払い分の六万円（程度であったと記憶している）を振り込みで支払え」という内容のメールであった。非常に不愉快で、どのように対応したものか困惑したものだった。

そのときは、教員仲間と新年の挨拶をしていたら、驚いたことに、全員に同じメールが届いていることがわかった。「なんだ！　いたずらか！」と胸をなでおろしつつ、何とか支払えそうな金額設定といい、なかなか相談しづらいアダルトサイト閲覧をネタにするなど、うまく知恵が働くものだなとみなで感心したものだった。

しかし、感心などしていられないことに、架空請求だけでなく、「オレオレ詐欺」に代表されるなりすまし詐欺や、融資保証金詐欺や還付金詐欺など、「振り込め詐欺師」たちは、その後も、あの手この手で攻勢をかけ続けている。もちろん警察や消費者センターでは、対策を次々にとっているが、なかなか被害はなくならないのが実情である。

報道されている事件の報告やテレビ報道などを見ていると、「なぜそんな見え透いた手口にひっかかっちゃうのだろうな」という疑問を感じる人も多いだろう。私もかつてはその一人だった。しかし、振り込め詐欺師たちをなめてはいけない。彼らの手口を見ると、じつに巧みに、人を不安にさせ、詐欺師に依存させる方法を駆使しているのである。

振り込め詐欺だけでなく、悪徳商法等の詳細な手口や被害の状況をはじめとする情報は、警視庁や全国銀行協会、消費者庁のウェブサイト等に公開されているので、ぜひ参照していただきたい。

振り込め詐欺の電話がかかってきた当事者にしてみると、一度、不安や恐怖を感じてしまうと、なんとかそこから逃避したい、早く安心したいという動機づけが働いて、詐欺師の言いなりになって、大切なお金を振り込んだり、渡したりしてしまう。かかってきた電話の最初のところで、相手のことを信じ込まなければ、その次に来る不安や恐怖を感じる段階には進まないので、要は、最初に安易に相手のことを信じ込まないことが、被害をなくしていく最大の鍵なのである。といっても、詐欺師の側も、ありとあらゆる知恵を絞って、演技をして、信じ込ませようとするのだから、「信じるな」というだけでは問題の打開は難しい。

それにしても、なぜ相手を信じてしまうという第一関門を簡単に破られてしまうのだろうか。各種のメディアで詐欺の手口が頻繁に紹介され、銀行のATM（預貯金受払機）のコーナーにもたくさんの注意喚起のポスターが多種多様に貼られるようになった。その他にも警察や消費者庁、関連組織が共同して、詐欺犯罪の被害防止のキャンペーンを展開してきた。それにもかかわらず、振り込め詐欺の被害がなくならない。

その理由を探ってみると、多くの人が「自分は大丈夫」「自分はあんな詐欺にはひっかからない」という漠然とした自信をもっていることが重要な問題としてクローズアップされてくる。漠然とした自信は、安寧な日常生活を送るうえで必要なものなのだが、それが詐欺への無防備な状態につながりやすいのである。

普通に穏便に日々の生活を送っていれば、自分なりに関心やこだわりのある事柄やよく知っている事柄でなければ、ついつい十分な注意を払うことなく聞き流して（見送って）しまうのが、我々の情報処理の素朴なメカニズムである（1項で紹介した「説得の二過程モデル」も参照していただきたい）。「自分は大丈夫」「自分はひっかからない」と思ってしまえば、自分には関心のないことであり、こだわりもないことなので、さまざまな情報が耳に入ってきても、聞き流してしまう。そして、詐欺の手口や特徴など、ほとんど知識をもたない状態で、生活を送ることになる。

漠然とした自信は振り込め詐欺に対して無防備な状態を作り出してしまうのである。そして、いざ実際に「僕なんだけど、困ったことになっちゃって、誰にも相談できなくて、思いあまって電話したんだけどさ……」という電話がかかってくると、百戦錬磨の詐欺師の演技と誘導にまんまと乗せられてしまうことになるのである。

無論すべての人がひっかかるわけではない。しかし、だからといって、安心したのでは、やはり無防備な状態は続いてしまい、いつかは被害にあってしまうかもしれない。振り込め詐欺など理不尽な被害にあわないようにするコツは、「自分は騙されやすいから、被害にあうかもしれない」とか「詐欺師もさる者で侮りがたいので、自分も被害にあうかもしれない」と、漠然とした自信を脱却して、理屈の通った不安を感じて用心することである。

人間は信じやすい動物である。誰もが他者の善意を前提に物事を考えてしまいやすい。そういった意味で、誰もが騙されやすいのである。被害にあってからでは取り返しがつかない。二過程モデルの周辺ルートでの処理ではなく、中心ルートでの処理になるように、関心と情報量を高めていくことで、被害を防ぎたいものだ。「自分は騙されやすい」と思っておくことがそのための第一歩となる。

第17章　リスク・コミュニケーション

1　リスク・コミュニケーションとクライシス・コミュニケーション

二〇一一年に発生した東日本大震災と津波、それに続く東京電力福島第一原子力発電所の事故と放射線被害の現実に直面して、政府や東京電力に対して「正確な情報を流してほしい」という思いを切実に抱いた人々は非常に多かったと思われる。災害や事故の場合に限らず、食品の安全や環境問題、化学物質の影響や医療事故等への社会の関心の高まりとともに、リスク・コミュニケーションの重要性は以前から注目されてきた。

最近では、リスクだけでなく、実際に災害や事故にあったときに、どのように考え対応したらよいのかについて、関係するすべての人々の間で、正しい情報を共有しようとするクライシス・コミュニケーションの大切さも指摘されている。「防災から減災へ」と視点を変えていこうという主張は、このクライシス・コミュニケーションの考え方を基盤にしているといえるだろう。

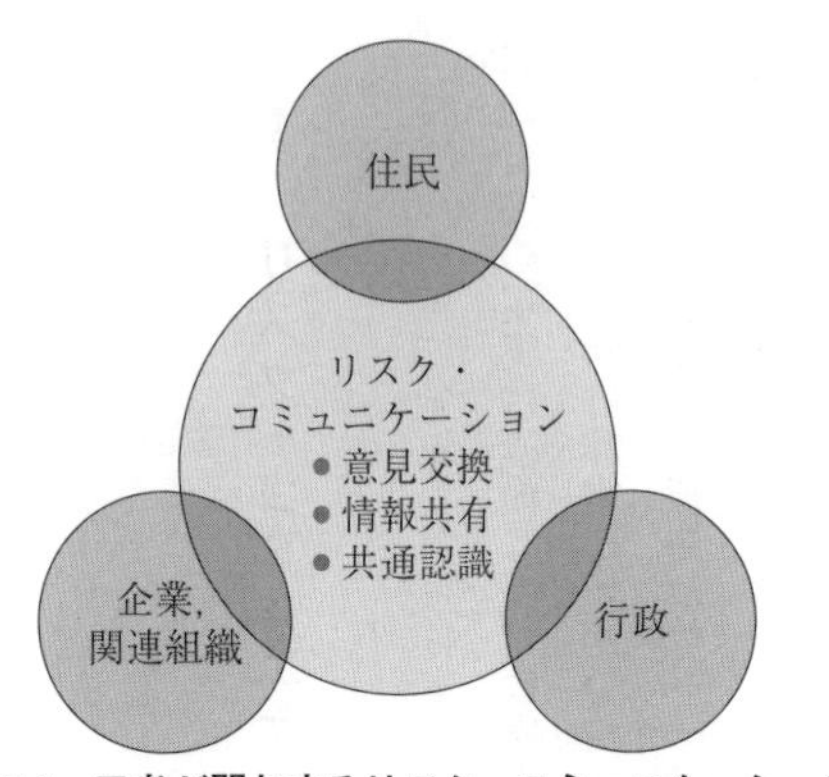

図 17-1　三者が関与するリスク・コミュニケーション

リスクおよびクライシス・コミュニケーションは、一方的で説得的なコミュニケーション（第16章「説得的コミュニケーション」参照）であってはいけない性質の行為と表現した方がよいかもしれない。

たとえば、電力会社は、原子力発電に伴ってどのようなリスクが存在するかを、住民や関係行政体、関連組織、そして国民全体に伝える必要がある。しかし、それが一方的な（一方通行の）情報伝達に終わったのでは、リスク・コミュニケーションにはならない。住民や関係組織からの情報にも耳を傾け、関係者全員で、存在するリスクについて正確な理解を共有する取り組みが、リスク・コミュニケーションである（図17－1）。

原子力発電の安全性を議論するためのタウンミーティングや説明会において、電力会社が、原子力発電の利点を理解してもらい、リスクについては恐れるほどのものではないと安心してもらおうという意図をもって参加していたのでは、実のところ、リスク・コミュニケーションの場にはなりにくいのである。我々が生きていこうとすれば、何らかのリスクを背負わざるをえないことは、漠然とではあっても誰もがわかっている。すべての関係者が、存在するリスクを正しく理解し、それとどのように向き合い、つき合っていくのか知恵を出し合うのが、リスク・コミュニケーションなのである。

タウンミーティングや説明会において、電力各社が揃ってやらせ行為に走っていた事実を考えると、せっかくの集まりも、原発推進派と反対派の利害対立の調整の場として位置づけられてしまっていたことが推測される。残念ながら、住民や関係組織と一体になってリスクに向き合おうとする態度が、電力会社には乏しかったのだろうと思われて仕方がない。

もちろん、電力会社も政府も、住民や国民の不安や危機感をないがしろにしているつもりはないだろう。事故現場で放射線漏れを防ぐべく、まさに命を賭けて復旧作業に取り組んでおられた方々の苦闘する姿には本当に頭が下がるし、誰もが一日も早い復旧を望んでいることはいうまでもない。しかし、二〇一一年一二月一六日に日本政府が発表した「原子炉が冷温停止状態になり、事故そのものは収束に至った」という見解を見る限り、政府の態度は、およそ存在するリスクをみんなで共有しようとするものからはほど遠い。なぜ、こうなってしまうのだろうか。

もちろんさまざまな理由が挙げられるだろうが、ここでは社会心理学的な視点から、まず「ゼロリスク幻想」の影響に焦点をあてて考えてみたい。「ゼロリスク幻想」とは、人々がみずからの身のまわりに存在するリスクはゼロであることをいたずらに要求する心理を指している（図17－2）。原子力発電に関わる人々や政府関係者たちは、「人々がゼロリスク幻想をもっているので、リスク情報を流すと『パニック』になる」と思い込んで、事故情報や災害情報を公表することをためらってしまうの

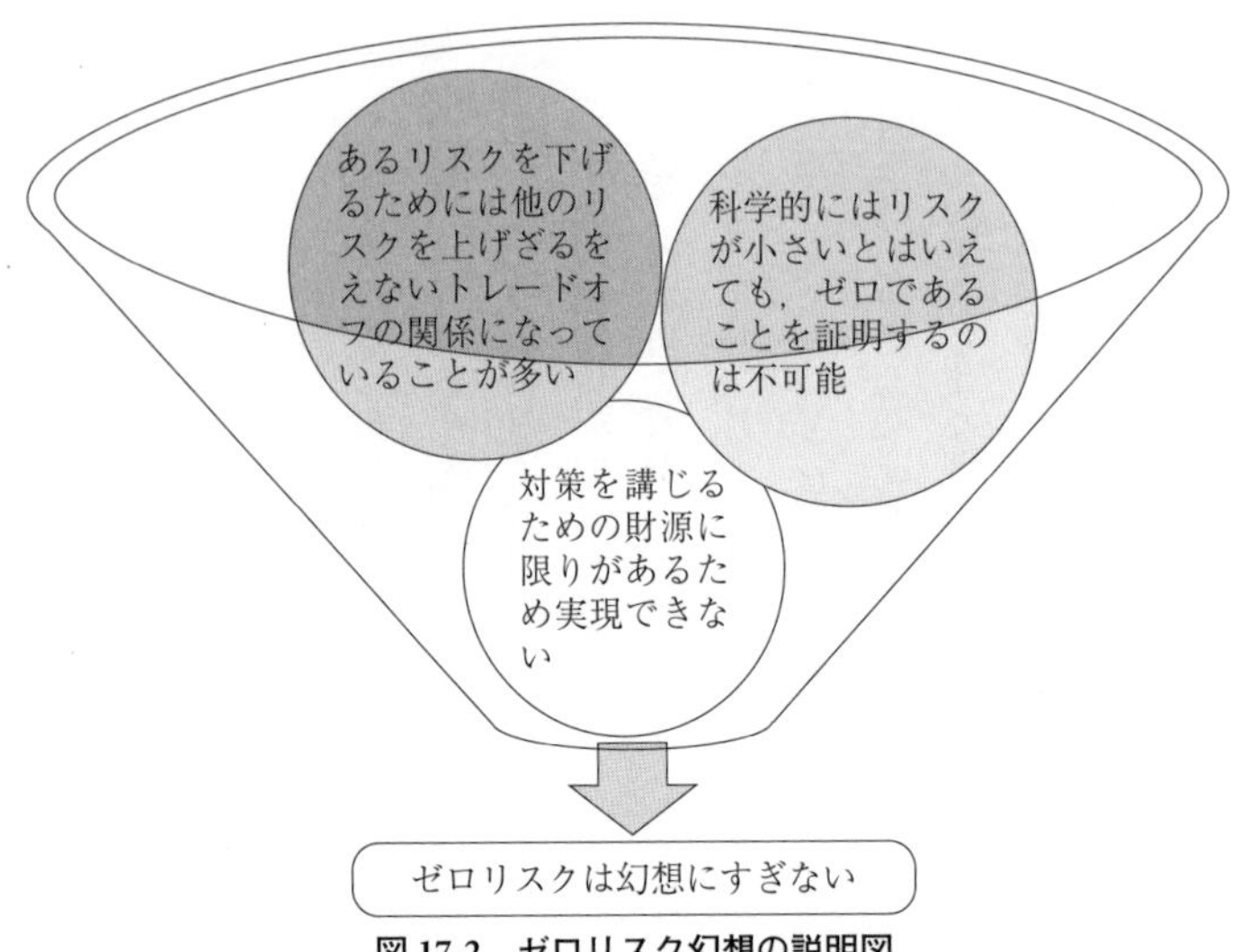

図 17-2　ゼロリスク幻想の説明図

だという指摘がなされることがある。

しかし、そもそも人々はそうしたゼロリスク幻想をもっているのだろうか。そんなに簡単にパニックに陥るのだろうか。むしろ、落ち着いて正確な情報を欲している人々の方が多いのではないだろうか。とすれば、リスク情報を公表することをためらってしまう人々は、「『ゼロリスク幻想』を幻想する（世の中の人々は『ゼロリスク幻想』に陥っていると思い込む）」ステレオタイプ的認知に陥って、的確なリスク・コミュニケーションができなくなってしまったのだといえそうである。

無論、一部にはリスク情報に対してヒステリックに反応する人々もいるだろう。そんな少数の人々のヒステリックな対応が、冷静だった人々を巻き込んでパニックに進展してしまうことを恐れる気持ちはわからないでもない。しかし大震災直後の人々の振る舞いを思い起こしてみれば、そんなパニックを恐れる気持ちは、思い込みに基づく過剰反応にすぎないことに気づくであろう。さらには、人々をそんな思い込みの目で見ていることが、正しいリスク・コミュニケーションの実践を妨害する根源的要因になっていることにも我々は気づくのである。

潜在的な危険性であったリスクが、ひとたび顕在化して現実のものとなりクライシスに転じたとき、より適切な対応をとるためには、普段から関係者がみなでリスク情報を正しく共有していくコミュニケーションが何よりも大切な基盤となる。とはいえ、現実が示すように、その実現は必ずしも容易ではない。上述してきた事柄に加え、人々がリスクを評価するときに陥る認知的なバイアスの問題や、直感的に判断してしまうヒューリスティックスの問題もリスク・コミュニケーションを正しく行うことを妨げる一因になっていることが指摘されている。この問題について、さらに論じることにしたい。

2 リスク認知とリスク評価の心理学

前項で、リスク・コミュニケーションについて論じた。存在するリスクについて、被害をもたらす可能性のある立場の者も、被害を受ける可能性のある立場の者も、被害から人々を守る責任のある立場の者も、関係者全員で情報交換と意見交換を行って、正確な理解を共有する取り組みが、リスク・コミュニケーションである。

ただ、本来そうあるべき取り組みの姿とは異なってしまいがちであるところに、リスク・コミュニケーションの特徴と難しさがある。前項で紹介したように、被害をもたらす可能性のある立場、あるいは被害から人々を守る責任のある立場の人間は、どんなに頑張っても一定のリスクは避けられないのが現実なのに、「人々は、リスクはゼロであるべきだと期待しているに違いない（そんなの幻想なのに）」と思い込む、いわば「ゼロリスク幻想」の幻想に陥ってしまいがちなのである。そして、そうした幻想・思い込みにとらわれると、実現不可能な課題を押しつけられたような気持ちになって、「安心」してもらうことを優先して、ついつい情報を操作したり、一方通行の説得的コミュニケーションを行ったりしてしまうことが、実態としては多くなってしまうことを説明した。

よく安全と安心をセットにした表現を見かけるが、「安全」は物理的で客観的に危機が発生する可能性がない（きわめて低い）状態を意味するのに対して、「安心」は心理的で主観的に危機が発生する可能性はない（きわめて低い）と認知している状態を意味する。安全を実現すれば、安心はおのずとついてくるのだが、残念ながらリスクのない現実は存在せず、一〇〇パーセント安全だとは保証できないのが実情である。その実情への共通理解を得ることよりも、安心だけはしてもらうことを優先してしまうところに、無理が生じるのだといえるだろう。

リスク情報を伝える側と受け取る側の「幻想のとらわれ合い」とでも呼べる状態は、リスクに対する人間の認知メカニズムが生み出すものであることが指摘されている。まずは素朴なところから確認していこう。リスクの存在を認知するとき、我々はどんな心理に陥るのだろうか。この問題について、スロヴィック（Slovic, 1987）の報告した図17－3に示すような分析結果を中谷内（二〇〇六）が紹介している。それによれば、リスクを認知するとき、我々が気にしてしまうのは、大きく分けて「恐ろしさ」と「未知性」の二つの要素であるという。具体的に考えてみよう。

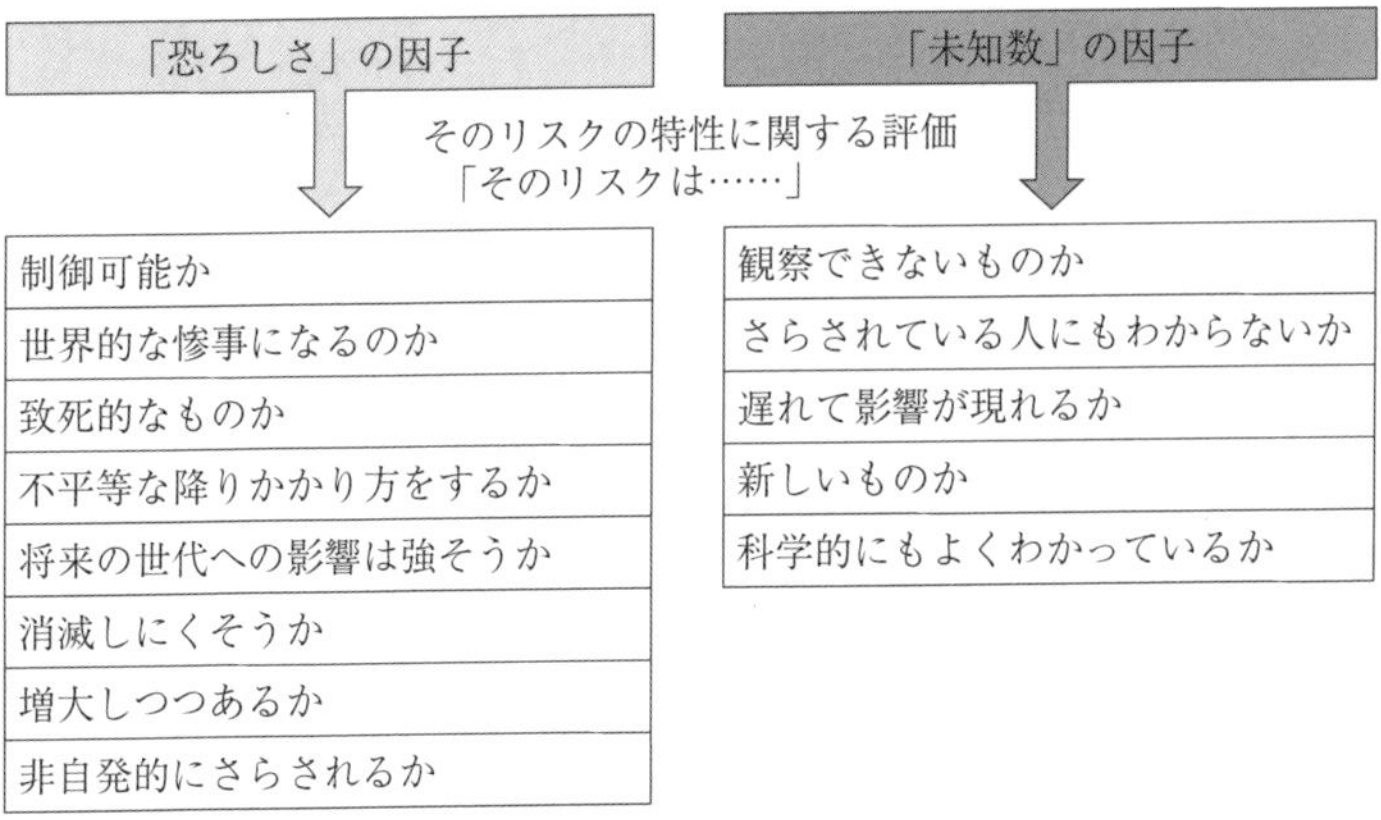

「恐ろしさ」の因子
制御可能か
世界的な惨事になるのか
致死的なものか
不平等な降りかかり方をするか
将来の世代への影響は強そうか
消滅しにくそうか
増大しつつあるか
非自発的にさらされるか

そのリスクの特性に関する評価
「そのリスクは……」

「未知数」の因子
観察できないものか
さらされている人にもわからないか
遅れて影響が現れるか
新しいものか
科学的にもよくわかっているか

図 17-3　リスク認知を構成する 2 つの因子

（出典）　中谷内（2006）をもとに作成。

地球温暖化がもたらすリスク情報に接したとき、我々はまず、それはどのくらい恐ろしいものか気になる。そして、それは「自分たちで制御（防御）できないものなのか」「死に至る危険性があるのか」「誰もが（自分も）被害を受けるものなのか」などと確認することになる。その答えがＹＥＳの場合、我々はそのリスクに恐怖を覚える。

また、もう一つ、そのリスクについて、どのくらいわかっているものなのかも気になる。こちらは、「目に見えるものなのか」「すぐに影響が現れるのか」「科学的にもよくわかっているのか」などの疑問を覚え、情報を集めることになる。そして、答えがＹＥＳならば、ただちに対応を図ることになるが、ＮＯの場合は、リスク認知は曖昧になり、不安は感じながらも具体的な対応はおろそかになりがちだ。

このように我々はリスクの存在を認知するときに「恐ろしさ」と「未知性」の観点からリスクを評価して、対応する傾向をもっていると考えられる。このとき、リスクの「認知」から「評価」に移行していく過程で、注意を払うべき認知メカニズムが待ち受けている。それは、我々は自分が関心をもち、くわしい知識や情報をもっている事柄については、丁寧に吟味しながら理解する「中心ルート」の情報処理を行うのだが、さほど関心のないことや、よく知らないことについては、よく吟味しないで直感的あるいは情動的に情報処理を行う「周辺ルート」の情報処理を行う傾向を強くもっていることである（第16章「説得的コミュニケーション」で紹介した説得的コミュニケーションの二過程モデルを参照されたい）。

したがって、よく知らない（未知性が高い）ことで、恐ろしいリスク情報に接すると、「とにかく恐ろしい！　そんなリスクはゼロにすべきだ」という感情的な反応になりやすいのである。とくに恐怖は、我々が生命を維持するために、最も敏感に作動する情動であるから、リスクへの拒否的評価は強烈なものになりやすい。他方、リスク情報を伝える側は専門家であり、くわしい情報を身につけているため、中心ルートで冷静に丁寧に情報を吟味するので、リスク評価も理性的なものとなる。すなわち、リスク情報を受け取る側と、伝える側で、リスク評価に食い違いが生まれやすいのである。

「ゼロリスク幻想」のとらわれ合いの背景には、伝える側と受け取る側との間に、こうしたリスク認知および評価の心理プロセスの違いが働いていると考えられる。この違いを生み出さないためには、リスクを認知するときの未知性を低く抑える、すなわち、情報をより詳細に、科学的に伝えることが、重要な出発点になる。伝えられる情報が一面的で偏っていたりすると、話を受け取る側は、その情報を信用しにくいことが、社会心理学の実証研究で明らかになっている。十分に開示した詳細な情報を提示することは、伝える側と受け折る側が互いに信頼し合って、リスクへの対応を図っていくための基盤となる。

とはいえ、やみくもに情報を垂れ流しにしたのでは、「恐ろしさ」の情動を強く喚起する危険性がある。情報の受け手が、冷静により深く理解してくれるような、情報提示の手順や方略を考える必要がある。これはリスク・マネジメントの手法に参考になる点が多い。もちろん、ごまかしや隠蔽が効果的な方略であるわけがない。情報を提示するとき、いかなる配慮が重要な鍵を握るのか、次に、この問題について論じていくことにする。

3　相互理解のコミュニケーションを考える

●互いに信頼し、困難と向き合うために

前項では、リスクについて説明し、正しく対応してもらおうとする立場の人々と、リスクを理解し、的確に対応しようとする立場の人々のコミュニケーションが、想像以上に困難であることについて解説してきた。説明する側は、ついつい理解を勝ち取ろうとして説得的になるのに対して、説明される側は、リスクがもたらす恐怖感に過敏に反応しがちなのである。

ただ、何よりも相互理解を難しくしているのは、コミュニケーションを交わす双方が互いに相手に対していくばくかの不信感をもっていることであるように思われる。説明する側は、相手がたやすくパニックに陥るのではないかと恐れ、説明される側は、相手の提示する情報の真実性に疑いをもってしまいがちである。

実際のところ、東日本大震災で生じた大量のがれきを、全国各地で引き受けて処分しようという動きに対して慎重論・反対論を唱える人々の多くが、政府の説明には嘘があるのではないかという不信感を口にしている。福島第一原発の事故発生直後の状況についても、ずいぶん後になってから真実の様子が知らされ、日本国民はもちろん、世界中が日本政府と東京電力の説明に強い不信感を覚える事態に陥っている。

自己利益の獲得とその最大化を目指す交渉の場面であれば、相手の言動にある程度疑いをもちながらコミュニケーションをとることも仕方がない。しかし、リスク・コミュニケーションが交渉の様相を呈してしまうことは、あるべき姿とは異なるものであることは1項でも指摘した通りである。では、どうすれば、リスク・コミュニケーションを、お互いを信頼してリスク情報を共有する場にすることができるだろうか。

ここで、何か有効なテクニックや戦術に頼ることは難しいように思われる。愚直に腹を割って話すことが大事であるという気がする。とはいえ、「それはわかっているけど、なかなかできなくて」というのが、当事者になったときの本音ではないかと思われる。「相手を信頼して」といっても、そうそう簡単にできることでもない。そこで参考にしたいのは、交渉に関する実証研究の知見である。「さっきは交渉の枠組みにしてしまってはいけないと言っておきながら、何なんだ」と感じる人もいるかと思うが、お互いが利益を得るための交渉のあり方についてはたくさんの研究が行われており、参考になる知見が多く存在する。その中でも、カーネマンとトヴァスキー（Kahneman & Tversky, 1979）が提示したフレーミング（状況の捉え方を決める視点の枠組み）に関する研究の成果が参考になる。

カーネマンらの理論を参考にして、バザーマンら（Bazerman et al., 1985）は、商品の売買交渉ゲームを使った実験を行っている。彼らは、交渉に臨む両者に対して、（A）「できるだけ損失を小さくすることに注意して交渉を行ってください」という教示を行う条件群と、（B）「できるだけ利益を大きくすることに注意して交渉を行ってください」という教示を行う条件群を設定して、実験を行った。たったそれだけの違いが、交渉の結果には大きな影響をもたらした。「損失を小さく」という視点（ネガティブなフレーミング）で交渉に臨んだ両者は互いに主張を譲らず交渉成立に至らないケースが多かったのに対して、「利益を大きく」という視点（ポジティブなフレーミング）で交渉に臨んだ両者は、多くの交渉を成立させ、獲得した利益も多かったのである。

こうしたフレーミングの効果は、交渉場面はもちろん、個人の意思決定やコミュニケーションの場で、広く見られるものであることが実証されてきている。また、状況の表現の仕方一つで、フレーミングの様相は容易に変化することも明らかになっている。

この研究結果は、リスク・コミュニケーションに臨むとき、当事者たちが、少しでも実りある話し合いをしようという視点をもつことの大事さを示唆している。いうまでもなく、説明する側もされる側も、リスクを正しく認識しながら、その困難と向き合って、生活していこうとしている。どうしても自分の都合を優先したくなる気持ちになってしまうのは人情であって、やむをえない面もある。しかし、説明する側もされる側も、同じリスクと向き合い、それを克服していく仲間であることの方を強く意識することを思考の出発点にする必要がある。そして、「できるだけ幸福の度合いを大きく」という視点をもって、当事者同士がコミュニケーションに臨むことが期待される。ただし、こうしたフレーミングは、相手次第で比較的簡単にネガティブなものに変わってしまいがちであるから、絶えず心の中でリフレインする（繰り返す）ことが大事である。

第11章「組織としての強さとは」で紹介したように、被災したり、ショックな出来事に遭遇したり、あるいは失敗してしまったりしたときに、落ち込んだ心理状態、くじけてしまった精神状態から立ち直る力（レジリエンス、復元力）が注目されている。レジリエンスを備えた人やチーム、組織は、どこがどう違うのか、どのようにそれを身につけてきたのかを検討するとき、フレーミングが及ぼす効果も重要なトピックである。

第18章　管理者のリーダーシップとコミュニケーション

1　どうすれば上司－部下間のコミュニケーションはよいものになるのだろうか

二〇一八年に四年に一度のサッカーワールドカップがロシアで開催された。我らが日本代表も予選を勝ち抜いて出場した。大会直前に監督が解任されたこともあり、チームとしてのまとまりや勢いに不安を隠せない状況にあったが、国民全体がサポーターになれる機会を作ってくれた選手たちには、ぜひとも悔いの残らない戦いを繰り広げてほしいと願ったものだ。

ところで、日本代表の監督を解任した理由について尋ねられた記者会見の場で、サッカー協会会長は、「選手たちとのコミュニケーションや信頼関係の部分が多少薄れてきた」と説明していた。選手たちとのコミュニケーションのすれ違いが求心力の低下を招き、このままワールドカップ本戦に臨むのでは禍根を残すという判断が働いたようである。いずれにせよ、コミュニケーションのすれ違いという問題は、いずこの職場の上司－部下の間にも多かれ少なかれありそうなことである。上司－部下という独特の関係にあって、そのコミュニケーションを適切で信頼のおけるものにするには、どのようなことが大事なポイントになってくるのだろうか。

部下の立場で大事になってくるのはアサーティブなコミュニケーションである。これは、第16章「説得的コミュニケーション」で紹介したように、自分の職責・役割で、上司に伝えるべきことは、上司の感情を害さないように配慮したうえで、明快に伝えるコミュニケーションのとり方である。では、上司の立場で気をつけるべきポイントはどのようなことだろうか。

上司の立場に立つと、おのずと部下よりも自分が偉い、強い立場だという思いに駆られるものである。それと同時に、部下の失敗は、自分の管理責任を問われる事態につながりかねないという思いが脳裏をかすめることもあるだろう。その結果、どうしてもいわゆる「上から目線」の言葉遣いになりがちである。もちろん、経験豊富だからこそ昇任しているのであり、部下もそれは先刻承知のうえだから、上司の側が「上から目線」の言葉遣い自体を問題視する必要は多くはないだろう。むしろ、上司が部下に丁寧な言葉遣いをする方が気持ち悪がられる可能性は高い。しかし、言葉遣いの背後にある上司の基本的な態度を部下は気にするものである。そして、その上司の態度にすれ違いを生む要因が潜んでいる。

では、部下とのコミュニケーションのすれ違いを生むのはいったい何なのだろうか。いくつかの重要な要因が考えられるが、第一には、部下の意見に耳を傾けようとしない態度をとりがちになることが挙げられるだろう。自分の方が経験豊富だから、より適切に判断できるとの思いに加えて、忙しい毎日の切迫感もあって、部下の意見をおざなりに聞いたり、ないがしろにしたりして、「とにかく自分の指示通りにしろ」という態度をとってしまいがちなものである。部下も人間である。自分の意見や発言を軽視されて気分がよいはずもない。人間の感情システムは非常に鋭敏で、即座に反応するとともに、不合理で理不尽な言動をとることにつながりやすい。部下は上司に心理的反発を覚え、その指示にいやいや従うようになる。そのうち指示を受けてもどうしても嫌なことには従わなくなる。

次にすれ違いを生みやすいのは、失敗を責めるときに、部下を「くさして」しまうことである。上司の役割として、部下の失敗を正確に把握したり、注意したり、適切な善後策をとるようにしていくことが求められる。誰でも失敗はしてしまう。大切なのは、失敗から何を学ぶかである。失敗の原因を明確にして、今後、どのように対応していけばよいのかについて話し合うことが、部下とのコミュニケーションの核心に来なければならない。ところが、失敗したと報告を受けると、人間だから腹が立つ。つい感情が先走る。「自分も若い頃はよく怒鳴られたもんだ」という言い訳めいた理由も頭をかすめる。というわけで、部下を叱責というよりも攻撃して、くさしてしまう。そうすると、部下も人間だから、感情的に非理性的な反応をしてしまう。

まだまだ理由は挙げられるが、紙幅の都合もあるので、このあたりで収めて、ではどうすればいいのかについても言及しておこう。部下とのコミュニケーションのすれ違いから、上司－部下間の信頼関係が損なわれることで派生する職場の問題として「心理的安全性」の低下に気をつけておく必要がある。職場の「心理的安全性」が低下すると、現状以上に人間関係が悪くなることを避けようとして、同僚や上司に伝えるべき意見や思いを伝えられなくなる。これによって職場では、互いに余計な気遣いをすることが当たり前になり、堅苦しい雰囲気がたちこめるようになってしまう。これまでにはない何か斬新で奇想天外なアイディアといったものは、たとえ思いついても職場では口に出せないので、知られることもなく、いつのまにか思い出すこともできなくなってしまう。いま以上に人間関係を損なって傷つくことだけはないようにしようという思いが、職場の活力を奪い去ってしまう。

職場の「心理的安全性」を高める上司の部下とのコミュニケーションのとり方の核心は、第13章「優れたチームワークを育む」で紹介したように、上司自身が素直に自分をさらけ出す、すなわち、自分だって失敗することはあるし、知っていることにも限界があることを認めるところにある。上司の立場としては勇気のいることであるが、誰もが安心して自分の意見を周囲に伝え、みんなでその話を聞き、失敗してもそこから何かを学ぼうとする職場を作り上げていく第一歩は、上司が素直に自分をさらけ出す勇気をもつことにあるといえるだろう。

2 「理想のリーダー像」が異なることが生み出す上司と部下のすれ違い

前項では、上司と部下のすれ違いの原因を、コミュニケーションのとり方に注目して考えてみた。ここでは、個人の心理学的特性に着眼点を移して、上司－部下間のすれ違いが起こりやすい原因をさらに考えてみることにしたい。

前項でも話題にしたが、サッカー日本代表の二〇一八年ワールドカップでの活躍に心躍らせた人は多かっただろう。さまざまな話題を我々に提供して、ワクワクしたり奮い立ったり、また、勝ち抜くための覚悟の戦術を見せてくれたりと、生活にさまざまな観点から彩りを与えてくれたことに深く感謝したい。

急遽、新しい監督を任せられた西野朗氏は、優れた舵取りでチームを決勝トーナメント進出へと導き、ホッとしたことだろう。とはいえ、監督交代から決勝トーナメント敗退までの三カ月足らずの間に、監督としての評価、そのリーダーシップへの評価が、ジェットコースターのように激しく上がり下がりしたのには、さぞかし困惑しただろうなと、心中察してあまりあるところがある。

我々の日常生活を振り返っても、社会や組織のリーダーとして活躍する人物への評価は、ときに大きく変化することを経験し、見聞する。世界各国の政府首脳や各政党の党首への評価をはじめとして、プロ・スポーツの監督やコーチ、チーム・キャプテン、さらには企業や官公庁・省庁の管理職等への評価というものは、「リーダーとして機能しているか」が問われることが多い。では、評価する側の人々は、リーダーを務める人への評価を、いかなる基準に基づいて行っているのだろうか。

リーダーシップに関しては、さまざまな評価尺度や測定尺度が存在する。しかし、我々はいちいちそうした尺度を用いて客観的にリーダーを評価しているわけではない。むしろ、日常生活においては、自分なりの評価のモノサシを主観的に作り上げていて、そのモノサシを用いて、リーダーを評価することが多い。このモノサシは、言い換えると、自分の考える理想のリーダー像を示すものであるといえる。理想のリーダーが示すリーダーシップこそが、正しいリーダーシップであると考え、心の中にリーダーシップ・プロトタイプ（優れたリーダーシップの鋳型）を構築していくのである。

理想のリーダー像も、リーダーシップ・プロトタイプも、自己の経験に基づいて主観的に作り上げられるものである。すなわち、自分の経験の中で、優れた結果をもたらしたと評価できるリーダーがとった行動や判断、その人柄等を土台にして、自分なりの理想のリーダー像とリーダーシップ・プロトタイプを作り上げるのである。これらは、リーダーの立場にある人を評価するときの枠組みとなり、モノサシとなっていく。したがって、人によってリーダー評価基準には違いがあることは不思議なことではなく、むしろ当然のことだといえる。

認識しておくべきことは、部下には部下の理想のリーダー像とリーダーシップ・プロトタイプがある、ということである。部下は、これらに基づいて、職務遂行のさまざまな局面で、「リーダーなら当然こうするだろう」と部下なりに想定あるいは期待するのである。もちろん、現実は理想通りにはいかないことも一定程度は想定してはいるのだが、たびたび想定や期待とは異なる判断や行動、態度を上司が示すと、部下はしだいに違和感を強く感じるようになってしまう。もちろん、上司の側にも自分の目指すリーダー像があるので、部下の想定や期待に迎合してばかりもいられない。その結果、見解の相違や食い違いが目立ってくる、ということになる。

社会的にあるいは組織的に高い地位に立つ人に対しては、高潔な態度をとるべきであると期待するノブレス・オブリュージュの考え方も、リーダーとして上司を評価するときのモノサシに加わることも多い。人間は、自分にとって重要な意味をもつ対象に対しては、自分なりのこだわりの評価基準を作り上げ、その妥当性を信じたがる。日々の生活の中で、この評価基準の正しさを繰り返し確認することで、自分はこう考えるという信念を構築するのである。そして、自分の信念とは異なる行為や現象に対しては批判し否定する反応を示す。

二〇一八年のサッカーワールドカップでは、日本代表チームが決勝トーナメントへの進出のかかった試合において、最後の一〇分間はボールまわしに終始し、攻撃する姿勢を示さなかった。このことに対しては、国内からも強い批判の声が挙がった。この批判は「サッカー（あるいはスポーツ）の試合とはいかにあるべきか」、という点について、最後まで潔く闘うべきであるという信念に基づくものだったのだろうと思う。最終的に、現場で闘った選手と監督の意思を尊重して、あるいは、次の試合があることを考慮して、批判の矛先を収めた人たちも、その多くはもともとの信念が変わったわけではなかっただろう。かなり強い批判があったにもかかわらず、次の段階へと視野を転換することができた理由を考えると、監督や選手からの率直でわかりやすいコメントと説明があったからだろうと考えられる。やはり丁寧な説明、理解できる論理的な説明こそが、すれ違いを超えて、上司も部下もみなで力を合わせていくための鍵を握っているといえるだろう。

丁寧な説明、論理的説明がないままに事態が進み、組織やチームに満足のいく成果が見られないと、その責任はリーダーたる上司・管理職にあると見なされることが多い。こうした現象はかなり頑健で、「リーダーシップの幻想」（原語では leadership romance）と呼ばれている。満足のいく成果が挙がらない理由は他にも多様にあるにもかかわらず、どうしても上司・管理職のリーダーシップ不足であるという理由づけが優先されやすいのである。個人の対人評価には、このような心理学的バイアスが存在するが、丁寧で論理的な説明によって、このバイアスは克服可能なものである。堅苦しくない説明の機会を作り、その説明を受け入れてもらう場作りの方法として、日々のダイアローグ（対話）は有効な取り組みになるだろう。

3 「年上」の部下とのコミュニケーションが難しく感じられるのはなぜか

かつて、ある組織の管理職の方々に、リーダーシップを発揮しようとするときに難しさを感じる問題についてお話をうかがった際に、「部下の中に自分より年長でベテランの人がいて、なかなか言うことを聞いてくれなかったり、『吾関せず』という態度をとられたりで、やりにくくて仕方がないんです」という思いを吐露してくれた人がいた。その後、さまざまな組織の管理職の方々と交流する機会を捉えて、上述のような難しさを感じることがあるか尋ねてみたが、年長者の部下とのつき合いやコミュニケーションの難しさは、多くの人が素朴に感じる問題の一つのようである。

なぜ、部下の中に年長者がいるとやりにくさを感じるのか、その理由はいくつか考えられる。一つには、「管理者は上に立つものであり、部下をコントロールしなければならない」という観念にとらわれてしまっている場合が考えられる。年長者は自分よりも経験が豊かであって、専門的な知識に長けているので、コントロールしようにも、それは難しいと不安や心配を感じてしまうのである。

「いやいや自分にはそんな固定観念はない」という人も多いだろうが、固定観念は普段の生活では意識されにくい潜在的な信念に近い心理であって、自分でも知らず知らずのうちに、その枠組みで自分の生活で起こるさまざまな出来事を捉え解釈する基盤になっているものである。前項で紹介したように、自分の中にある「リーダーたるものかくあるべし」という理想像（リーダーシップ・プロトタイプ）に基づいて他者を評価したり、チームの業績の良し悪しは結局のところリーダーに原因があると結論づけたりするのも、ほぼ無自覚のうちに自動的に行われている認知行為である。組織の一員として働く以上、状況によっては、管理職たるもの部下をしっかりコントロールしなければならない、という観念にとらわれてしまうことがあっても仕方ないこともあるだろう。

もう一つ重要な理由として、日本社会に根強く定着している「タテ社会」がもたらす「先輩－後輩」関係を尊重する心理の存在が指摘できる。夏の高校野球・甲子園大会も二〇一八年に一〇〇回目を迎え、大変な盛り上がりを見せたが、ほとんどのチームで、キャプテンは三年生が務めているのが「普通」だろう。卓越した力量を認められエースピッチャーや四番打者を務める一年生や二年生はこれまでにもたくさんいたが、キャプテンを務める一年生・二年生にはなかなかお目にかかれない。チームをまとめるのは年長者たる三年生の務めであるし、後輩は、野球選手としてどんなに優れた技量をもっていても、先輩に対する敬意を失うようではいけないという教えは、日本社会には広く浸透しているといえるだろう。

「タテ社会」とは日本社会の特性の一つとして中根千枝が名づけた表現である（中根、一九六七）。筆者なりに整理してイラスト化すると図18－1のように表すことができるだろうと思われる。タテ社会では、先輩－後輩関係が人間関係の基軸である。それ以外の経済の貧富や学業の良し悪し、学歴や社会的地位の高低なども、人間関係を彩るものではあるが、あくまでも基本的に人間はみな同じ存在であって、一番大事なのは、この世に先に生まれたか、後に生まれたか、この学校に（あるいは、この組織に）先に入ったか、後に入ったか、であるとする観念である。この観念は人によって多少の強弱はあっても、日本社会には広く共有され、定着しており、日本で生まれ育ち、生活するうちに、知らず知らずのうちに、個人の観念に浸透していく。

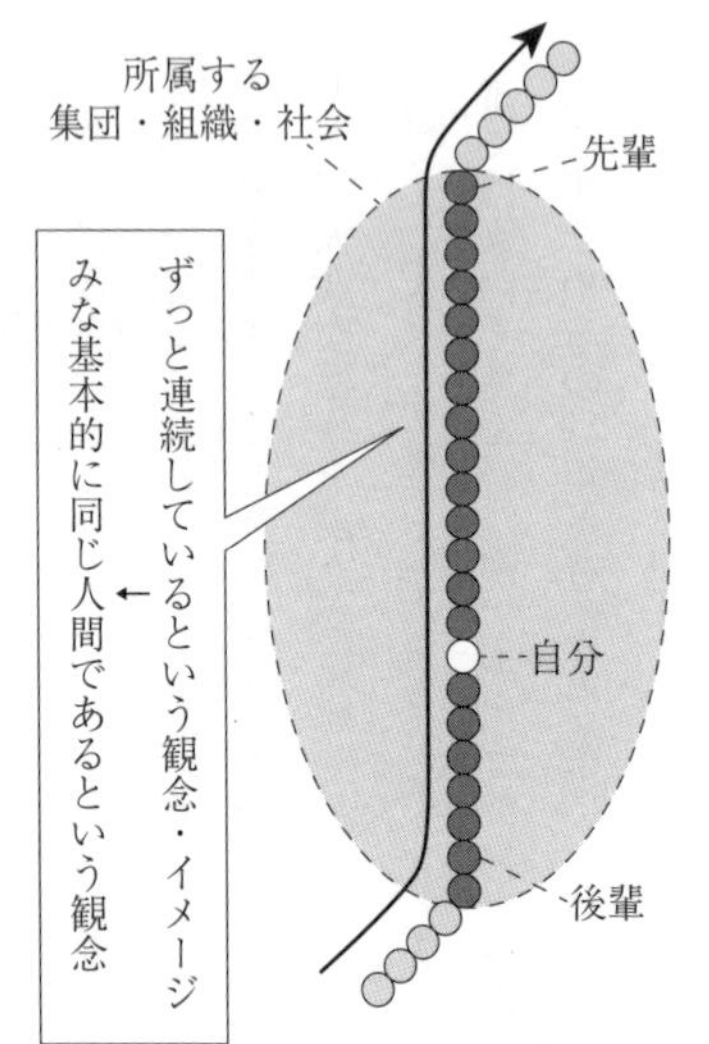

図 18-1 「タテ社会」の説明図

現在の日本の若い人たちでも、先輩－後輩の関係には敏感なようである。私の経験談で恐縮だが、欧米からの留学生を対象に、日本社会や日本人の心理の特性を解説する授業を行ったときに、ベルギーからの女子留学生からこんな話を聞いたことがある。彼女はベルギーで経済学部を卒業して大学院に通っていたが、日本の組織経営がすばらしいという本を読んで関心をもち、日本の組織経営のすばらしさがどこにあるのかを実感できるのではないかと期待して、日本に短期留学してきたという学生であった。年齢は二四歳だった。日本の大学での生活にも慣れ、日本人の仲良しグループの一員に加わって、楽しく学生生活を送っていたようである。ある日、学生食堂で仲良しの日本人グループと一緒に昼食をとっていたときに、ふと年齢の話になったので、二四歳だと話したところ、日本人の学生たちのそれまでのフランクでなれなれしかった態度が少し変わり、言葉遣いも丁寧になって、彼女はその変化に驚いたそうである。彼女はそうなる前の、なれなれしい、くだけた感じのつき合い方の方が、いかにも日本人の若い子たちと交流しているという実感があったので、最近の丁寧な礼儀正しい態度は残念なのだと言っていた。そして、なぜ、日本人はわずか二、三歳の違いなのに、年齢をそんなに気にするのか、堅苦しい態度をとろうとするのか、まったく理解に苦しむとも言っていた。

これは一つの例でしかないが、自分よりも年長者の部下を抱える管理職が感じるつき合いの難しさとも通ずる心理が背景に存在するように思われる。我々日本人は、他者とつき合うときに、相手の年齢や在職年数をどうしても気にしてしまうのである。そして、自分よりも年長者・長期在職者に対しては、敬意を払い、礼を尽くすべきだと考えてしまう。これは、子どもの頃から長く、タテ社会の観念に親しみ、受け入れて、自分自身の観念にしているため、知らず知らずのうちに自動的にタテ社会的な考え方をしてしまうから、気がつくとそうなってしまうのだといえるだろう。

ただ、これはおもに人間関係の出発点における心理的現象だと思っておいてよい。つき合いが始まり、人間関係が深まれば、しだいにお互いの理解も深まり、最初に無自覚のうちに作り上げた心理的な壁もしだいに溶かすことができるようになることが多い。ただし、なかなか溶かすことができない場合もあって、だからこそ人間関係は難しい。そんなとき、自分自身の心の中に固定観念がまとわりついていないか振り返って見ることも、心理的な壁を溶かしていく一つの起点になりうることは知っておいて損はないだろう。その固定観念から自己を解放できれば、相手との関係の見え方も変わってくることが期待できる。

4 「ダメ出し」をハラスメントと受け取られないようにするにはどうしたらよいのか

昨今、スポーツ界を中心に、強い立場の人間が弱い立場の人間に対して高圧的で懲罰を伴うような対応を続けて来た問題事案が相次いだ。ことはスポーツ界だけでなく、組織におけるパワーハラスメントに関する報道も相次いでおり、職場でも同様の状況が生じていることは珍しくなさそうである。ただ、職務に従事するなかでは、自己の職責を全うするために、時には叱責したり、忠告したり、いわゆる「ダメ出し」を行うことがどうしても必要なときもあるだろう。そんなとき、相手がパワーハラスメントであると認識することなく、こちらのダメ出しを受け入れてくれるためには、どのようなことが大事になってくるのだろうか。

日本では長きにわたって、若手は先輩や上司に叱られながら仕事を覚えていくことが当たり前といってよいほどだったように思われる。「若いうちの苦労は買ってでもせよ」というフレーズが当たり前に口にされ、若手や経験の浅い者が苦労するのは当然のことという考え方は、年功序列の日本型経営の根幹を支える理念だったといえよう。経済の高度成長期からバブル経済の時代くらいまでは、管理職の中には戦争を体験した人も含まれており、まるで軍隊のように、部下には有無を言わせず指示・命令への服従を求める人も多かったのではないだろうか。

そうやって部下として二〇代、三〇代をすごしてきた人たちが、キャリアを積んで管理職になり、これから自分はどのようにやっていこうか考えるとき、真っ先に頭に浮かぶのは、かつての自分の上司たちの振る舞いであろう。かつての上司たちはお手本なのである。親子関係にしても、先輩－後輩関係にしても、自分が経験してきたことが、自分なりのプロトタイプ（心理的鋳型、典型）となって、自分の振る舞いを決めていくことになる。職位で上に立つ人間の部下や若手との接し方は、先輩から後輩へ、そしてそのまた後輩へと受け継がれていく特性を強くもっているといえるだろう。その結果、ついつい部下を叱り飛ばしながら指示に従わせようとする人は、なかなか少なくならないことになる。

しかし、いうまでもなく、時代は移ろい、人々の人間関係に対する考え方も変わってきた。人権を尊重する態度も社会全体に確固たるものになってきている。子どもを叱る親はしだいに少なくなり、ジャニーズ事務所にならって、後輩が先輩を「〇〇君」と呼ぶのも珍しいことではなくなった。自分も堪え忍んだのだからといって、自分のかつての上司をお手本にしたような高圧的な振る舞い・言動をとったのでは、せっかく相手の成長を思っての注意・忠告であっても、その思いは届きにくい。むしろ反発を受けたり、ハラスメントだと訴えられたりすることさえあるのが、今日の現実である。

『ダメ出しコミュニケーションの社会心理』（繁桝、二〇一〇）の著者である繁桝江里は、相手の悪いところを指摘する行為自体、非常にデリケートな配慮を必要とするものであると指摘している。誰でも、自分の悪いところを指摘されて嬉しいはずはなく、相手の気持ちを丁寧に配慮して行わなければ、基本的には怒りや反発、落胆等のネガティブな感情につながってしまうことを念頭におくことが大事だというのである。自分が上役だ、先輩だ、という自分中心の思いで振る舞ってばかりいたのでは、相手の気持ちはどんどん離れていくものだと思っておいた方がよい。

ダメ出しに際しても、相手の成長を思い、相手のことを考えて行うように普段から肝に銘じておくことが大事になってくる。たとえば、たくさんの人の前で、自分の失敗や間違いを指摘されるのは誰でも嫌なものである。ダメ出しを行うときは、二人だけの状況で行うことを心がけることが大切だ。「この人は自分のことを思ってダメ出しをしているのだ」ということに相手が気づけば、一時的に感情的な反発や落胆はあっても、ダメ出しの本意を理解することにつながりやすい。そうした相手の気づきを引き出すのは、相手の気持ちを配慮して行動をとることを普段から心がける態度である。

「いやいや、私だって、何も相手が憎くてダメ出しをするわけではない。相手の将来のことを思ってこそのダメ出しなのだ」と言いたい人もたくさんいるだろう。私もその一人である。ただ、ダメ出しのときだけ、「相手のことを思って」と言っても、それでは相手に本意は伝わりにくい。普段、ほめることはしているだろうか。ねぎらいや感謝の言葉をかけているだろうか。自分が、相手のことを考えて言動をとっていることが伝わるためには、悪いことを指摘するダメ出しだけでなく、良い面を認め、一緒に働く仲間として感謝する言動もきちんととっていくことが必要になる。そうした日頃のコミュニケーションのとり方が、わかり合える人間関係の構築につながる。

ほめるというのは、そうしたケースに恵まれないとなかなかできないので、まずは、ねぎらいや感謝の気持ちを伝えることから始めてみたらよいように思う。地味に感じられるかもしれないが、ダメ出しも含めて、お互いが気兼ねなく自分の本当の気持ちや考えを伝え合えるようになることは、職場の心理的安全性の構築にもつながる重要な取り組みでもある。

第19章　互いに良い結果が得られる交渉のあり方

1　交渉場面における不合理な意思決定

●固定資源知覚

第8章「行動経済学」では、人間の不合理な意思決定の代表例を紹介してきた。ここではコミュニケーションの視点を交えて、交渉場面における人間の不合理な意思決定について紹介しよう。紛争解決や互いにとって有益な合意形成を実現するための方途を求めて、多くの社会心理学者が交渉場面の人間心理と行動の特徴を検討し、明らかにしてきている。

ひと口に交渉といってもさまざまな形態があるが、まずは商取引の場面に焦点を絞って考えていくことにしよう。一方が買い手で、もう一方は売り手となる場面である。こんな場面で人間が基本的に陥りやすいのが「固定資源知覚」（fixed-pie assumption）と呼ばれる心理である。交渉行動研究の第一人者であるバザーマン（Bazerman, 1983）が指摘したもので、買い手と売り手では、互いの利害は完全に

表 19-1　売り手に渡された利益得点一覧表（（　）内の数字が得点）

あなたの利益得点は以下の通りです。

分割払いの利子	税金	保証期間	納車時期
10%（4000 点）	A レベル（0 点）	6 カ月（1600 点）	5 週間後（2400 点）
8%（3000 点）	B レベル（－ 600 点）	12 カ月（1200 点）	4 週間後（1800 点）
6%（2000 点）	C レベル（－ 1200 点）	18 カ月（800 点）	3 週間後（1200 点）
4%（1000 点）	D レベル（－ 1800 点）	24 カ月（400 点）	2 週間後（600 点）
2%（0 点）	E レベル（－ 2400 点）	30 カ月（0 点）	1 週間後（0 点）

〈相手（買い手）の利益得点は推測して，（　　）の中に記入してください〉

分割払いの利子	税金	保証期間	納車時期
10%（　　　）	A レベル（　　　）	6 カ月（　　　）	5 週間後（　　　）
8%（　　　）	B レベル（　　　）	12 カ月（　　　）	4 週間後（　　　）
6%（　　　）	C レベル（　　　）	18 カ月（　　　）	3 週間後（　　　）
4%（　　　）	D レベル（　　　）	24 カ月（　　　）	2 週間後（　　　）
2%（　　　）	E レベル（　　　）	30 カ月（　　　）	1 週間後（　　　）

（出典）　Thompson & Hastie（1990）。

対立していると、はなから思い込むというのである。

この心理がどのくらい強力なものか、トンプソンとヘイスティー（Thompson & Hastie, 1990）は実験を行って確かめている。彼女たちは、新車の売買交渉を行う場面を設定し、九〇組のペアの実験参加者に対して、一方に買い手の役割を、もう一方に売り手の役割をとるように教示した。そして交渉の争点となる四つの要素（分割払いの利子、負担する税金、保証期間、納車時期）と、それぞれの争点において合意した場合に得られる利益得点とを示した一覧表（表19－1、表19－2）を渡して、「この表を参照しながら自由に交渉して、できるだけ自分の利益得点が大きくなるようにしてください」と伝えた。ただし、この一覧表には、互いに自

表 19-2　買い手に渡された利益得点一覧表（（　）内の数字が得点）

〈相手（売り手）の利益得点は推測して，（　　）の中に記入してください〉

分割払いの利子	税金	保証期間	納車時期
10%（　　）	A レベル（　　）	6 カ月（　　）	5 週間後（　　）
8%（　　）	B レベル（　　）	12 カ月（　　）	4 週間後（　　）
6%（　　）	C レベル（　　）	18 カ月（　　）	3 週間後（　　）
4%（　　）	D レベル（　　）	24 カ月（　　）	2 週間後（　　）
2%（　　）	E レベル（　　）	30 カ月（　　）	1 週間後（　　）

あなたの利益得点は以下の通りです。

分割払いの利子	税金	保証期間	納車時期
10%（0 点）	A レベル（－ 2400 点）	6 カ月（0 点）	5 週間後（0 点）
8%（400 点）	B レベル（－ 1800 点）	12 カ月（1000 点）	4 週間後（600 点）
6%（800 点）	C レベル（－ 1200 点）	18 カ月（2000 点）	3 週間後（1200 点）
4%（1200 点）	D レベル（－ 600 点）	24 カ月（3000 点）	2 週間後（1800 点）
2%（1600 点）	E レベル（0 点）	30 カ月（4000 点）	1 週間後（2400 点）

（出典）　Thompson & Hastie（1990）。

分の利益得点は記載されているが、相手の利益は空白で記載されていなかった。そして、「相手の利益得点は、あなたが推測して（　）の中に書き込んでください」と依頼したのである。

少々複雑だが、この二つの表を見比べてほしい。売り手の立場で表19－1を見ると「分割払いの利子」に関する得点が他の三つの争点に比べて大きいことに気づくだろう。そして、相手の利益を推測するときには、「やはり相手にとっても分割払いの利子は一番大事な争点であろう」と推測してしまうのが人情だ。この推測こそが「固定資源知覚」の落とし穴への第一歩なのである。自分にとって重要な争点は相手にとっても大事な争点であると思い込み、そこではなるべく譲歩せずに交渉を進めようと考えてしまう。

相手の利益は自分の損失であるという思い込みの連鎖が生じるのだ。しかし、表19－2の買い手の利益を見てみると、買い手にとっては保証期間に関する得点が他の争点よりも大きくなっている。したがって、買い手が思うのは保証期間が互いにとって一番大事な争点だということになる。

どれが重要な争点なのかについて、相手の話をよく聞き、自分の考えをよく説明すれば、この実験の場合、売り手は分割払いの利子で利益をとり、買い手は保証期間で利益をとり、税金と納車時期は譲歩し合って中間をとれば、互いにとって満足のいく「統合的合意」（integrative agreement）に到達することが可能である。しかし、実験の結果は、買い手、売り手ともに自分の重視する争点について、自分の利益得点を正反対に並べた得点を書き込むことが多かった。このことは「固定資源知覚」が生じていたことを意味する。

争点が一つしかない場合の交渉はたしかに難しい。しかし、我々を取り巻く現実の問題は、争点は複数あって、それぞれの立場で重要な争点が異なる場合も多い。互いに率直に話をして、また相手の話に耳を傾けることができれば、互いにとって満足できる解決策（solution）に至ることができる場合は少なくない。しかしながら、現実には、一つの対立がきっかけとなって、全面的な対立へとエスカレートしてしまい、衝突が激しくなるばかりで、解決への道のりが遠くなる事案は枚挙にいとまがない。

「固定資源知覚」の背景では、人間が自己の意見や判断について、他者との類似性を過大視する「誤った合意」（false consensus）効果が働いているとトンプソンたちは指摘している。また、競争を奨励する社会では、「相手の損失は自分の利益である」という規範が存在し、交渉に臨む人々を「固定資源知覚」へと誘導することがあるとの指摘も行っている。いずれにしても、この「固定資源知覚」は、知らず知らずのうちに、解決への扉を自分たちで閉ざしてしまうような不合理な判断をしてしまうことにつながっている。

どうすれば、この心理的罠の障害を取り除くことができるか気になるところであるが、交渉場面で行われる不合理な意思決定については、他にも重要なものがある。次に、引き続きこのトピックについて紹介し、その後、問題克服の方策について考えていくことにしたい。

2　交渉場面におけるフレーミング

交渉場面では、自分にとって重要な争点は相手にとっても重要であるはずだという思い込みが生み出す「固定資源知覚」の他にも、無自覚のうちに働いている認知メカニズムが、誰も望んでいない障害となって働いてしまうことがある。その代表格が「フレーミング」（framing）効果と呼ばれる認知バイアスである。フレーミング効果については、リスク・コミュニケーションに関連して、第17章「リスク・コミュニケーション」で一度触れているが、交渉において重要な影響を及ぼすので、いま一度、紹介しておきたい。

まずフレーミングとはいかなる認知バイアスなのか確認しておこう。次のような賭け事をする場面を想定してほしい。二つの質問が出される。

【質問一】①一〇〇パーセントの確率で千円もらえるくじと、②一〇パーセントの確率で一万円もらえるが、外れると何ももらえないくじの二種類があるとき、あなたならどちらのくじを引くか。

【質問二】①一〇〇パーセントの確率で千円を失う賭けと、②一〇パーセントの確率で一万円を失うが、九〇パーセントの確率で何も失わない賭けの二種類があるとき、あなたならどちらの賭けを選ぶか。

慎重に考えてみると、各質問の二つの選択肢は、どちらも確率的には同じことを意味していることに気づくだろう。しかし、実際に選択する身になったらどうだろうか。実験をしてみると、質問一では①を選ぶ人が圧倒的に多く、質問二では②を選んだ人が圧倒的に多かった。そんな選択をする気持ちは、誰もがなんとなく直感的に理解できるものなのではないだろうか。でも、それはなぜだろうか。

確率論的に見れば同じこととはいえ、その表現次第で人々の選択が大きく異なってしまうのは、「もらえる」（＝利益）と表現するか、「失う」（＝損失）と表現するかの違いが、重要な鍵を握っている。人々が選択肢の意味するところを判断しようとするとき、認知的な枠組みを「利益」の方に焦点づけると（ポジティブ・フレーミング）、それに魅力を感じるし、「損失」に焦点づけると（ネガティブ・フレーミング）なんとかそれを避けようとする気持ちになるのだ。利益を得る確率は高い方がよいし、損失の確率は低い方がよい。そんな瞬間的な判断は、フレーミングに左右されているわけである。

写真を撮るときも、カメラのファインダーの四角い枠に対象をどのように収めるか、そのフレーミングしだいで対象の見え方が大きく変わってくることがある。我々は、あまりに身近で当たり前のことであるために、このフレーミングの効果の大きさに気づかないことが多い。しかし、交渉場面でも、フレーミング一つで結果が大きく異なることが実験で明らかにされている。

家電の小売り販売店と商品卸売り業者との交渉場面を例にとろう。小売り販売店は、仕入れ値はできるだけ安くしたいし、逆に卸売り業者はできるだけ高く仕入れてほしい。そのままでは前項で紹介した「固定資源知覚」の罠にすっぽりはまってしまいそうな状況である。ただ、商取引には、取引価格だけでなく、商品引き渡しから支払いまでの期間（短いほど卸売りは助かるが、仕入れる方はできるだけ支払いは待ってもらいたい）、納品までの期間（卸売りとしてはできるだけ猶予がほしいが、仕入れる方は早く納品してほしい）など、他にも考慮すべき条件がある。

第17章「リスク・コミュニケーション」で紹介したバザーマンたちの実験（Bazerman et al., 1985）は、上記のような交渉に臨む実験を行う際に、被験者たちに「できるだけ大きな利益を得ること」を念頭において交渉に臨むように求める条件群と、「できるだけ損をしないようにすること」を念頭において交渉に臨むように求める条件群とを設定して、交渉の結果の比較を行ったものだ。要するに利益を出すことにフレーミングするか、損をしないことにフレーミングするかの違いを、教示の違いによって操作したのである。実験の結果、利益にフレーミングした者同士の交渉は、互いにとって満足のいく利益を生んだのに対して、損をしないことにフレーミングした者同士の交渉は、合意に達せず決裂してしまうことが多かった。

「それなら、みんな利益を出すことにフレーミングするようにすればいいではないか」となるのだが、問題はそれほど単純ではない。なぜなら、プロスペクト理論（第8章「行動経済学」参照）を紹介したときにも触れたように、人間は利益に対してよりも、損失に対してははるかに敏感だし、それを避けようとする動機づけも強い。利益と損失が行き交う交渉場面では、よほど意識を集中していないと「損してたまるか」「負けてたまるか」という心理の方が優勢になりがちである。交渉当事者たちが、利益を出すことにフレーミングするような仕掛けを工夫して交渉に臨まないと、互いに満足のいく合意にたどり着くのはなかなか難しいのが現実だ。

国連の「気候変動枠組条約締約国会議（COP）」は、先進国と途上国の間だけでなく、先進国の中でも利害対立が先鋭化して、統合的合意に至る道のりの困難さが露わになることが多い。「損をしたくない」という思いから脱却して「みんなで利益を享受しよう」とフレーミングを転換するには何が必要か。そこでは「信頼」と「安心」がキーワードとして浮上してくることになる。互いにとって利益の多い交渉の実現へと、〝なんとなく〟ではあっても導いてくれる「信頼」の心理について、次に考えていくことにしたい。

3　交渉相手に対する信頼

ここでは、交渉場面で、時として無自覚のうちに直感的に働いて、我々の意思決定や言動を不合理な方向に導く心理的変数の代表として、交渉相手に対する「信頼」について考えてみたい。

初対面でまだまだ信頼関係のできあがっていない相手との交渉場面では、さまつなことでも注意しながら話を聞き、合意内容を詳細に確認しなければならない。しかし、信頼関係のできあがっている相手であれば、そうした気苦労は必要がなく、安心して交渉を進められる。ただし、この「安心」が交渉場面では落とし穴になってしまうことが多い。「オレオレ詐欺」を行う人間や集団が、上手に相手の「安心」を利用していることを考えれば、安心が落とし穴と指摘する意味はわかってもらえるだろう。

なぜ「信頼できる相手だ」と感じると安心してしまうのだろうか。当たり前すぎて、即座に答えが出てきにくい疑問であるが、この問題については社会心理学者・山岸俊男（一九九八、一九九九）が実証的研究に基づいて非常に優れた興味深い論考を行っている。彼の論考は、協同行動に関する日米比較の実験研究の結果に基づくものである。彼は、アメリカ人は最初にしっかりと相手の話を聞き、その話が根拠に基づく論理的なものであれば、「ひとまず」信頼するが、関係が継続するなかで、常に相手の言動に注意を払い続ける傾向をもつことを明らかにしている。他方、日本人は相手が信頼できる人物であるか見極めるまでにじっくりと時間と手間をかける一方、一度信頼できると判断すると、それ以後は「盲目的に」信頼してしまう傾向をもつことを明らかにしている。

この違いが如実に表れる例を紹介しよう。アメリカでは、たとえ大学生であろうと、起業しようと銀行に融資を求めて交渉に訪れた場合、銀行はそのビジネスの企画書を検討し、説明を聞いて、成功の見込みがあると判断すれば、融資を行うことがあるのは普通のことだという。アップル創業者のスティーブ・ジョブズ、マイクロソフト創業者のビル・ゲイツ、フェイスブック創業者のマーク・ザッカーバーグなど、二〇代で華々しく活躍するビジネスマンが続出する背景には、初対面の相手でもちゃんとチェックしたうえで、ひとまず信頼してみる、そうした社会規範が一役買っている可能性は高い。

他方、日本ではどうだろうか。大学生が企画書を携えて融資を求めてきたとして、その要請に応じるだろうか。いや、その前にきちんと話を聞こうとするだろうか。多くの場合、「まずはコツコツと実績を挙げてから来なさい。実績を見てから判断しましょう」といった対応になるのではないだろうか。ソフトバンク創業者の孫正義は、こうした社会の見えない壁を乗り越えるところから勝負をしていかなければならず、創業時の苦労は一方ならぬものがあったという。

ここであえて信頼をアメリカ型と日本型と呼んで区別してみよう。アメリカ型の信頼は、相手の考え方の論理性や言動の的確性を評価することに重きをおいて交渉を始めようとするものだといえるだろう。社会的地位や実績にとらわれずに、交渉相手を広く求めることができて、お互いにチャンスが広がりやすいが、相手をよく観察していないと、より条件のよい相手と交渉してしまうかもしれず、安心はできない。日本型の場合、実績が伴わないと、交渉の場に立つことができないため、チャンスは限定的で、固定的な相手との関係に閉じこもりやすいが、固定的な相手だからこそ安心はできる。日本人の場合、信頼するまでに手間暇かけるだけに、一度信頼するとほぼ自動的に安心感が生じてしまう認知スタイルが身についてしまっている可能性が高い。

派手な宣伝を打ち、豪華なパンフレットを作成し、その中で、「長年の高い実績」が謳われていると、ついつい安心して、なけなしの貯金を投資詐欺に振り込んでしまう、といった事件が起こるのは、信頼、即、安心の認知スタイルがもたらすものだと考えられる。

よく考えてみると信頼するという心理は、必ずしも一つの状態を指しているわけではないことに気づく。日本では信頼もしくは信用と表現される概念は、英語では trust（本能的、絶対的信頼）、confidence（理由や証拠に基づく確信）、reliance（具体的な決定や行動を導く信頼）、faith（根拠のない一方的信頼）、assurance（絶対的確信や確実性）、credence（物事の真実性に対する信頼）等々、その性質によって多様に表現されている。

かつてＮＨＫの番組『プロフェッショナル――仕事の流儀』で紹介された東京消防庁のハイパーレスキュー部隊長が、「一緒に訓練してきた部下だから『信用』している。しかし、人間である以上、ミスやエラーを犯してしまうこともあるので一〇〇パーセント『信頼』はしない。万が一のことはありうると覚悟を決めたうえで、部下の行動から目を離さず見守る」という主旨の発言をしていた。命を賭けた活動に取り組む覚悟が、信頼の意味をより深く考えさせるのだろう。

交渉場面で相手を信頼できれば、互いにとって最善の結論（すなわち統合的合意）に辿り着くことは可能であろう。しかし、現実はそれほど簡単ではない。いざとなると、かなり勇気を必要とすることになる。相手を信頼するために必要となる勇気とはどのようなものなのか、次に話を進めることにしよう。

4　信頼するのに必要な勇気

●囚人のディレンマ状況

前項で、交渉の場面で相手を信頼するには勇気が必要となると述べた。この勇気をもつことができないばかりに、交渉は難しい局面に入ってしまうことも多いのである。どんな勇気が必要であるのか、以下のような場面を想定してもらいたい。少し現実離れした設定ではあるが、「勇気」の特性を理解するのに役立つはずだ。

ジョンは仕事を失い、これからどうして暮らしていこうかと案じながら、居酒屋のカウンターで安酒を飲んでいた。たまたま隣に座った客もさっきからため息ばかりついている。気になってどうしたのかと尋ねたら、ジョンとまったく同じ境遇であることがわかった。愚痴をこぼし合ううちに意気投合し、気も大きくなってきた。すると隣に座った客がグッと声をひそめて「じつは、これまでの仕事の関係で、金庫のセキュリティが甘い郊外のショッピングセンターを知っている。俺はずっと作戦を練っていたんだが、やはり一人では難しい。でも二人で協力すれば間違いなくうまくいく。大金を狙うからいけないのさ。さりげなく落ち着いてやればすぐに気づかれることはない。さっとやってさっと逃げよう」と悪だくみをもちかけてきた。意気投合して気を許していたこともあり、また当面のお金にも事欠いていたために、ジョンはその話に乗った。

隣の客の作戦に従って、すぐに行動に移った二人は、まんまと二〇万ドルを盗み出すことに成功した。そして、二人だけにしかわからない秘密の場所に盗んだ金を隠し、それまでと変わらぬ平静を装った生活を続けていた。しかし、警察の必死の捜査によって、とうとう逮捕されてしまった。

警察では、それぞれ異なる取調室に連れていかれ、別々に取り調べを受けることになった。警察としては、いかなる手口で盗み出したのか、盗んだお金はどこに隠してあるのかをどうしても聞き出したいが、二人も罪状を否認して黙秘している。そこで取調官は、「もし一切を自白し、盗まれたお金が返ってくるのであれば、お前はこの取り調べに協力したことを斟酌して、起訴を見送り、釈放することにしよう」と提案してきた。気になったジョンは、接見に訪れた弁護士に、「もし二人とも自白したら、二人とも釈放してもらえるのですか?」と尋ねると、弁護士は「そうはいかないでしょう。二人とも自白するのなら、警察にとって自白のありがたみは減るうえに、証拠も盤石になるから、やはり一〇年くらいの懲役は覚悟した方がよいでしょうね」と答えた。ジョンは、「では二人とも黙秘を続けたらどうなるでしょうか?」と尋ねると、弁護士は、「それは警察も困るだろうね。なにしろ隠されたお金のありかを含め、証拠は完全ではないから、五年程度の懲役になるだろうね」と言う。最後にジョンは、「どっちか一方が自白して、もう一方が黙秘していたら、どんなことになるでしょうか?」と尋ねると、「その場合、黙秘していた方は悲惨だね。二〇年くらいの懲役になるだろう。しかも自白した方は釈放され自由の身になる。黙秘している方が一人で罰を背負わされることになる」と弁護士は答えた。

この二人がおかれた状況を整理すると、図19－1のような関係になる。あなたがジョンだったとして考えてみてほしい。互いに黙秘すれば比較的軽い刑で済むし、うまく立ちまわれば隠したお金を手にすることもできるだろう。しかし、あなたが黙秘しても、相手が自白してしまえば、あなたは二〇

相手の選択

あなたの選択	黙秘(＝協同)	自白(＝競争)
黙秘	相手：懲役5年／あなた：懲役5年	相手：釈放／あなた：懲役20年
自白	相手：懲役20年／あなた：釈放	相手：懲役10年／あなた：懲役10年

図19-1　2人の関係図（囚人のディレンマ状況）

年もの長期間を刑務所で過ごすことになる。しかも、相手は釈放されれ自由の身となる。逆に、あなたが自白して、相手が黙秘していてくれれば、あなたは釈放される。相手には気の毒だが、自白の選択にひかれてしまうのは仕方のないことだ。もちろん、二人で話し合えるのであれば黙秘しようと約束することもできる。しかし、別々の部屋で取り調べを受けていて、相手が何を考えているのか、わからないのである。あなたなら、自白と黙秘のどちらを選ぶだろうか。

説明が長くなったが、こうした状況設定は「囚人のディレンマ」と呼ばれるもので、ゲーム理論に基づく人間行動研究の定番である。互いに黙秘を選択することが、最も理にかなったものとなることは、冷静に論理的に考えれば明白である。しかし、「相手が自白してしまったら……」という不安が、黙秘をためらわせる。長年つき合い、信頼関係を築いてきた相手であればまだしも、短いつき合いしかない相手であれば、不安の方が勝って、つい「裏切られてばかな目にあうよりも、いっそのこと刑務所に道連れだ」などという気持ちになってしまうこともあるだろう。黙秘を貫くには、相手は裏切ることはないと確信する勇気が必要となるだろう。囚人のディレンマゲームを用いた実験研究はたくさん行われているが、いざとなると自白を選択してしまう人の割合が圧倒的に多く、互いに黙秘を選択するためには信頼関係のような特別な条件が備わっている必要があることがわかっている。

前項で、アメリカ型の信頼と日本型の信頼という話をしたが、論理的に検討して問題がなければひとまず相手を信頼して関係を作っていこうとするアメリカ型の方が勇気を必要とするものだといえるだろう。日本型のように、時間をかけて、信頼できる相手であるか慎重に検討することは悪いことではないように思えるが、そこに拘泥していると、新しい関係を作っていくチャンスを失っていることに留意する必要がある。交渉場面でも、よく相手の話を聞いて論理的に検討したうえで、相手を信頼する勇気をもつことが、互いにとって有益な統合的合意に辿り着くためのキモだといえるだろう。その勇気をもつためにも、我々は相手の話をよく聞き、正確に理解する「聞く力」を身につける必要がある。ただし、その聞く力を高めようとするときに、人間が身につけている自動的な情報処理システムがなにかと認知を歪ませるバイアスをかけてくることには注意しなければならない（第6章「直感とヒューリスティック」参照）。

第20章　集団間関係

1　自国第一主義の行きつく果て

●「意図せざる結果」としての共貧

第19章では、互いにとってよい結果を導く交渉のあり方について考えたが、自分の利益ばかりを優先して判断や行動を選択していくと、いったいどんな結末が待ち構えているのだろうか。競争にしのぎを削り合うライバルの部署や組織の利益など考える必要などなく、自分たちの目標達成と利益のみを追求すればよいように思えるが、はたしてそれは理に叶った判断なのだろうか。業績を競い合う部署同士、企業同士の関係は、国力や覇権を競い合う国家同士の関係と理論的には類似する関係である。自分たちの利益ばかりを優先して判断し行動する先に待ち受ける結末について考えるとき、最近の国家間関係は非常にわかりやすい事例を提供してくれる。ここでは少し視点を変えて、国際関係に注目して考えを進めていくことにしたい。

世界を見渡すと、自国第一主義が声高に叫ばれ、支持を集める傾向が強まっているといえるだろう。二〇一六年に行われたイギリスのＥＵ離脱を決めた国民投票の結果、アメリカ大統領選挙でのトランプの勝利は、それを象徴する出来事といえる。オランダ下院選挙においても極右政党の自由党が第一党に躍進するのではないかと注目されていたが、こちらはそれほどの勢いを示す結果にはならなかった。とはいえ、平和で相互協調的な世界を作っていくためには、各国において自国第一主義を標榜する政治家や政党にどれほどの支持が集まるのか気になるところである。

「自国第一主義のどこが問題なのか?」という疑問を感じる人もいることだろう。どの国も自国民が納付する血税によって営まれているのであって、自国の利益を最優先に考えることは至極まっとうなことだといえるだろう。しかしながら、トランプ大統領の主張にしばしば登場する「アメリカ人の雇用を守るために、日本の自動車会社はアメリカに工場を造るべきだ」という意見を聞くと、なんとなく「なぜ日本の企業がアメリカ人のために工場を造る必要があるのだろうか?」と感じてしまう。そして、「そっちがアメリカ第一主義なら、こっちも日本第一主義に徹するまでだ!」といった感情の方が先走ってしまうことさえあるだろう。

「自分のためにあなたが協力（貢献）すべきだ」と、お互いが言い始めると、なんともどぎついやりとりになってしまう。たんに雰囲気がどぎついものになるだけでなく、お互いが損をして、最後には「共貧」という「意図せざる結果」に行きつく可能性が非常に高いのである。このことは第19章「互いに良い結果が得られる交渉のあり方」で紹介した「囚人のディレンマ」の論理を、個人対個人から国家対国家に置き換えて考えてみることで理解できるだろう。

「囚人のディレンマ」は、一対一の個人同士が、競争（利己的行動選択）と協同（相互の利益を考慮した行動選択）のどちらを選択するのかを検討するのに優れたゲーム・シミュレーションである。よほどの信頼関係がないと、どうしても人間は自己利益を優先する行動、すなわち競争を選択してしまいがちなのだが、お互いが競争を選択すると、結局のところ、協力し合うよりも互いが損をしてしまう状況に陥るのである。

しかし、それはゲーム理論的にそのように設定されているからであって、設定はいくらでも多様に存在しうるはずだという意見もあるかもしれない。そこでもう一つ「共有地（コモンズ）の悲劇」の例も紹介しておこう。これはアメリカの生物学者ハーディン（Hardin, 1968）が指摘した現象で、この指摘は社会学や経済学にも大きな影響を及ぼしている。

牧草地の周辺に複数の酪農家が羊を飼っていたとしよう。この牧草地はオープンアクセスの共有地であって、どの酪農家も自分の羊を連れていって、その牧草を食べさせることができる。酪農家としては、自分の飼う羊を増やしたいので、共有地の牧草をどんどん食べさせることになる。遠慮していると他の酪農家がその羊たちに共有地の牧草を食べさせてしまうため、どの酪農家も競って共有地の牧草を自分の羊に食べさせることになる。その結果、牧草は根こそぎ羊たちに食べ尽くされてしまい、共有地は草一つ生えない荒れ地に変わってしまう。それまで共有地の牧草を食べさせることで羊を飼っていた酪農家たちは、自前で牧草を育て、食べさせていかねばならず、結果的にすべての酪農家は被害を受けることになってしまう。

天然資源の枯渇、地球温暖化などの現象も、根底には互いが自己利益を追求し、競争する心理が重要な役割を果たしている。『国富論』の中でアダム・スミスが論じたように、個々人の競争は、それが市場経済という枠組みの中では、「見えざる手」によって社会全体の利益となる望ましい状況を生み出すこともあるだろう。しかし、何らの手立てもないままに互いが自己利益の主張と追求に走れば、「共有地の悲劇」につながる可能性があることは常に気にかけておきたい。

我々の祖先は、互いが利己的に振る舞うことで生じる「損」には敏感に気づいていたのだろうと考えられる。「情けは人の為ならず」という言葉が継承されてきた背景には、情けをかけて人助けをすること、自分には得はなくてもみんなに協力することは、そのときだけ考えれば損なのかもしれないが、巡りめぐって将来には自分が助けてもらう「得」にもつながる、という先人たちの現実的な知恵が込められているように思う。自国の利益のためにも、他の国々との協力関係を大切に育んでいく協同の心がけは不可欠なものだといえるだろう。

2 自国第一主義は自国民を守るか

● 集団主義に関する社会心理学的研究を踏まえて

前項で、自国第一主義を掲げて行動すれば、周辺国家も次々と自国第一主義で行動することを誘発して、結果的に意図せざる結果として共貧を招くことになりかねないことについて紹介した。これは由々しきことであり、何とか防がねばならないが、問題はそこだけにとどまるだろうか。

自国第一主義が世界的に隆盛してきた背景にはさまざまな要因が挙げられているが、重要な要因の一つに、欧米の先進国が協同することの利益の大きさを理解して、グローバル化を進め、寛容に異国民の流入を受け入れてきたことが指摘されている。

グローバル化政策は自由貿易による世界経済の拡大をもたらす反面、副作用として、もともとその国で生活して来た人々の生活が苦しくなってしまう状況を生み出してきた。流入してきた移民の苦しい生活を支援するために多くの税金が使われる一方、その税金を納めているもともとの国民は移民に職を奪われて生活が苦しくなったりすることが続いてきたのである。

もう三〇年近くも前になるが、私が一九九二年の夏に学会参加でパリを訪れたとき、現地の人々から、最近、アフリカだけでなく東欧からの移民も増えていて、生活環境が悪化してきていると、ため息まじりの話を聞いたことがある。問題は四半世紀以上も前から続いてきているのである。それによって、もともとその国で生活して来た人々の不平や不満が鬱積し、ついには移民排斥を主張し、自国第一主義を標榜する政治家、政治集団の支持につながっているというのは、ある意味、仕方のないことのようにも思える。

しかしながら、自国第一主義は、それを支持する国民を守り、幸福にするものなのだろうか。気になるのは、歴史を振り返るとき、政治の世界では、「自国『民』第一主義」よりも、「自『国』第一主義」に基づく判断や決定が行われやすいことである。もちろん、国家を守ることは国民を守ることに直結することが多い。しかし、国家を守るために、国民の一部を犠牲にすることもやむをえないと判断する政治家は後を絶たない。

集団全体の利益を優先し、その構成員個人の利益は犠牲になっても仕方がないと考える態度は、集団主義と呼ばれる。集団主義は、職場集団や学校の部活動集団のような身近な集団のレベルでもよく見られるが、国家という大きなレベルでも起こりうる。日本でも、お国のために尽くし、一人ひとりは我慢することが美徳とされる時代があった。現在でも、会社のために尽くすこと、自己犠牲を払うことは正しいことであり、当然のことであるという風潮が見聞きされることも多い。そうした集団主義的風潮は、個人の自由や幸福を追求することはよくないことだと感じさせ、心理的に窮屈で息苦しい生活につながる。

集団主義的な考え方が国家レベルに広がり、国家第一主義の人々が多数を占めるようになると、集団極性化の渦（第21章「会議は何をもたらすのか」参照）が生まれ、しだいに、国のために国民は犠牲を耐え忍ぶことが美徳であり、当然のことであるという極端な価値観が社会の中で大きな力をもって、人々の言動を縛るようになる。集団主義とは対局にある個人主義的傾向が強いとされる西欧諸国だが、世界大戦を二度も経験していることを考えれば、条件が整えば、集団主義的風潮が社会に蔓延することはけっして難しいことではないといえるだろう。自国第一主義の政治家や政治集団への支持の高まりは、まさにいま、集団主義的風潮が社会に広がっていることを示唆している。

厳しい自然環境のもとで生命をつないでいくために、集団で生活することを選択した我々の祖先は、集団全体で協同していくことが生き延びるために不可欠であることを肝に銘じて生き、子孫に伝えてきた。そうした考え方は、集団で生活するときには、時として極端な結論へと大きく振れてしまうこともある。ただ、集団主義は怖いからといって、集団のメンバー全員が自己利益を追求する利己主義に走れば、その集団には共貧現象が起こり、集団は崩壊してしまうだろう。

要はバランスである。各自が自己の考えを主張しつつ、他者の主張にも耳を傾け、他者の考えを理解し、尊重し合って、お互いの利益を考慮しながら判断し、言動をとるようになれると、社会を崩壊に導く極端な利己主義や、個人を圧殺する極端な集団主義といった偏った社会にはなりにくいだろう。自分にとっては耳の痛い意見や指摘であっても、耳を傾け、理解し、尊重できる人間になりたいと私も思いつつ、「言うは易く、行うは難し」を実感する日々である。しかし、人類の二〇万年余にわたる進化の歴史から見ると、個人の利益と集団・社会の利益のバランスをとる努力をしてきた日々は、まだ短い時間でしかないのだろう。投げ出すことなく協同への努力を続けることが人類の課題であることを、最近の自国第一主義の隆盛は、反面教師的に教えてくれているように感じるときがある。

3　自国第一主義が社会に蔓延するプロセスを考える

● 集団間関係に関する社会心理学研究を踏まえて

ここまでで論じてきたように、自国第一主義の行き着くところは共貧社会である可能性が高い。このことは理屈ではわかっていることである。誰もが自分の利益だけを追求して利己的に振る舞えば、世の中は悲惨な状況に陥ることは、理を尽くして説明されるまでもなく、直感的にも推察できるところであろう。それゆえ、個人として行動するとき、我々の心には、他者と協力しようとする動機づけが強く働くことも多い。災害後の復旧・復興の場面を思い起こすとわかるように、個人同士であれば、助け合って友好的な関係を築こうとする傾向は比較的容易に表れると考えられる。

ところが集団同士、国家同士の関係になると、競争的な傾向の方が容易に表れやすくなる。この問題に深く影響を与えた社会心理学の研究として、社会的アイデンティティー理論（Tajfel & Turner, 1986）に基づく一連の研究が挙げられる（第5章「集団・組織に宿る知性」参照）。これらの研究は、個人の素朴な心理として、自分が所属する集団のメンバーをひいき目に評価し、他集団のメンバーや他集団そのものを差別的に評価する傾向を実証的に明らかにしてきた。ただ、なぜ個人がそうした心理的傾向をもつのかについては諸説見解が分かれ、議論を呼んできた。とくに、我々人間が、他集団に対して競争的に振る舞い差別的に評価する態度を、なぜ基本的にもっているのか、その理由については議論が続いている。

人間は集団そして社会を形成して生活する動物である。支え合う生活圏や地理的範囲に応じて、たくさんの集団があちこちにできることになる。そうしてできた集団同士が互いに自分たちの利益を主張し合えば、どうしても諍いになる。その行き着く果てが戦争である。人類の歴史は戦争で彩られてきたといっても過言ではない。それにしても、なぜ集団レベルの関係になると自己集団の利益を追求して競争的に考え行動する傾向の方が優越して、人々の心を突き動かすのだろうか。

環境適応的な観点に立てば、厳しい自然環境のもとでなんとか生き延びるために集団で生活することを選択した人類にとって、自分が所属する集団の利益を守ることは、自分一人だけでなく、家族や子孫を守るために非常に重要な問題であることが関係しているといえるだろう。集団主義的な考え方の根源も、こうした現実的な利益を考える経験の蓄積によってしだいに醸成された考え方が、規範として共有され、集団や社会に根づいたところがあると考えられる。

もう一つ押さえておきたいのが、集団メンバー間の対人関係の特質について研究を蓄積してきたグループ・ダイナミックスの観点である。この観点からは、人間は、自分と同じ考え方や価値観をもつ仲間がいることで、自分の主張の正当性に自信をもてるようになることが注目される。

集団の他のメンバーが自分とは異なる意見や考え方をもっていることがわかった場合、多くの場合、メンバー同士で意見調整を行い、だいたい平均的な意見で調整を図ろうとする。しかし、他のメンバーも自分と同じ意見や考え方であることがわかると、自分の考え方は妥当であり正当なものであると確信できるとともに、もっと強く主張しようという気持ちになることもある。そして、同じ考え方の仲間が集まって意見交換するうちに、一人ひとりがもともともっていた考え方以上に極端な意見や考え方が集団のものとなる場合がある。これは集団極性化現象と呼ばれている（第21章「会議は何をもたらすのか」参照）。

「我が国の利益が最優先だ」「移民は排斥すべきだ」といった、かつては口にするのが憚られていた意見や考え方でさえ、平気で公言されるようになってきた背景には、集団極性化現象に近い状態が社会全体に広がるダイナミックスが働いている可能性がある。自分が所属する集団や社会の仲間たちも自分と同じ意見だという思いは、自分の考え方への自信を強める効果がある。また、それだけでなく、もし自分の考え方に間違ったところがあったとしても、自集団の仲間はみな支持している考え方であり、その責任は自分一人で負う必要はないという安心感も伴っているものと考えられる。自信と安心感が相乗効果となって、社会に蔓延していく側面があることも視野に入れておきたい。

他集団への攻撃や差別を助長しかねない自集団優先主義的な考え方が社会全体に蔓延すると、戦争のような暴力による紛争解決を支持する人々の割合も多くなる。いつまでも世界から戦争がなくならない理由の一つに、上述してきた集団や社会のダイナミックスは、人間が素朴にもっている心理によって容易に発動してしまうことも挙げられるだろう。

競争にしのぎを削る組織同士、部署同士の関係にあっては、つい自分たちの利益を追求することが正しいこととして、それに異を唱えることは間違っていると批判されたり、異論を吐くことを誰もが控えてしまったりしがちである。そのことは結局のところ、先述してきた共貧を招く源泉となってしまうかもしれないことに注意をしておく必要があるだろう。集団や組織、社会が一つの考え方に偏ってしまわないようにするには、やはり多様な考え方が許容され、異なる意見や考え方であっても、気兼ねなく主張し合い意見交換できる環境が大事になってくる。そうした「心理的安全性」が守られた環境を保全することは、健全な集団や組織、社会の構築にとってだけでなく、企業組織のイノベーションの創出にも有益な影響を与えるものとして期待されている。心理的安全性がどのようにして構築され保全されるのかについては第13章「優れたチームワークを育む」も参照されたい。

第21章　会議は何をもたらすのか

1　話し合えば的確な決定を導けるか

会議の多さに辟易としているビジネスパーソンは多いのではないだろうか。私の勤務する大学でも、教員同士が顔を合わせるたびに、会議に時間をとられることへの愚痴が飛び交うものである。ビジネスシーンのみならず、小学校のクラスルームでも、町内会の寄り合いでも、マンションの理事会でも、我々は生活のさまざまな局面で話し合いを行っている。なぜ、こんなにも我々は話し合いをするのだろうか。

我々が何かにつけ話し合いを行う理由としては、四つの期待の存在を挙げることができるだろう。第一には、一人で判断するよりも、話し合った方が、的確な判断ができるだろうという期待である。第二には、一人で考えるよりもみなで知恵を出し合った方が、それまでにない創造的なアイディアを生み出せるのではないかという期待である。第三には、さまざまに利害の対立や見解の相違があるなかでも、話し合えばメンバーの総意を反映した民主的な決定をすることができるだろうという期待である。第四には、話し合いをして意見交換をすれば、メンバー全員が同じ情報を共有して、仕事をしたり、事態に対応したりできるだろうという期待がある。

　さて、これらの期待ははたして叶えられているのだろうか。ここでは、まず第一の期待に焦点をあて、これがたしかに叶えられるのかを検討してみよう。すなわち、みなで話し合った方が、個人の判断に委ねるより的確な判断がたしかに導けるのだろうか。

　こうした問題を考えるときに貴重な示唆をもたらしてくれるのが、ＮＡＳＡ（アメリカ宇宙航空局）の宇宙飛行士選抜試験で使われたサバイバル課題を使った集団討議の実験結果である。具体的には、月面着陸の際に、着陸船の不調により母船と大きく離れたところに着陸してしまったという場面を想定し、はるか遠くの母船まで月面を歩いて移動しなければならないが、無事移動するには、着陸船の備品の中から手元に確保した一五種類の物品（開いているパラシュート、岩塩、ナイフ、ピストル等々）のどれが重要なのか、重要度に応じて順位をつけるという課題である。ＮＡＳＡが示した正解があるので、回答との誤差を算出すれば、回答者各自の判断の的確さと話し合って導いた集団決定の的確さの双方を明確に測定することができる。したがって、これらを比較すれば、話し合った方がたしかに的確な判断ができるのか実証的なデータに基づいて検討することが可能になる。

　私は学生たちを対象に、このサバイバル課題を活用して、何度か集団意思決定実験を実施してきた。実験結果は、集団決定の成績は、その集団のメンバー各自の個人決定の成績の平均値よりも、より優秀なものになることを示すことが多かった。しかし、その集団の中の最優秀（最的確）の成績を示す個人よりも集団決定が優秀なものになることはほとんどないし、逆に最低（最不的確）の成績を示す個人よりも集団決定が劣悪なものになることもほとんどない。つまり、全員で意見交換する過程で、互いに影響を及ぼし及ぼされて、しだいに平均的な決定に近づきながら、少しだけ的確な判断が加味されていくものと思われる。

こうした実験結果は、集団で話し合うことによって、個人の判断の平均よりも的確な判断に近づくことが多いと考えてよいことを示唆している。しかし、この見解には、メンバーの判断や考え方が偏ることなく多様なものである場合という条件つきである。というのも、一定の条件が整うことによって、集団で話し合って導く決定は、その集団のメンバー個々の判断や考え方を超越して、非常に極端なものになることが実証的に明らかにされているからである。

集団のメンバーによって個々に多様な考え方や判断が存在する場合には、時には意見を闘わせながら対立したり、論争したりすることで、お互いに納得できる中間点へと調整が進むことになる。先ほど紹介したサバイバル課題を使った集団討議の過程では、このような相互作用が見られることが多い。そんな場合、調整過程でみなの知恵が的確な判断に近づく形で反映されるのであろう。

問題は、メンバーの判断や考え方が似通っている場合である。そんな場合、どのようなメンバー同士の関係性の変動性（＝グループ・ダイナミックス）が生まれ、結果としてどのような特徴をもった集団決定につながりやすいのであろうか。この問題について、次に論じていくことにしよう。

2　集団極性化現象

前項では、話し合いをすれば、最初はメンバーの意見がそれぞれに異なっても、互いに歩み寄って、個々の判断の平均よりは的確な決定に近づくことが多いと考えてよさそうな実験の結果を紹介した。しかし、いつもそんなに都合よくことが運ぶことばかりではない。話し合ったがために、とんでもない決定がなされてしまう場合があることにも注意が必要だ。

話し合って出された決定が、一人ひとりのメンバーのもともともっていた意見よりもリスキーな（挑戦的な、思い切った）方向にエスカレートしてしまう現象が見られることを、社会心理学者のウォラックたちが実験を行って確認している（Wallach et al., 1962）。彼らは、当事者が判断に迷っている事例を実験参加者に提示して、成功の確率がどのくらいあれば思い切って挑戦的な（リスキーな）判断をするべきか意思決定する課題を与えた。

たとえば、「並の給料だが定年まで安定した収入を得ることが見込まれる技師がいる。ただ、彼は現在、他社に転職すべきか悩んでいる。というのも、転職すれば収入はかなり増えるが、その他社は創業したばかりで将来には不安があるので、現職にとどまった方が良いのかもしれないと悩んでいるのである」という事例を読ませて、実験参加者に、転職先の会社の将来的な成功の確率がどれだけあれば転職すべきだと思うか考えさせたのである。

回答は、一〇パーセント、三〇パーセント、五〇パーセント、七〇パーセント、九〇パーセントのいずれかに加え、「けっして転職すべきではない」の六つの選択肢の中から、一つを選ぶ形式であった。上記のような事例が全部で一二個準備されていて、参加者は事例ごとに一人で考えて回答した後、集団になって話し合いを行い、全体で合意した結論を導いていった。そして集団決定の後に、再度、一人で考えて、その時点での個人的な判断を答えて、実験は終了した。成功の確率が高い方を選ぶほど安定志向の慎重な決定といえ、逆に、成功の確率が低い方を選ぶほど挑戦的なリスキーな決定をしたことになる。

実験は男性集団と女性集団で実施されたが、男女に関係なく、話し合いによる結論が、話し合い前の個人的な判断に比べて、統計学的に有意にリスキーな方向に変化する現象が多く見られた（男性集団で一二個中八個、女性集団で一二個中七個）。男女ともに、一個の事例については逆の保守的な方向への変化が有意に見られてはいたが、ウォラックたちは、議論することが、集団の意思決定をより挑戦的で思い切りのよいリスキーな方向に変化させる影響をもつと指摘したのである。

この研究が刺激となり、多数の研究が行われ、個人の決定に比べて集団決定は、リスキーな方向だけでなく、逆のコーシャス（慎重な）方向へと移動する傾向が見られることもあると確認されて、こうした現象は「集団極性化（あるいは極化）現象」（group polarization）と呼ばれるようになっている（Stoner, 1968; Moscvici & Zavalloni, 1969; Myers & Lamm, 1976 等）。

集団極性化現象はいつも発生するわけではなく、一定の条件が集団に備わったときに発生しやすくなる。その条件の一つは、話し合うメンバーの考え方や価値観が類似もしくは一致していることである。集団で話し合うとき、一人ひとりのメンバーは自分の意見の正しさに一定の自信はもっていても、同時に少しの不安もあわせもっていることが多い。同じ考え方をもっているメンバーが集まって話し合いをする場合には、おのずと互いに他者の意見を「そうだよね」と支持し合う結果になる。

この相互支持は、自分の意見の正しさについて各メンバーがわずかながらももっていた不安をぬぐい去り、すっきりと自信をもつことにつながる。「そうか、みな自分と同じ考えなんだから大丈夫さ」と思ってしまうのである。集団状況では、メンバーは互いに影響を及ぼし合って、関係性がダイナミックに変動するグループ・ダイナミックスが機能する。類似した、あるいは同じ考え方をするメンバーからなる集団では、一つの方向に向けてメンバー全員が支持の姿勢を示すことになり、互いの意見を強化し、さらなる自信をもたせて、グループ・ダイナミックスは渦を巻くような勢いを与えるように働きがちである。その結果、集団としての決定は、メンバー個々のもつもともとの意見よりもさらに極端なものになってしまうのである。

職場のように、いつも一緒に働き、触れ合っていると、メンバー同士の考え方や価値観は自然と似通ったものになりがちである。このことは、集団の斉一性に関する社会心理学の古典的な研究でも実証されている（Sherif, 1937 等）。とすれば、職場集団や仲の良い友達が集まった集団での話し合いは、そもそも同じ考え方や価値観の共有されている状態から始まっていることも少なくないだろう。そんな話し合いでは、集団極性化の潜在的可能性は高く、集団決定が的確なものから離れてしまう危険性が高くなると考えておく方がよい。

非喫煙者が集まって職場の喫煙場所を話し合う状況を例にとって考えてみよう。メンバーが集まった段階では、建物の内部に喫煙場所を設けるアイディアを持ち寄っていたのに、話し合った結果、最終的には建物の内部での喫煙は認めないことにして、建物の外で喫煙するようなルールが決定されるようなことは起こりがちである。もちろん、副流煙の害を考えれば、この決定が的確さを欠くとはいえないかもしれない。しかし、少なくとも、最初は建物の内部に設けることをみなは考えていたのに、話し合いの結果、内部では禁煙という結果になったということは、やはり極性化の作用があったといえるだろう。多様な異なる意見のもち主が集まって議論するときの方が、集団極性化の危険は小さいと思って、ちょっと不愉快かもしれないが、他者の自分とは異なる意見に耳を傾けることが大事になってくる。

さて、もう一つ気をつけておかねばならない要素がある。メンバーの考え方が類似していることに加えて、ある要素が加わると、たんなる極性化だけではすまず、みなで集まって愚かしい決定を導くことさえ起こってきてしまう。その現象について、次に紹介しよう。

3　グループシンク

会議における話し合いが極端な結論に向かって、まさに「暴走してしまう」と表現するのにふさわしい現象が見られることがある。社会心理学者のジャニス（Janis, 1972）によって指摘されたグループシンク（groupthink：「集団浅慮」と訳されることも多い）と呼ばれる現象である。彼は、歴史上の深刻な政策決定の失敗事例を分析して、社会的地位が高く、権威ある専門家として高く評価されている人々が集まって行われた議論が、時に非常に愚かな結論を導く危険性をもっていることを指摘したのである。

グループシンクとは、集団で意思決定を行う際に、以下のような症状が見られる現象を指している。
① 自分たちの集団の正当性に関して過度の楽観主義に陥り、不敗の幻想や過度の楽観論が支配的となって、極端なリスクテイキング（挑戦的決定）が行われる。
② 自分たち固有の道徳・価値観を無批判に受け入れ、決定がもたらす倫理的結果を考慮しない。
③ 敵のリーダーを悪人・不誠実・弱虫などネガティブにステレオタイプ化して、外集団に対する安易な蔑視・軽視を行い、スローガン的な単純（ステレオタイプ的）思考に陥る。
また、グループシンクが発生している集団の中では、メンバー全員の意見の一致を追求する傾向が強くなり、自分たちに不都合な情報や警告を過小評価して、個人的な疑問を抑圧し、他メンバーによる批判的思考・発言を遮断するような現象が見られると指摘されている。

具体的な事例としては、人気の高いアメリカ大統領として名高いJ・F・ケネディが、就任直後の一九六一年四月にキューバのカストロ将軍による革命政権を打倒し、アメリカの傀儡政権の再興を試みて、キューバのピッグス湾に侵攻した作戦が挙げられる。この作戦は、革命政権に転換したキューバに対して国交を断絶した前大統領のアイゼンハワーが、その任期中からCIAと協議して計画してきた秘密計画であり、副大統領やCIA長官などのホワイトハウスや軍事・諜報機関の高官たち、さらには共産圏の事情にくわしい専門家も加わり、およそ考えうる最も権威あるメンバーたちが練り上げてきた作戦のはずであった。ケネディは前任者たちの勧めもあって、作戦実行に踏み切ったのである。

しかし実際には、キューバから亡命してきていた反革命傭兵たちわずか二〇〇〇人の軍に頼った作戦であり、アメリカ軍による航空支援や補給支援が大統領の命令で十分になされなかったり、時差を計算しないで爆撃を行ったりなどの失策を重ねて、大失敗に終わってしまったのである。なんとも愚かしい作戦であり、その実行だったわけである。しかも、この事件の後、カストロ将軍はキューバの自立に向けた政策を加速させ、翌年のキューバ危機へとつながり、東西冷戦の緊張を極限まで高めることになった。

ジャニスは、この他にも、日本が真珠湾を攻撃する可能性を過小評価した当時のアメリカ海軍首脳陣や、中国の参戦を十分に検討しなかった朝鮮戦争当時のトルーマン政権、ベトナム戦争への介入を継続して深刻化させたジョンソン政権、みずからが行った盗聴の事実をもみ消そうとして、司法妨害を行ったり、証拠隠滅をはかったりしてウォーターゲート事件を起こしたニクソン政権などを挙げて、その政策決定過程にグループシンクが発生していたと指摘している。

もちろん、グループシンクはアメリカの政権だけで発生するのではなく、世界各国の政権においても見られる現象である。日本の太平洋戦争開戦やナチス政権によるユダヤ人殲滅政策の決定など、類例を挙げればきりがないだろう。また、企業経営や行政施策の意思決定の場面でも類似した現象は多く見られるように思われる。自動車の欠陥の報告を受けていながらリコールしないことを決定したのが取締役会議であった事例は、記憶に新しいところであるし、歴史をさかのぼれば、多様な組織体でグループシンクの症状を見出すことができるだろう。

前項で紹介したように、同じ考え方や価値観の人間だけで話し合いをすると、互いに意見を支持し合い、強化し合って渦を巻くような力学が働いて、一人ひとりがもともともっていた意見よりも、さらに極端な決定が集団でなされることがある。社会的地位の高い人や専門家として高い権威を認められている人たちが話し合いをする場では、同じ意見をもつ者同士が互いにその意見を支持し、強化し、自信を深める力学はさらに強力に作用することが推測される。集団極性化の渦はよりいっそう強力に働くのである。

こんなグループシンクの罠に陥らないようにするには、あえて門外漢の人を複数メンバーに加えたり、異なる見解をもつ人をメンバーに加えたり、協議過程を公表しながら進めたりして、異論や批判が出やすい環境を整えることが大事である。そうすることで、集団極性化やグループシンクの渦が引き起こされにくくなる。

たしかに考え方が似通っていて、意見や話が合うメンバーとの会議は和気藹々として楽しいものである。しかもメンバーの社会的地位や権威が高いとなれば、ついつい自信過剰な状態になってしまうのも人間ならば仕方のないところかもしれない。しかし、時にそんな心地良さの中に、集団極性化やグループシンクの罠が潜んでいることにも気をつけたい。自分の考えとは異なる意見を耳にするのは、けっして心地よいものではないだろう。しかし、さまざまな観点や考え方をもった人々が集まるからこそ、互いに他者の意見に耳を傾け、歩み寄って、より的確な判断に辿り着くことが可能になるのだと考えた方が、会議をより意味あるものにしていくのには役立つだろう。そして、異なる観点や考え方に触れるとき、それまでは思いつかなかった創造的なアイディアが誕生するチャンスもふくらむのではないだろうか。次に、話し合いが、その創造的アイディアを生み出す可能性について考えていくことにしよう。

4　話し合いは創造的アイディアを生み出すか

話し合いは、一人ひとりで考えていたのでは思いつかなかった創造的なアイディアを生み出すのに有効であるという期待は、広く社会に浸透していると思われる。「三人寄れば文殊の知恵」ということわざが伝承されてきたことからもわかるように、個人よりも集団の方が優れた判断や決定ができるという期待と直感は、暗黙のうちに我々の心の中に宿っているようである。しかし、そうした期待や直感は、はたしてどのくらい的を射ているのであろうか。

集団創造性に関する科学的な検討は、オズボーン（Osborn, 1953）が提唱した「ブレイン・ストーミング法」（brain storming method）の研究と実践によって活発に行われてきた。この技法で話し合いを行うときは、メンバーは、各自が自由に発想して、できるだけたくさんのアイディアを生み出すように求められる。互いに他者のアイディアや意見を批判することは禁じられるが、他のメンバーのアイディアに工夫を加えたり、それを広げたり、まとめたりすることは推奨される。

ブレイン・ストーミングの場では、アイディアは多いほど良く、しかも珍しくとっぴ（原文ではwild）なものほど良いという雰囲気を作り出すことが推奨される。そうした雰囲気によって、集団場面で働く〝他者からの評価を気にする心理〟や〝同調への圧力〟といったネガティブな影響をできるだけ排除できるとオズボーンは考えた。そして、あわせて、相互にアイディアを刺激し合ったり、意見をサポートし合ったりする集団場面のポジティブな影響が生きてきて、一人で考えるよりも集団で考えた方が、より多くのアイディアを生み出せると彼は考えたのである。

提唱者であるオズボーンは、ブレイン・ストーミング法を用いると、一人で作業するときの二倍のアイディアを生み出すことができると主張した。しかし、この主張は額面通りには受け取れない。次のような手続きで実験を行った研究で、明快にブレイン・ストーミング法の限界が示されているからである。

まず一人状況でできる限り多くのアイディアを考えてもらう。その後、集団で話し合いをして、さらにアイディアを生み出してもらう、という二段階の手順を踏むのである。一人状況で思いついたアイディアのうちメンバー間で重複するものは一つとカウントして集計すると、話し合う前にメンバーがもっていたアイディアの数（＝集団レベルでもともと保持していたアイディアの数）を把握することができる。そして、第二段階の集団での話し合いの過程で生まれてきたアイディアの数をカウントしてみれば、オズボーンが主張するところの、相互刺激や相互サポートといった集団のポジティブな影響による創造性の促進効果を確かめることができる。

こうした手順を踏んで実験を行った研究では、いずれもブレイン・ストーミングの効果は否定される結果が得られている（Taylor et al., 1958 他）。すなわち、メンバー各自が一人で生み出したアイディアとは異なる斬新なアイディアが話し合いによって生み出されることはほとんどなかったのである。

その理由としては、他者の評価を気にする心理や同調の圧力といったオズボーンが憂慮したもの以外にも、集団場面には個人の思考を邪魔する心理的ダイナミズムが多様に働いていることが指摘されている。たとえば、他のメンバーの頑張りについつい頼ってしまって全力を尽くさなくなってしまう「社会的手抜き」（social loafing）の現象は、かなり起こりやすいものである。また、他者の意見やアイディアに耳を傾けている間は、何か思いついても、無節操に他者の発言を遮って話をするわけにはいかず、思いついたアイディアを忘れないようにすることの方にエネルギーを使うことになる「発話のブロッキング効果」も存在する。そもそも、他のメンバーとコミュニケーションをとる行為は、かなり心理的エネルギーを投入する必要のあるものであり、アイディアを考えることに全力で集中することを難しくしてしまう。こうした集団の生産性を阻害する心理的要素は、総称してプロセス・ロスと呼ばれる。オズボーンが想定した以上に、プロセス・ロスを生み出す原因は多様で、その影響も強力であるために、ブレイン・ストーミング法の効果はかなり限定されたものになってしまうといえるだろう。

ブレイン・ストーミング法は、個人よりも集団の方が優秀であるという我々の直感や期待にマッチする方法であるがゆえに、広く社会や組織に受け入れられ、現在でも活用されている。また、近年のノーベル賞の多くが、複数の研究者からなるグループに贈られていることを考えれば、一人で考えるよりも二人以上で話し合い協働した方が、独創的で質の高いアイディアを生み出す可能性が高まると期待することは、必ずしも間違ってはいないといえるだろう。

ただ、だからといってブレイン・ストーミングを取り入れれば、創造的なアイディアが生み出されるという安易な期待はもたないようにすることが大切だ。むしろ、集団の創造性を引き出そうとするならば、プロセス・ロスの影響を超えるために、コミュニケーションに必要なエネルギーを小さくして「あうんの呼吸」を実現するメンバー間の親密さを高める工夫や、各自が明確な役割と責任をもって話し合いに臨み社会的手抜きの罠に落ちない工夫が必要となることを理解して、話し合いの手順を考えることが重要になると考えておく方がよい。

話し合いの手順は、メンバーみんなの意見を集団決定に反映させるためにも重要な意味をもっている。次章では、この問題について考えることにしたい。

第22章　会議の落とし穴

1　話し合いは総意を反映するか

みな忙しいのに、それでも時間を調節し合って、集まって会議を開き、話し合いを行うのは、できるだけ的確な集団決定を行いたいという理由に加えて、みなの意見、すなわち総意を反映した決定を導きたいという理由も働いていることが多い。

現実の職場では、どんな判断がはたして正解なのか、確証がもてない状況におかれることが多く、そんな中で行われる集団全体に関わる決定は、結局、メンバー一人ひとりの将来に影響を及ぼすことになる。したがって、自分たちの所属する集団の意思決定を、誰か一人の独断に任せるのは、その個人への信頼がなければできないことであり、勇気のいることである。また、決定を委ねられた個人にしても、責任重大でストレスを強く覚えることだろう。それゆえ、「やはり話し合って決めよう」ということになるのである。しかしながら、話し合えば、期待通りに総意を反映した決定は保証されるものなのだろうか。

こうした疑問に対しては、政治学の領域で古くから議論され、検討されてきている。結論を先にいえば、手順一つで決定の行方をコントロールすることが可能であり、話し合えば民主的な決定できるという安易な期待や安心は禁物なのである。真に総意を反映した決定を導くためには、決定までの手続きを慎重に検討しておく必要がある。

話し合いの結論は、手順を操作することでコントロールできることの例として有名なのは、「コンドルセのパラドクス」と呼ばれるモデルである。図22－1(a)に示した状況を想像してみてほしい。この場合、もしあなたがA党の代表としてB党、C党の代表と話し合いをするとして、ぜひとも自分の党のx法案を全体の結論にもっていきたいとしたら、どんな戦術があるだろうか。

図22－1(a)に説明した通り、一挙に投票で決するのではなく、一次投票と二次投票に分け、一次投票で他の二つの法案を対決させることで、自分たちの党に有利な結論を導くことができるのである。直面する状況がコンドルセのパラドクスと同じ性質をもつことに気づけば、スポーツのトーナメント大会では一回戦を免除されて二回戦から登場するシード選手（チーム）がいるように、自分たちの主張をシード扱いにしてしまえばよいことになる。図22－1(b)に示した条件判断と全体判断のパラドクスの例を見ても、話し合いの手順で主導権を握ることさえできれば、結論は自分の都合の良いものへと誘導できることがわかる。

多様な意見があり、利害関係やイデオロギーの衝突等で、なかなか結論に到達しない場合も多く、時間的制約がある場合など、状況打破の手段としてさまざまな戦略が検討されたこともあるかもしれ

(a)　コンドルセのパラドクス（投票のパラドクス）

政党	各政策の選好順序
A	x ＞ y ＞ z
B	y ＞ z ＞ x
C	z ＞ x ＞ y

A 党が議長の場合，最初に y 案と z 案を議論させ，投票を行う。A 党は y ＞ z の選好なので y に投票。よって一次投票では y 案が勝ち残る。x 案と y 案が対決する二次投票では，C 党は x ＞ y の選好なので x 案に投票。その結果，x 案が最終決定を勝ち取る。

(b)　条件判断と全体判断のパラドクス

メンバー	条件 1	条件 2	選好（全体判断）
A	○	○	投資賛成
B	○	×	投資反対
C	×	○	投資反対

投資を実現したい A が議長の場合，いきなり全体判断を議論するのではなく，条件ごとに議論を行えばよい。条件 1 だけについて議論すれば○ 2 票× 1 票で○，条件 2 だけについて議論しても同様。どちらの条件でも○なのだから結論として投資は OK という結論を導くことができる。

図 22-1　話し合いの結論が操作可能であることの例

ない。しかし、ここで紹介した話し合いの手続きは、本質的には民主主義の理念から乖離した方法であり、現実と理想の狭間で悩ましい問題を我々に突きつけてくることになる。

話し合いのメンバー全員が自分の意見を述べ、利害の対立、見解の相違を調整して、全員の合意のもとに結論に到達する「コンセンサス」の手続きが理想ではあろう。しかし、かなりの時間と回数にわたって話し合いをしてはいるものの、互いに自己の主張を繰り返すばかりで、調整の努力と工夫が不十分なまま、最終的には多数決で結論を導くケースが、しばしば見聞され、また実際に経験することもある。残念ながら、そうなっては総意の反映と呼ぶにはお粗末なものになってしまう。総意を反映した結論に到達するには、互いに相手の主張にも耳を傾け、互いに納得のいく対処はないか工夫することが大事になる。

さて、互いの主張に耳を傾けることの大切さを指摘した直後に恐縮だが、他のメンバーの考えていることや願っていることを推測して、そちらを優先して自分の希望は遠慮して引っ込めておいた経験は、誰もがもっているのではないだろうか。そんな思いやりをメンバー全員が示したら、どんなことになるだろう。次に、話し合いの場で発生するそんな現象に光をあてて紹介していくことにしたい。

2 「裸の王様」現象による決定の歪み

前項で、話し合いの手順を操作することで、決定の行方を特定の方向に導くことも可能であることを紹介した。話し合いを行えば、総意を反映した結論を導けるという期待は、必ずしも叶うとは限らないことには注意が必要だ。次に、手順の操作以外にも、総意とは異なる決定がなされてしまう場合があることについて論じていこう。まずは一つの事例を紹介したい。

私事で恐縮だが、私の母は、太平洋戦争の末期、学徒動員で長崎県大村市近郊の軍需工場で働いていたそうである。敗戦が決まったとき、一緒に働いてきた友人たちと話し合って、いざというときのために大切に大切に保管してきたパイナップルの缶詰めを開けて、それをみんなで分け合って食べてから、互いに工具の刃物で刺し違えて自決しようと決めたそうである。幸いにも、刺し違えようと構えたところまではいったものの、苦楽をともにしてきた友人を刺すことは、誰もがどうしてもできなかったそうである。

それから三〇年ほど経って、軍需工場で働いた友人たちとの再会の席で、自決しようと話し合って決めたときの気持ちを吐露し合ったそうである。「もちろん本当は死にたくなかったし、怖くて仕方がなかった。でも、他の人たちはみんな覚悟を決めているのだろうと思って、自決したくないとか怖いと言い出すのは恥ずかしいし、みなの覚悟に対して申し訳ないという気持ちだった。だからみんなで自決することに賛成した」と、誰もが異口同音に言っていたそうである。

つまり、誰も死にたくないのに、話し合うことによって、その誰もが望んでいない集団自決の決定がなされてしまう皮肉な現象が起こったことを、この事例は示している。もちろん、母たちが行った話し合いは真剣なものであり、当時としてはあるべき決定だったのだろうと思われ、「ばかげたことをして」とは、とても言えるものではない。話し合いの決定が悲壮なものであるだけに、一人ひとりの本当の気持ちや考えを率直に提示できないまま話し合いが進むことの深刻さが痛感されるのである。

紹介した事例のようにメンバーの誰もが本音を言い出せないまま、誰も望んでいない決定がなされてしまう現象は、それほど珍しいものではない。周囲の多数の人々に支配的な考え方や意見を推察すること、俗な言い方をすれば「空気」を読むことは、誰もがやっていることである。そして、自分がのけ者にされたり、不利になったりしてしまう危険があるのなら、自分の本当の考えを封じ込めて、周囲の人々がもっていると推測される考えに合わせた行動を選択することは、誰もがやりがちなことである。そして、話し合いをしているメンバー全員が、自分が本当にもっている意見を言わないまま、推定される多数意見に従ってしまうと、紹介したような事例の現象につながるのである。

こうした現象は、多数者や権力者の命令や圧力に屈した結果、自分の本当の気持ちを封じ込めて、命令や圧力に従う同調行動と類似している。ただ、心理プロセスとして少し違うのは、自分がもっている考え方とは異なる意見を聞いたとき、「自分はそうは考えないけど、世の中にはいろいろな考え方があるものだし、たくさんの人がそう考えるのなら、それはそれで仕方ないことだ」と考えて、あえて他者の考え方に異論を述べないことを選択するという点である。

このような行動選択は、「多元的無知」（pluralistic ignorance）と呼ばれることが多い。いろいろな意見があってもいいという考え方が根底にあって、あえて異論を述べるという選択をとらずに状況を見過ごすという特性と、原語のニュアンスからすれば、「多元主義者的な無視（無関心）」と表現してもいいかもしれない。アンデルセンの童話「裸の王様」に登場する市民のように、「王様の新しい衣装は、自分には見えないけど、見えないと言うと自分がばかだっていうことになるし、他の人たちもすばらしい衣装だと言っているから、ここは自分も同じように言っておこう」という心理と共通するところから、「裸の王様」現象と言われることもある。

大規模に集合的な多元的無知が発生すると、少数者は沈黙せざるをえなくなり、「沈黙の螺旋」（Spiral of Silence; ドイツ語では Theorie der Schweigespirale）と呼ばれる現象につながる。第二次世界大戦中に、戦争に異論を唱えようものなら、「非国民」と呼ばれ、言いたいことが言えなくなったのも、もとをただせば、一人ひとりのささいな心理が生み出したものといえるだろう。

周囲の人々の考えに耳を傾けることは悪いことではない。しかし、互いが自分の本当の意見を言わないまま、規範に沿った意見や何となく雰囲気的に支配的な意見に同調してしまうと、誰も望んでいない決定をみんなでしてしまうことになる。話し合いによって総意を反映した決定を行うためには、参加者が安易に「多元的無知」を決め込むことがないように、誰もが率直に意見を述べることができる状況作りが大事になってくる。

さて、我々が頻繁に話し合いを行う理由を追いながら、会議にまつわる社会心理学的なトピックに焦点をあててきたが、話し合いを行う理由として、もう一つ重要なものが残されている。それは、みなで情報を共有するためという理由である。各自がもっている情報を、話し合いの場で出し合うことで、互いに他者の情報を取り入れることができて、結果的に、全員で情報を共有することができるという期待があって、話し合いが行われることも多い。会社や役所の会議のほとんどは、これに類するものであろう。話し合えば、メンバーが各自固有にもっている情報は、全員で共有することにつながるのか。その問題について、次に検討していくことにしたい。

3　話し合えば情報共有できるという幻想の罠

職場の会議は、職務を円滑に遂行できるように、メンバー全員で同じ情報を共有しておくことを目的とすることも多い。一堂に会し、顔を合わせながら、同じ情報に接するのであるから、参加者全員が、そこで提供された情報を共有することは、ごく自然なことに思われる。居眠りをしたり、スマートフォンの操作に夢中だったりしたのであれば論外だろうが、話し合いをすれば、参加者間で情報が共有されるというのは、とくにハードルの高い願望ではないように思われる。

しかしながら、この願望は必ずしも叶うとは限らないことが社会心理学の研究で実証的に明らかにされている。しかも、人間の基本的な認知メカニズムが、この情報の共有を難しくしている可能性が高いことも指摘されている。「話し合ったのだからみんなで情報を共有できたはずだ」と安易に思い込むのは、むしろ幻想に近いと考えた方がよいほどである。

話し合いによってメンバー間の情報共有が成立するとは限らないことは、ステイサー（Stasser, 1988）が「隠されたプロフィール」（hidden profile）現象と呼んで、一連の実験研究を行っている（Stasser & Titus, 1985, 1987; Stasser et al., 1989）。第12章「組織におけるミッションの共有」でも紹介したが、よりくわしく取り上げてみたい。たとえば、ステイサーとタイタスが一九八五年に報告した研究で実施した実験は以下のようなものであった。

彼らは、四人からなる大学生の集団を作って、学生自治組織の会長を選出するために話し合いをする状況設定のもとで実験を行った。会長候補者はX、Y、Zの三人がいて、各候補者の性格や能力、学生生活の様子などの特性一六個が記載されたメモが、話し合いをする前にあらかじめメンバー各自に渡された。一六個の特性のうち、会長にふさわしい長所が、Xには八個、YとZには四個書かれていた。そのままならXが会長として好ましいと判断される状況からスタートするわけである。

ただし、メンバーへの情報の与え方は二通りに操作されていた。一つは全員に同一の情報を与える共有条件である。もう一つは、Xのもつ八個の長所については二個ずつ四人のメンバーに分散して与えるのに対して、Ｙのもつ四個の長所は四個すべてを四人全員に与える情報提供の仕方であった。これは非共有条件と呼ばれた。非共有条件には、Ｚがもつ四個の長所については、一個ずつ分けて四人のメンバーに与える条件も加えられていた。

結果であるが、まずは論理的に推論してみよう。話し合いをする前の段階で、共有条件では四人全員が同一の情報、すなわちＸは八個の長所を持ち、ＹとＺは四個の長所をもつことが知らされているわけであるから、この時点で投票をすれば、候補者Ｘへの投票が多いと予測される。実験結果は、Ｘへの投票の割合は六七パーセントであり、Ｙへの投票は一七パーセントで、予測通りのものであった。

他方、非共有条件の場合、Ｘの長所八個は、二個ずつに分けられて四人に分散されているので、話し合いをする前の段階では、個人レベルではＸの長所は二個しか知らない状況にある。ただし、Ｙについては四個の長所がすべて知らされている。また、Ｚについては、四個の長所は一個ずつに分散されているので、個人レベルでは一個の長所しか知らないことになる。すなわち、非共有条件のもとでは、話し合いをする前の段階ではＹが一番多くの長所をもっているように認知するように情報提供を行っているわけである。この条件では、Ｙへの投票が一番多くなると予測された。そして実験の結果でも、Ｙへの投票は六一パーセント、Ｘへの投票は二五パーセントで、予測通りとなった。

さて、Ｘの長所が二個ずつ四人に分散されていた非共有条件だが、四人が話し合いをして、情報交換をすれば、情報の共有が進み、話し合いのメンバーはＸの長所がじつは八個あることに気づくと考えられる。実験の結果は表22－1に示す通りであった。論理的に考えれば、話し合いの前には、Ｙへの投票が多くても、話し合いをした後は、Ｘへの投票が最多になると予測される。しかしながら、実

表 22-1 「隠されたプロフィール」現状の発生を確認した実験で得られたデータ

候補者 X は，他の候補者の 2 倍にあたる 8 個の長所をもっていても，2 個ずつバラバラに情報が伝えられた非共有条件では，4 人の被験者が話し合いをして情報交換し，結局，候補者 X が全部で 8 個の長所をもつと認知できたはずなのに，最初から 4 個の長所を伝えられた候補者 Y の方を会長にふさわしいと選択していた。

		候補者 X	候補者 Y	候補者 Z
各候補者がもっている長所の総数		8	4	4
話し合い前に被験者にメモを書いて渡された各候補者の長所数	共有条件（4 人の被験者全員に完全な情報を与える）	8	4	4
	非共有条件	2 4 人の被験者に異なる長所情報を 2 個ずつ	4 全員に 4 個ずつ（同一情報）	1 4 人の被験者に異なる長所情報を 1 個ずつ
話し合い前の選好比率（得票率）	共有条件（72 人）	67%	17%	17%
	非共有条件（84 人）	25%	61%	14%
話し合い後の選好比率（得票率）	共有条件（72 人）	85%	11%	4%
	非共有条件（84 人）	20%	75%	5%

（出典） Stasser & Titus（1985）に基づいて筆者が抜粋して作成。

験の結果は、この予測とは逆に、話し合いの後でも、Yへの投票が七五パーセントと最多であり、Xへの投票は二〇パーセントと少ないままだったのである。

ステイサーたちは、話し合って情報を交換しても、最初に与えられた情報に基づいた選択をする者が多かったことを指摘し、Xのもつ多くの長所（のプロフィール）は隠されてしまったのも同然であると考え、こうした現象を「隠されたプロフィール」と名づけた。それにしても、なぜ、こんな現象が起こるのだろうか。

社会的認知に関する研究が発展するなかで、人間は、はじめに自分が保持していた情報に備わっている特性の方を重視しがちで、後から獲得した情報は活用されにくいことがわかってきた。この認知様式は「係留と調整（anchoring and adjustment）のヒューリスティック」と呼ばれる。理屈には合わないことなのだが、我々は、もともともっていた知識や情報は重視して、さまざまな判断をするときに参照する一方、直前に入ってきた新たな情報については軽視して、知らず知らずのうちに判断に生かさない傾向を強くもっているのである。つまり、話し合いの前に初期情報として獲得した「（非共有条件における）Xの長所は二個、Yの長所は四個」という情報の方が、投票に際して重視されてしまって、話し合いで交換された情報の方は軽視されてしまったと考えられるのである。

夏山登山を案内するベテランガイドが、出発後に発生したゲリラ低気圧のせいで、目の前で天候が急速に悪化していくのにもかかわらず、出発前に天気図を見て、多少の崩れはあっても今日の天気はおおむね良好であると確認したために、「大丈夫なはずだ。出発前に天気図を確認した」と思い込んで、登山を継続してしまい、事故につながった事例もあるほどである。

ここでは、話し合いをすれば情報は共有できるという素朴な信じ込みは、必ずしも正しくないことを理解してもらおうと考え、「隠されたプロフィール」の実験について紹介してきた。話し合いをして情報を共有することの難しさは、他にも実証されてきている。次に、もう少し、このトピックで話を進めることにしたい。

4　職場の仲間と情報を共有するための知恵

会議で情報交換、意見交換して議論もしたのであれば、参加したみんなは同じ情報を共有しているはずだと、誰もが期待してしまうものだが、そう単純に事態は進まないことを前項で紹介した。人間の情報処理のプロセスには、多種多様なバイアスが働いていて、思いもつかないような結果に結びつくこともあるのである。とはいっても、それならばしょうがないと簡単にあきらめてしまうこともできない。他のメンバーがもっている情報で、みんなの役に立ちそうなものは、ぜひとも共有できるようにしたいものだ。それに加えて、日々絶え間なく飛び込んでくる各種の情報をすべて記憶しておくのは、誰にとってもきわめて難しいことである。このような問題を克服するための工夫はないものだろうか。

コンピュータやネットワーク技術の発展によって、我々の日々のコミュニケーションは飛躍的に早く大量に、かつ正確になってきた。そうした優れたＩＣＴ（情報コミュニケーション技術：Information and Communication Technology）環境を生かしてグループのコミュニケーションをサポートするグループウェアと呼ばれるシステムの開発が進んできた。こうした技術革新は、組織メンバーの情報共有を促進する可能性は高い。ただ、前項で紹介した「係留と調整ヒューリスティック」等は、無自覚のうちに個人の認知のプロセスで働くので、たとえメンバー間のコミュニケーション・システムを良質のものにしても、個人の心の中では、他のメンバーからの情報の重みはついつい軽くなってしまう可能性も残っている点は注意が必要である。

ＩＣＴの発展は、業務を進めるうえで大量の情報を処理しなければならない状況を生み出している。実際に仕事をしている人々にとって、いちいちすべてを記憶しておくことなど不可能なのが実情であろう。こうなると、共有すべき情報は互いの記憶システムの容量をすぐにオーバーフローしてしまう。ここで活躍するのが、ウェグナー（Wegner, 1987）が、対人交流型記憶システム（transactive memory system）と名づけた情報共有の仕組みである。どんな仕組みかというと、きわめてオーソドックスな方法である。

集団や組織に入ってくる情報を、メンバー各自がすべて記憶したり保持したりするのは、あまりに大変である。したがって、我々は次のように工夫する。財務に関する情報はAさんが責任をもって記憶し、保管する。X地区の営業活動関係はBさん、Y地区のそれはCさんが、人事関係の情報はDさんが、それぞれ責任者になる。だから、財務関係で確認したい情報があるときには、Aさんに尋ねればよい、という仕組みにしよう、というわけである。要するに、情報の種類や特性に応じてカテゴリー分類をしたうえで、それぞれのカテゴリーの担当者を決める役割分担を行うのである。

このシステムは、「このような案件に関する情報は、この組織では誰がくわしいのか」に関するメタ知識を共有しておけば、詳細で多様な情報をいちいちメンバーが記憶する必要はない点で、情報共有のための組織コミュニケーションを効率化するきわめて優れたシステムであるといえる。組織においては、基本的に業務遂行上の役割分担をしているので、各メンバーが、自分はどの業務に関わる情報の保管に責任をもつべきなのかについてはきちんと認識できることが一般的だ。問題は、他のメンバーがどんな業務の責任者であり、いかなる情報をもっている人なのかについての知識をきちんと明確にもてているか、という点である。

対人交流型記憶システムは、あらかじめ明確な役割分担はしない友人集団でも、自然発生的に構築されることがある。交流するなかで、しだいにお互いの役割が生まれ、その役割に関連の深い情報について、他のメンバーが尋ねることで、いつしか集団内の情報処理・保管システムとなっていくと考えられる。職場でも毎日顔を合わせて仕事をする身近な仲間内ならば、そんな知識は苦労するまでもなく、短期間で身につくだろう。しかし、関連する業務の範囲が広くなるほどに、必要な情報が発生してから、どの部署に問い合わせたらよいのかあたふたと思案することになる。ここは工夫が必要だ。

「誰が何を知っている」という知識はメタ知識と呼ばれる。直接当該の知識はもっていなくても、「○○さんに尋ねればわかる」ということを知っていることで、集団や組織としては、情報が共有できる基盤は整っていることになる。インターネットに簡単にアクセスできる今日、こうしたメタ知識は、ネット上でも成立している。学術情報ならばαにアクセスするとたしかな情報が得られるし、料理のレシピならβ、コンパ会場を探すならγといった具合である。企業や官庁の組織でも、まずは所属する組織のポータルサイトにアクセスすれば、メンバーのもつさまざまな情報に触れることができるようにシステム化が進んでいる。これは、メタ知識さえをも一元化して、組織の情報共有を図る取り組みであり、必要だと上述した工夫の具体例の一つといえるだろう。

さて、情報を共有することの難しさと、それを克服する工夫について考えてみた。話し合いから情報共有へと話題が進んできたが、情報を共有することではたしてどんないいことが起こるのかについては、第5章「集団・組織に宿る知性」も参照してほしい。

Behavior and Human Decision Processes, *47*, 98-123.

Wallach, M. A., Kogan, N., & Bem, D. J. (1962). Group influence on individual risk taking. *Journal of Abnormal and Social Psychology*, *65*(2), 75-86.

Wegner, D. M. (1987). Transactive memory: A contemporary analysis of the group mind. In B. Mullen & G. R. Goethals (Eds.), *Theories of group behavior* (pp. 185-205). New York: Springer-Verlag.

White, R. K., & Lippitt, R. (1960). *Autocracy and democracy: An experimental inquiry*. New York: Harper & Row.

山岸俊男 (1998).『信頼の構造――こころと社会の進化ゲーム』東京大学出版会

山岸俊男 (1999).『安心社会から信頼社会へ――日本型システムの行方』中央公論新社

Yamaguchi, H. (2003). A study on the factors foiling team communication in hospital nurse teams: Why can't they point out their colleague's error? The Proceedings of 4th Conference of the European Academy of Occupational Health Psychology at Berlin.

Yamaguchi, H. (2004). Group dynamics in emerging processes of team errors. The Proceedings of 28th International Congress of Psychology at Beijing.

Zimbardo, P. G. (1969). The human choice: Individuation, reason, and order versus deindividuation, impulse, and chaos. *Nebraska Symposium on Motivation*, *17*, 237-307.

Zimbardo, P. G. (2007). *Lucifer effect: Understanding how good people turn evil*. New York: Random House.（鬼澤忍・中山宥訳，2015『ルシファー・エフェクト――ふつうの人が悪魔に変わるとき』海と月社）

Senge, P. M. (2006). *The fifth discipline: The art and practice of the learning organization* (Revised ed.). New York: Broadway Business.（枝廣淳子・小田理一郎・中小路佳代子訳，2011『学習する組織──システム思考で未来を想像する』英治出版）

Sherif, M. (1937). An experimental approach to the study of attitudes. *Sociometry*, *1*(1), 90-98.

繁桝江里 (2010).『ダメ出しコミュニケーションの社会心理──対人関係におけるネガティブ・フィードバックの効果』誠信書房

Slovic, P. (1987). Perception of risk. *Science*, *236*, 280-285.

Stasser, G. (1988). Computer simulation as a research tool: The DISCUSS model of group decision making. *Journal of Experimental Social Psychology*, *24*, 393-422.

Stasser, G., Taylor, L. A., & Hanna, C. (1989). Information sampling in structured and unstructured discussions of three- and six-person groups. *Journal of Personality and Social Psychology*, *57*, 67-78.

Stasser, G., & Titus, W. (1985). Pooling of unshared information in group decision making: Biased information sampling during group discussion. *Journal of Personality and Social Psychology*, *48*, 1467-1478.

Stasser, G., & Titus, W. (1987). Effects of information load and percentage of shared information on the dissemination of unshared information during group discussion. *Journal of Personality and Social Psychology*, *53*, 81-93.

Stasser, G., & Titus, W. (2003). Hidden profiles: A brief history. *Psychological Inquiry: An International Journal for the Advancement of Psychological Theory*, *14*, 304-313.

Stern, S. E., & Faber, J. E. (1997). The lost e-mail method: Milgram's lost-letter technique in the age of the Internet. *Behavior Research Methods, Instruments & Computers*, *29*, 260-263.

Stoner, J. A. F. (1968). Risky and cautious shifts in group decisions: The influence of widely held values. *Journal of Experimental Social Psychology*, *4*, 442-459.

Tajfel, H., & Turner, J. C. (1986). The social identity theory of inter group behavior. In S. Worchel & W. G. Austin (Eds.), *Psychology of intergroup relations* (pp. 7-24). Chicago: Nelson-Hall.

Taylor, D. W., Berry, P. C., & Block, C. H. (1958). Does group participation when using brainstorming facilitate or inhibit creative thinking. *Administrative Science Quarterly*, *3*, 23-47.

Thompson, L. L., & Hastie, R. (1990). Social perception in negotiation. *Organizational* different size. *Journal of Personality and Social Psychology, 13*, 79-82

Milgram, S., Mann, L., & Harter, S. (1965). The lost-letter technique: A tool of social research. *Public Opinion Quarterly, 29*, 437-438.

Miller, D. T., & McFarland, C. (1986). Counterfactual thinking and victim compensation: A test of norm theory. *Personality and Social Psychology Bulletin, 12*, 513-519.

三隅二不二（1984）『リーダーシップ行動の科学〔改訂版〕』有斐閣

Moscovici, S., & Zavalloni, M. (1969). The group as a polarizer of attitudes. *Journal of Personality and Social Psychology, 12*(2), 125-135.

Myers, D. G., & Lamm, H. (1976). The group polarization phenomenon. *Psychological Bulletin, 83*, 602-627.

中根千枝 (1967).『タテ社会の人間関係 ── 単一社会の理論』講談社

中谷内一也 (2006).『リスクのモノサシ ── 安全・安心生活はありうるか』日本放送出版協会

縄田健悟・山口裕幸・波多野徹・青島未佳 (2015).「企業において高業績を導くチーム・プロセスの解明」『心理学研究』*85*, 529-539.

Nowak, A., Szamrej, J., & Latané, B. (1990). From private attitude to public opinion: A dynamic theory of social impact. *Psychological Review, 97*, 362-376.

O'Hair, H. D., Cody, M. J., & McLaughlin, M. L. (1981). Prepared lies, spontaneous lies, Machiavellianism, and nonverbal communication. *Human Communication Research, 7*, 325-339.

Osborn, A. F. (1953). *Applied imagination*. Oxford, England: Scribner's.

ペントランド , A. S., 柴田裕之訳, 安西祐一郎監訳 (2013).『正直シグナル ── 非言語コミュニケーションの科学』みすず書房

Petty, R. E., & Cacioppo, J. T. (1986) The Elaboration Likelihood Model of persuasion. *Advances in Experimental Social Psychology, 19*, 123-205.

Premack, D., & Woodruff, G. (1978). Does the chimpanzee have a theory of mind? *Behavioral and Brain Sciences, 1*, 515-526.

Schelling, T. C. (1978). *Micromotives and macrobehavior*. New York: W. W. Norton & Company.

Senge, P. (1994). Building learning organizations. In C. E. Schneier, C. T. Russell, R. W. Beatty, & L. S. Baird (Eds.), *The training and development sourcebook* (pp. 379-387). Amherst, MA: Human Resource Development Press.

堀公俊・加藤彰・加留部貴行 (2007).『チーム・ビルディング── 人と人を「つなぐ」技法』日本経済新聞出版社

乾敏郎 (2012).「円滑な間主観的インタラクションを可能にする神経機構（特集 からだと脳：身体知の行方）」『こころの未来』9, 14-17.

一般社団法人日本エレベーター協会 (2017). エレベーターの日「安全利用キャンペーン」アンケートの集計結果について（2016 年度）http://www.n-elekyo.or.jp/docs/20170321_elecampaignquestionnaire.pdf

Jackson, J. M. (1965). Structural characteristics of norms. In I. D. Steiner & M. Fishbein (Eds.), *Current studies in social psychology* (pp. 301-309). New York: Holt, Rinehart & Winston.

Janis, I. L. (1972). *Victims of groupthink: A psychological study of foreign-policy decisions and fiascoes*. Oxford, England: Houghton Mifflin.

Kahneman, D. (2011). *Thinking, fast and slow*. London, UK: Penguin.（村井章子訳，2012『ファスト&スロー── あなたの意思はどのように決まるか？』上下，早川書房）

Kahneman, D., & Tversky, A. (1979). Prospect theory: An analysis decision under risk. *Econometrica*, *47*, 263-291.

亀田達也 (2015).「『社会の決まりはどのように決まるか』という問い」西條辰義監修，亀田達也編『「社会の決まり」はどのように決まるか』（フロンティア実験社会科学 6，pp. 3-13），勁草書房

亀田達也・村田光二 (2010).『複雑さに挑む社会心理学── 適応エージェントとしての人間〔改訂版〕』有斐閣

Kitayama, S. E., & Markus, H. R. E. (1994). *Emotion and culture: Empirical studies of mutual influence*. Washington, DC: American Psychological Association.

Latané, B. (1981). The psychology of social impact. *American Psychologist*, *36*, 343-356.

Latané, B., & Darley, J. M. (1970). *The unresponsive bystander: Why doesn't he help?* New York: Appleton-Century Crofts.

Lewin, K. (1939). Field theory and experiment in social psychology: Concepts and methods. *American Journal of Sociology*, *44*, 868-896.

McDougal, W. (1920). *The group mind: A sketch of the principles of collective psychology with some attempt to apply them to the interpretation of national life and character*. Cambridge, England: Cambridge University Press.

Milgram, S., Bickman, L., & Berkowitz, L. (1969). Note on the drawing power of crowds of

たファンに『やめてほしい』と注意」11 月 28 日 http://www.cinematoday.jp/page/N0037360

Darley, J. M., & Latané, B. (1968). Bystander intervention in emergencies: Diffusion of responsibility. *Journal of Personality and Social Psychology, 8*, 377-383.

Dickinson, T. L., & McIntyre, R. M. (1997). A conceptual framework for teamwork measurement. In M. T. Brannick, E. Salas, & C. Prince (Eds.), *Team performance assessment and measurement: Theory, methods, and applications* (pp. 19-43). Lawrence Erlbaum Associates.

Dunbar, R. I. (1998). The social brain hypothesis. *Evolutionary Anthropology, 6*, 178-190.

Edmondson, A. (1999). Psychological safety and learning behavior in work teams. *Administrative Science Quarterly, 44*, 350-383.

Edmondson, A. C. (2012). *Teaming: How organizations learn, innovate, and compete in the knowledge economy*. San Francisco, CA: John Wiley & Sons.（野津智子訳，2014『チームが機能するとはどういうことか――「学習力」と「実行力」を高める実践アプローチ』英知出版）

Ekman, P., & Friesen, W. V., (1969). The repertoire of nonverbal behavior: Categories, origins, usage and coding. *Semiotica, 1*, 49-98.

Ekman, P., & Friesen, W. V. (1978). *Facial action coding system: A technique for the measurement of facial movement*. Palo Alto, CA: Consulting Psychologists Press.

Fischhoff, B., & Beyth, R. (1975). I knew it would happen: Remembered probabilities of once-future things. *Organizational Behavior and Human Performance, 13*, 1-16.

Freedman, J. L., & Frazer, S. C. (1966). Compliance without pressure: The foot-in-the-door technique. *Journal of Personality and Social Psychology, 4*, 195-202.

古川久敬 (2004).『チームマネジメント』日本経済新聞出版社

Garvin, D. A. (1993). Building a learning organization. *Harvard Business Review, 71*, 78-91.（徳岡晃一郎訳，1993「実践段階に入った『学習する組織』」『ハーバード・ビジネス・レビュー』*Oct-Nov*, 22-36）

Garvin, D. A., Edmondson, A. C., & Gino, F. (2008). Is yours a learning organization? *Harvard Business Review, 86*(3), 109-116.

Hardin, G. (1968). The tragedy of the commons. *Science, 162*, 1243-1248.

Hollnagel, E., Woods, D. D., & Leveson, N. (Eds.) (2006). *Resilience engineering: Concepts and percepts*. Aldershot, UK: Ashgate Publishing Co.

文　献

Allport, F. H. (1924). The group fallacy in relation to social science. *The Journal of Abnormal Psychology and Social Psychology*, *19*(1), 60-73.

Asch, S. E. (1951). Effects of group pressure on the modification and distortion of judgments. In H. Guetzkow (Ed.), *Groups, leadership and men* (pp. 177-190). Pittsburgh, PA: Carnegie Press.

Atkinson, J. W., Bastian, J. R., Earl, R. W., & Litwin, G. H. (1960). The achievement motive, goal setting, and probability preferences. *The Journal of Abnormal and Social Psychology*, *60*, 27-36.

Bazerman, M. H. (1983). Negotiator judgment: A critical look at the rationality assumption. *American Behavioral Scientist*, *27*, 211-228.

Bazerman, M. H., Magliozzi, T., & Neal, M. A. (1985). Integrative bargaining in a competitive market. *Organizational Behavior and Human Performance*, *34*, 294-313.

Bem, D. J. (1972). Self-perception theory. In L. Berkowitz (Ed.), *Advances in experimental social psychology* (Vol. 6, pp. 1-62). New York: Academic Press.

Benabou, R., & Tirole, J. (2004). Willpower and personal rules. *Journal of Political Economy*, *112*, 848-886.

Blake, R. R., & Mouton, J. S. (1964). *The managerial grid: The key to leadership excellence.* Houston, TX: Gulf.（上野一郎訳，1964『期待される管理者像』産業能率短期大学出版部）

Chaiken, S. (1980). Heuristic versus systematic information processing and the use of source versus message cues in persuasion. *Journal of Personality and Social Psychology*, *39*, 752-766.

Cialdini, R. B., & Ascani, K. (1976). Test of concession procedure for inducing verbal, behavioral and further compliance with request to give blood. *Journal of Applied Psychology*, *61*, 295-300.

シネマトゥデイ (2011).「コールドプレイ，演奏を中断してタンバリンを振ってい

は行

ま行

や行

ら行

人名索引

や行

ら行

わ行

な行

は行

ま行

さ行

た行

事項索引

著　者

山口裕幸（やまぐち ひろゆき）

1991 年，九州大学大学院教育学研究科博士課程単位取得満期退学。1997 年，博士（教育心理学）。現在，九州大学大学院人間環境学研究院教授。

主要著作に，『経営とワークライフに生かそう！ 産業・組織心理学〔改訂版〕』（共著，有斐閣，2020 年），『産業・組織心理学』（放送大学教育振興会，2020 年），『高業績チームはここが違う ── 成果を上げるために必要な三つの要素と五つの仕掛け』（共著，労務行政，2019 年），『〈先取り志向〉の組織心理学 ── プロアクティブ行動と組織』（共編，有斐閣，2012 年），『チームワークの心理学 ── よりよい集団づくりをめざして』（サイエンス社，2008 年）など。

組織と職場の社会心理学

2020 年 7 月 15 日　第 1 刷発行

著　者　山口 裕幸
協　力　株式会社オージス総研
発行者　櫻井 堂雄
発行所　株式会社ちとせプレス
〒 157-0062
東京都世田谷区南烏山 5-20-9-203
電話　03-4285-0214
http://chitosepress.com
装　幀　野田 和浩
印刷・製本　大日本法令印刷株式会社

ISBN 978-4-908736-17-9　C1011
価格はカバーに表示してあります。
乱丁，落丁の場合はお取り替えいたします。

関連書籍

社会的葛藤の解決と社会科学における場の理論

I　社会的葛藤の解決

クルト・レヴィン
末永俊郎 訳

社会の実際問題をどのように把握し，解決の道筋を見出すことができるのか。レヴィンの実践的洞察の到達点。

II　社会科学における場の理論

クルト・レヴィン
猪股佐登留 訳

社会科学において理論をどのように構築していくのか。レヴィンの概念的，方法論的考察の集成。